◆ 宋茂盛（秘书长）北京市门头沟区育园小学校长

◆ 田俊晓 北京市门头沟区三家店小学校长

◆ 李烈 工作室导师

◆ 任全霞 北京市门头沟区黑山小学校长

◆ 赵建华 北京市门头沟区斋堂小学校长

◆ 张秀明
北京市门头沟区军庄中心小学校长

◆ 谭峰
北京第二实验小学永定分校校长

◆ 安知博
北京市第八中学京西附属小学办公室主任

◆ 杜瑞敏
北京市门头沟区大峪第二小学副校长

◆ 吕建华
北京市门头沟区大峪第一小学德育主任

◆ 白立荣
北京市门头沟区大峪第二小学教学主任

◆ 面试

◆ 商议

门头沟区李烈校长工作室启动仪式

◆ 启动

◆ 诊断

◆ 跟岗

◆ 抢麦

◆ 研讨

◆ 授课

◆ 课堂

◆ 展示

学校管理中的道与术

北京市门头沟区
李烈校长工作室活动纪实

陈江锋●主编

人民日报出版社

北京

图书在版编目（CIP）数据

学校管理中的道与术：北京市门头沟区李烈校长工作室活动纪实 / 陈江锋主编. —北京：人民日报出版社，2021.5

ISBN 978-7-5115-7030-7

Ⅰ.①学… Ⅱ.①陈… Ⅲ.①中小学—校长—学校管理 Ⅳ.①G637.1

中国版本图书馆CIP数据核字（2021）第089959号

书　　名：学校管理中的道与术：北京市门头沟区李烈校长工作室活动纪实
主　　编：陈江锋

出 版 人：刘华新
责任编辑：袁兆英
封面设计：中尚图

出版发行：人民日报出版社
社　　址：北京金台西路2号
邮政编码：100733
发行热线：（010）65369527　65369512　65369509　65369510
邮购热线：（010）65369530
编辑热线：（010）65363105
网　　址：www.peopledailypress.com
经　　销：新华书店
印　　刷：天津中印联印务有限公司
法律顾问：北京科宇律师事务所 010-83622312

开　　本：787mm×1092mm　1/16
字　　数：329千字
印　　张：18.75
印　　次：2021年5月第1版　2021年5月第1次印刷

书　　号：ISBN 978-7-5115-7030-7

定　　价：69.00元

编委会名单

| 主　　编：陈江锋

| 指导专家：李　烈

| 编　　委（按姓氏笔画排序）：

　　　　　　田俊晓　白立荣　任全霞　安知博

　　　　　　吕建华　宋茂盛　张秀明　张　辉

　　　　　　杜瑞敏　赵建华　谭　峰

我和这本书的故事

接到宋茂盛校长邀请我为《学校管理中的道与术》一书写序的短信时已近傍晚。说起写"序",自己感觉必须要"待认真揣摩后再捧出来",以表达对李烈校长的敬重!于是一晚上都在一幕幕地回放着与李校长相处的难忘的片段,仿佛经历过的事情就在昨天。

第二天上班伊始我就打开电脑拜读《学校管理中的道与术》。20多万字、3个小时时间,边看边用红线标出能与大家产生共鸣的地方,竟是如此之多,让我不断"体验着大家的体验,敬佩着大家的敬佩,幸福着大家的幸福"。字里行间,我觉得我能与校长们感同身受。"听李校长的点评,如醍醐灌顶,每每都有新的收获,触发自己对工作的反思,对作为管理者的反思,对生而为人的反思(任全霞)";"庆幸能和李烈校长结缘,幸福做李烈校长的学生,让我们追随导师学做人、学做事,提升管理智慧,幸福成长(谭峰)";"是因为李烈校长高超的培养艺术和方法,让我们这些学员无论从教育视野、管理理念和实操能力上都有了长足的进步和发展(田俊晓)"……

读罢书中的"诊断篇",使我看到了李校长对学员们所在不同学校发展状况精准的"把脉问诊",有的是"关于校园文化建设不要过满,要留白";有的是在课堂上"能够真正让老师勇敢地退,真正形成一种文化,大家普遍的都能退下来,你一定会感觉到有另一片天地";还有的是"汉迪S型曲线"……我想,作为校长正是需要这样的诊断，才能为明天的发展找准方向。

在"跟岗篇"中，我对李校长的办学思想有了新的收获，那就是她从实验二小到正泽学校的办学理念的变化。"'以爱育爱'是我在实验二小做校长20年里建立的一个品牌……正泽学校就是'正己泽人'……不仅有'以爱育爱'，还超越'以爱育爱'，既是手段又是目标，所以'以爱育爱'只是'正己泽人'的一个维度。"书中的课例正是李校长理念的具体体现。

而"专题篇"又充分地彰显了李校长紧抓"教育契机"的睿智。"疫情下的校长危机领导力——李烈校长工作室线上高峰论坛"及时召开了，共有全国四个地区的九位校长围绕"转危为机、目中有人"的主题开展了交流，并由李校长做精彩报告。

此时我又在想，若是你也想享受、收获其中，请阅读此书吧！

回想一下，我是在1997年"北京市第一期小学校长高研班"上有幸认识李烈校长的，那时她早已是善于培养学生在全国小有名气的数学特级教师。感谢这个"高研班"，使得我个人和门头沟教育从此受益于李校长。从那时起，李校长多次到我工作过的黑山小学和大峪二小进行现场指导、帮助我提升管理水平。

2005年秋，我在教委机关工作时听到了北京市发改委有"名校办分校"的项目，便拉着时任教委主任的陈国才一起去找李校长请她来门头沟办分校。这时，李校长已成为善于带队伍的全国名校长了。

"从2006年合作挂牌至今，我见证了实验二小永定分校的整个发展，尤其是这十几年跨越式的发展。当年签约挂牌时，学校还是一个大厂房，后来我们跟着一块从设计，到基建，再到后续的文化建设，一点一点地将学校从无到有。"（李烈）

"当李烈校长在回忆永定分校近十多年的发展历程时，我的脑海中不时浮现出一幅幅画面。我是2009年8月到的实验二小永定分校，当时的校址还是一片平地。教师节前，我随何渊主任去总校拜访李校长，也就从那时开始正式结识、追随、讨教、感悟李烈校长。一路走来，我觉得实验二小永定分校的这一阶段的发展史，恰恰是我做校长的快速成长史，也就是李校长提到的学习力与感悟力的不断提升。"（宋茂盛）

时间飞快，转眼来到了2018年，李烈校长已成为全国知名的教育家。教委领导为了培养更多的优秀校长和后备干部，开办了"门头沟区李烈校长工作室"。这是智慧之策、英明之举，使得一批门头沟教育人能够像宋茂盛校长一样有幸成为李校长的学生。追随身边、亲耳聆听、切实体会，只有经历了，才知道有什么样的收获。

　　洋洋洒洒写了这么多，不知是否达到了写序的要求，如有不足就留些遗憾吧！总之，最后想与大家一道共勉：

　　道与术，不只是学校管理中的，更是人生的。

何渊

2021年3月24日

一颗初心，慢煮岁月。《学校管理中的道与术》讲述了北京市门头沟区李烈校长工作室历经3年，1000余天的活动纪实。启动篇、课题篇、诊断篇、跟岗篇、专题篇、总结篇……当翻开书的每一页，领悟着教育家李烈校长的教育思想，见证着每一名工作室成员成长刻度，预测着学校美好未来前景的时候，我的内心充满了感动、感恩。特别感谢李烈校长对门头沟教育的厚爱，"望闻问切"式的传授为我区教育发展精准把脉开了"良方"，同时，也要祝贺在工作室引领下取得进步和成长的每一名工作室成员和每一所学校。

2018年1月，中共中央、国务院颁布了《中共中央国务院关于全面深化新时代教师队伍建设改革的意见》，提出了新时代中小学校长队伍建设的方向，努力造就一支政治过硬、品德高尚、业务精湛、治校有方的校长队伍。2020年9月，教育部等八部门联合印发了《关于进一步激发中小学办学活力的若干意见》，提出要把培养好、选配好校长作为重要政治责任和激发办学活力的关键因素。2018年3月26日，我区成立了李烈校长工作室，旨在培养一支高素质的学校管理队伍。

美国管理学家彼得·德鲁克认为："管理不只是一门学问，还是一种文化，它有自己的价值观、信仰、工具和语言。"对于一所学校而言，校长作为学校管理中的核心人物，在推动学校持续高效运转，推动基础教育公平发展和质量提升，加快现代学校制度建设，推进教育现代化，建设教育强国方面具有重要作用。

李烈校长作为知名教育专家，用她"以爱育爱"的博大胸襟、先进的教育思想、超凡的个人魅力，实践着"办人民满意教育、为国家培养栋梁之材"的教育初心。将她的办学治校理念与实践薪火相传，带动着全国各地教育的优质发展。我和教育两委成员多次参加了门头沟区李烈校长工作室的活动，每一次都被李烈校长的办学艺术和高尚人格感染着。学员们在李烈校长的悉心指导下，在学习中感悟"目中有人""执两用中""守正出新"，在实践中反思学校管理的"道"与"术"。

何谓"道"？何谓"术"？道，是规律，是修养，是内在的境界，承载的是价值体系。术，是技巧，是方式，是外在的方法。教育管理应循之于"道"、授之于"术"，二者相辅相成，用"术"识"道"，以"道"御"术"，才能践之于"行"。

"道"为本，坚守教育的初心和使命

作为学校管理者，要坚持党对教育事业的全面领导，始终同党和人民站在一起，自觉做中国特色社会主义思想的坚定信仰者和忠实践行者。青少年阶段是人生的"拔节孕穗期"，作为学校管理者，我们"一个肩膀挑着孩子的未来，一个肩膀挑着民族的未来"，只有培养德智体美劳全面发展的社会主义建设者和接班人，把教育与社会、国家的命运紧密联系在一起，才能无愧于自己的使命与担当。苏霍姆林斯基曾说过："（校长）领导学校，首先是教育思想上的领导，其次才是行政上的领导。"我们应把握教育本质和社会发展对教育提出的需求与挑战，为学校找到一个生长点，和师生做好学校价值系统的顶层设计，这就是办学理念，它不应该仅仅是一句亮丽的口号，而应该是长期办学实践中形成并凝聚成的学校的灵魂，是学校的文化精髓。

"术"为用，探索"接地气"的方法论

苏霍姆林斯基的一生几乎都在中学的教育教学中度过，在帕夫雷什中学20年，既当校长，又做教师，还担任班主任，他对自己提出"三到"要求，即到教师中去，到学生中去，到课堂中去。作为一名学校管理者，我们应自觉站在时代发展的前沿，把握今日之世界正面临百年未有之大变局，直面教育的深度变革，创新教育模式、形态、内容和学习方式，我们应走进课堂、走到学生中去，构建适合学生成长的课程，以"立德树人"作为课堂追求的价值取向，打造让学习真正发生的课堂，激发学生的好奇心和求知欲，激活学生的内驱力和学习力。在学校中，校长扮演着多种角色：管理的创新者、关系的协调者、文化的倡导者、课程的领导者……这就需要我们勤于思考、善于实验、敢于变革，在学习、思考、实验、行动中，寻找教育的真谛。

"人"为上，创造自由呼吸式的教育

谁来问道，如何用术，则重在"人为"，所以"人"的因素起到决定作用。应把

师生发展永远立于办学"道""术"的核心。作为学校管理者，要有大爱——对学校的爱，对学生的爱，对教师的爱。应回归教育的本源，追求教育的文化功能和对人的塑造功能的融合，最大限度地挖掘人的潜力，营造唤醒潜质和自我认知的教育环境，才是学校发展的根本。要不断提高教师的教育幸福感、认同感，激发教师的爱岗敬业精神，打造优秀教师团队，成就每一名教师。要倾情学生，关注学生个性差异，充分发展学生的潜能，引导孩子热爱生命，热爱生活，成就每一位学生。坚守于"爱"，在教育实践中不断感悟，提高自身素质，面对学校管理和教育教学问题时，才能巧妙地应对，走入"柳暗花明又一村"的境地。

这本书在教育家李烈的引领下，凝聚着工作室成员认真学习、潜心教育的点滴，映射出求真务实、不懈求索的感人风采，衷心地期望门头沟教育在更广的领域、更深的层面开展教育研究和实践探索，努力构建学校有口碑、教师有情怀、学生有素养的门头沟教育精品区。

陈江锋

3月31日

目 录

跟岗篇　知行合一，以爱育爱

专题篇　转危为机　目中有人

总结篇　北京市门头沟区李烈校长工作室总结

北京市门头沟区李烈校长工作室启动

北京市门头沟区李烈校长工作室实施方案

陈江锋

为进一步贯彻市教育工委、市教委《关于实施北京市中小学名师名校长发展工程的意见》（京教工〔2012〕48号）、《关于"十三五"时期中小学干部教师培训工作的意见》（京教工〔2016〕41号）的指示精神，推动我区小学校长管理人才队伍建设，建立学校管理学习的共同体，推动教育的优质均衡发展，充分发挥名校长的专业引领、带动、辐射作用，特制定门头沟区李烈校长工作室实施方案，以下简称"工作室"。

一、指导思想与宗旨

（一）指导思想

以市教育工委、市教委相关文件指示精神为指导，秉承"全面提升，各具特色"的发展理念，以校长的办学实践为主线，以自主研修为基础，以课题研究为切入口，通过专家引领，积极探索现代化特色办学模式，努力提升校长办学能力，打造校长专业成长共同体，培养一批办学理念先进、治理有方、有创新精神的校长。充分发挥校长在学校管理、教师发展和质量提升等方面的引领、示范、辐射作用，提升区域教育整体管理水平，促进教育优质均衡、可持续、高水平的发展。

（二）工作宗旨

名师引领、互联互通、研修一体、各具特色。

二、培养目标

借助李烈校长工作室这一研修平台，积极构建"三提升，两创新"的培养目标体系，培养一批优秀的校长团队。

提升理论素养。通过授课培训、自主研修等方式，引导工作室成员立足教育前沿领域，提升自身理论水平。

提升科研素养。围绕办学中的重难点问题，进行专题讨论和探究，引导工作室成员根据自身学校现状，形成特色课题。

提升管理素养。积极开展跟岗实践和实地调研活动，进行经验交流和互访，提升工作室成员的办学管理素养。

创新管理机制。结合市区"十三五"教育发展规划，创新管理模式和管理办法，形成具有推广价值的研究成果。

创新办学文化。引导工作室成员挖掘自身学校特点，研究学校办学文化的创新建设机制，打造学校品牌，形成办学特色。

三、培养方式

李烈校长工作室培养对象的学习期限为三年，人员限制在10人，所采取的培养策略和培养形式如下：

（一）培养策略

1.自定计划，个性发展

工作室主持人要根据学员的个性需求和学习能力，给予个性化指导，引导学员自定步调地制定三年学习目标和学习计划。学员需要按计划完成学习任务，推动自身发展和学校建设。

2.专家引导，学做合一

充分发挥工作室主持人言传身教的作用，建立其与学员之间的"导学"关系，给予思想理念和管理实践上的针对性指导，引导学员在办学实践中解决问题，实现"学做合一"。

3.自主研修，互学互助

工作室研修活动以集体和自主研修相结合的方式进行，在集中进行理论和实践学习的基础上，学员需进行自主读书和课题研究，学习过程中，组织进行研讨和分享，以实现相互促进。

（二）培养形式

1.理论学习

充分发挥专家引领作用，借助市级专家资源讲教育前沿理论，并针对学校文化建设、教师队伍建设、学校管理、课程管理、德育管理等内容进行专题和实务培训。

2.实践学习

采取跟岗学习、跨区调研等形式，引导工作室成员获取第一手实践研究资料，积极学习先进的办学管理经验，为改善自身办学管理问题提供实践基础。

3.自主研修

通过专题学习的形式，围绕学校的管理职能、管理方法和管理模式等内容，组织工作室成员进行自主读书研习，定期召开读书沙龙，集中分享读书感悟和学习成果。

4.课题研究

在专题学习和案例研究的基础上，成员需结合自身办学经验，进行自主的、具体的课题研究，总结教育教学规律，创新学校工作发展理念，提出具体的问题解决策略。

四、学业成果与评价

（一）学业成果

学员需要在主持人的指导下，选择一项关于学校发展建设的核心问题作为自身研究课题，在三年研修期满后，呈现相关学业研究成果，成果需能够反映培养对象研修期间在办学思想和行为上的具体变革，具有一定的思想深度、实践意义和可推广的价值。研究成果可选形式多样，学员可根据自身情况选择如下任何一种或多种形式作为自身学业研究成果：

1.提交不少于两万字的课题研究报告；

2.在教育核心期刊上至少公开发表一篇课题研究论文；

3.围绕自身课题研究成果，至少组织一次学校现场会或专题报告会；

4.总结自身办学思想和实践经验，撰写论文与体会。

（二）学业评价

1.建立定期汇报考核机制。工作室每年需要至少组织六次集中研修活动，成员需依照工作室年度计划和自身学习计划安排自身学习活动，积极做好活动记录，形成个人研修档案。工作室定期检查学员研修档案，每学年末组织学员向工作室领导小组进行年度学习汇报。

2.工作室成员研修期满，按计划完成研修任务，并提交相关学业成果，考评合格后，准予颁发结业证书。

五、研修规划

第一学年度（2018.03—2018.06）

2018年3月　启动阶段：组建工作室，制定工作室年度工作计划，指导学员制定个性化学习方案。

2018年4月—5月　研修阶段：以集中理论学习、个性化跟岗实践为主要研修形式，指导学员探寻个性化研究兴趣与方向，并建立若干学习小组。

2018年6月　课题立项阶段：学员依据自身研究兴趣和本小组研究主题，确定自身选题，在主持人指导下撰写课题立项报告，并进行专家评审。

第二学年度（2018.07—2019.06）

2018年7月—2019年5月　自主学习及研究阶段：学员依据自身学习方案，主要通过小组学习进行集体研修，通过文献学习、成员校交流、跟岗实践等方式进行自主研修，并在学习进程中搜集研究数据，完成相关课题研究任务。

2019年6月　学员撰写中期课题究报告，汇报研修进程和课题中期究成果。

第三学年度（2019.07—2020.06）

2019年7月—2020年2月　成果撰写阶段：以成果撰写和理论凝练为主，与工作室主持人密切沟通，完成相关研究成果的前期撰写与准备。

2020年3月—2020年5月　成果完善与汇报阶段：在主持人的指导下，完成相关成果的修改与完善工作。依据学业成果形式，最终完成论文的提交或报告会的召开。

2020年6月　结业阶段：召开工作室成员结业仪式。

六、组织管理

（一）工作室领导小组和管理办公室

1.成立工作室领导小组，负责对工作室的组织领导和考核评价，成员包括：

组长：门头沟区教工委副书记、教委主任陈江锋。

副组长：教工委副书记侯凤兰、教委副主任白丰莲。

成员：区教委组织部、区教委小教科、区教委财务科。

2.工作室领导小组下设管理办公室，负责工作室日常管理工作，办公室设在区教委小教科，主要职责包括：

（1）在领导小组之下，承担区教委对工作室具体的组织领导、联络对接和考核评价工作。

（2）对工作室的年度经费预算和使用情况、工作室的活动申报和组织进行审批和监督。

（3）收取工作室工作计划、工作总结和学员学习成果，听取工作室年度工作汇报。

（二）李烈校长工作室

1.李烈担任工作室主持人，主持人对工作室的日常研修管理负有自主权，主要包括：

（1）制定工作室的总体和年度工作计划，指导学员制定自身学习目标和学习计划；

（2）规划相关研修安排，引领学员开展具体活动，为其提供交流与实践平台；

（3）对工作室成员进行考核和评价。

2.宋茂盛担任工作室秘书长，秘书长负责协助主持人开展工作，主要职责为：

（1）组织联络工作室成员开展相关研修活动；

（2）做好工作室预算制定、经费管理以及活动申请工作；

（3）协作主持人开展工作室其他日常管理工作，做好工作室年度工作总结。

3.工作室成员主要任务

（1）积极参与工作室的各项研修活动，制定自身学习目标和学习计划，按照自身计划完成相关学习任务；

（2）研修期满，如期提交学业成果，接受工作室的考核和评价；

（3）成员之间做好沟通与协作，互学互助，共同提升。

千里之行　始于足下

北京市门头沟区黑山小学　任全霞

（门头沟区李烈校长工作室成员代表）

　　人间最美三月天，一春芳意，春风十里，迎来了李烈校长工作室的成立。我和九位教育同仁非常幸运成为工作室的成员，首先我代表大家感谢李烈校长对门头沟教育的厚爱，感谢区委区政府领导的关怀，感谢教工委、教委搭建的学习平台。

　　问渠哪得清如许，为有源头活水来。一直以来，李烈校长的睿智、大气、儒雅、仁爱的人格魅力深深感染着我，李烈校长的"以爱育爱"的核心理念和"双主体育人"办学思路，深深地影响着我。从当校长的那刻起，我心中就萌发了一个愿望：要像李烈校长这样当校长！

　　等闲识得春风面，万紫千红总是春。北京教育学院梅汝莉教授曾这样评价李烈校长："李烈身体力行'以爱育爱'，她将'尊重'作为'爱'的起点，处处防止因为自己的'荣光'而遮蔽了他人的功绩""她是一名先行者、示范者、发动者，更是一个人性丰富、个性完善、人格高尚的人"。北京实验二小的老师们这样表达：举手投足间，说不尽的大家风范。言谈话语中，道不完的睿智博学。李子树上结硕果，烈火丹心为杏坛。四十三年弹指过，以爱育爱美名传。更重要的是，"双主体育人""以爱育爱""以学论教""以参与求体验""以创新求发展""爱的四有""快乐生命学说"追求"职业价值和生命价值的内在统一"这些李烈校长提出的理念，已成了每一个二小人内化于心，外化于行的工作思想。更可贵的是，李烈校长的教育思想已经辐射到我们门头沟，辐射到京津冀，乃至全国。

　　千里之行，始于足下。从今天起，我们将在李烈校长的指导帮助下，在各级领导及同仁的关心支持下踏上新的征程，我们深知各级领导的殷切期望，我们懂得李烈校长的大爱无疆。面对新起点、新指引、新目标，我们将努力做到以下几点：

　　一是明方向，讲政治。我们要不断提高思想政治素质，落实立德树人根本任务，不忘初心，牢记使命。

二是亲其师，信其道。我们要积极主动走进李校长，认真学习李校长的教育思想，深刻领会李校长的做人之道、办学之道。

三是定目标，有规划。我们要确定好学习的目标，并制定好个人发展计划，为有效的学习做好充分准备。

四是勤实践，善反思。找准发展中的问题，把问题转化为课题进行扎扎实实的研究，在实践中加强反思不断改进。

五是多交流，重分享。我们工作室的成员是学习的共同体，一定互相学习，互相帮助，多沟通多交流。

功崇惟志，业广惟勤。请李烈校长和各级领导放心，我们一定会珍惜学习机会，勤奋学习，努力提高个人素养，提升专业能力，带动学校的内涵发展，为门头沟教育奉献我们的力量！

持经达变　守正出奇

李烈

持经达变，"经"指的是规律，是理念。守正出奇，"正"也是规律和理念。我常说一句话：有什么样的理念就会有什么样的行为。也就是说，所有方法策略都是由理念而生的，而理念规律是由若干个具体的策略方法提炼出来的。所谓术由道生，道由术显，因此我想和大家谈的最根本的就是把握住规律，也就是持经，然后守正。

我们面临不断变化的社会，可以有这样那样的变化，但无论怎样变，坚守的理念不可以丢，遵循的规律不可以突破。只有守住正确的规律，坚守正确的理念，并在这个基础上有改革、有探索、有突破，才能更好地适应新的变化。所以，"持经达变，守正出奇"是我特别想和大家交流的一个主题。在交流这个主题的最初，我想请大家共同参与一下，回答这样一个问题：你是校长，或是学校的其他领导，无论在这个岗位做了多少年，总之作为一位管理者、领导者，从这个角色的角度请大家思考。校长的修为，如果用两个词形容，你认为最重要、排序最靠前的是什么？我猜大家的答案中应该是包括修养、涵养、造诣、德行、素质等……

我相信把大家写的词汇集起来得有几十个，这里没有哪个一定就正确，哪个一定就是错误。我之所以都让大家写一写，其实特别想说的是后面要讲的体会。我以为最重要的两个词未必就是统一的，也未必就是标准答案。如果让我写这两个词，我脑子里首先出现的是"人"这个字。这个字虽然是汉字当中相对笔画少的，只有一撇一捺，但这个字和我们所有人都密切相关。我们本身，都是活生生的人，每天面对的教师也是活生生的人，又通过我们这些教师，这些活生生的人，去培养、去滋养一个个生动活泼的学生，这是我们工作的特点。

在育人的目标上，我特别喜欢用人字的一撇一捺来表达，一撇是人的认知系统，一捺是人的社会动力系统。那么今天谈校长修为中重要的两个词的话，我也是从人字的一撇一捺两个角度考虑的。这两个词写的是思想和人格。思想作为人字的一撇，作为校长应该具备的认知方面的思维品质，重要性毋庸置疑。校长如果没有思想，没有一些深刻的观点，没有一些相对前卫的认知，很难带领你的教师队伍，很难带领一所学校前进，或者说很难达成我们的预定目标。但除了思想，作为校长，你想把这支教师队伍带动起来，让大家心甘情愿，高高兴兴地跟着你一块干，甚至干的过程中能够不断地激发自己的潜力，这一点就需要校长人格上的引领。如果没有这个，仅仅有思想，我想很难做好一所学校，很难带动起一支教师队伍。这一撇一捺书写起来先有撇后有捺，但从这个字的结构上看，这一捺对一撇起的是支撑作用，所以思想和人格，缺一不可，相互支撑，才能发挥最大的作用。那么下面就从我做校长的角度，围绕这两个词，零星地谈一点我的体会。

加强思想修为，持守教育规律

（一）践行正确教育观念，引领师生发展

首先是思想。谈校长思想，当然，这里面可以有诸多维度，在此我特别想和大家分享的是两个层面：一个层面是校长的思想，指校长正确的教育理念、教育观，对价值规律的把握。第二层面，校长是实践工作者，不是理论家，不是理论研究者，所以校长的思想、校长的理念，更为重要的是要变成大家的，要使大家都能够接受、接纳、认可、有共识，然后在此基础上指导实践。也就是校长的思想、理念，如果不能落地，不能变成全员的共识，仅仅停留在校长的头脑中，这样的思想意义也不是很大。所以这就涉及校长，也涉及校长的理念和思维品质。校长的理念和思维品质潜移默化，日积月累，会影响大家，对大家来形成一些共识，是至关重要的。

关于校长正确的教育观，对规律的把握，我想举几个例子。首先是明确教育理念。在这理念当中，最重要的是教育观。作为小学校长，务必清晰地认识小学的教育，我们的功能到底是什么？

在小学教育这个观念上，最重要的功能是提升每个人的生命价值，也就是给孩子们的未来人生最高峰奠基。所以今天我们仅仅是奠定基础。今天的基础，为的是明天

对他个体而言是一生最高峰，基础奠定越扎实越全面，他一生中最高峰的实现可能就会越高，所以全人发展之基础是小学教育义不容辞的责任，我习惯称它为"扎根教育"。说到扎根教育，我想再分享一个故事。中国的最东边有一种竹子，这种竹子叫作毛竹。这个毛竹的生长有个规律，有一个特别与众不同的特点：竹子栽种下去之后，前四年多的时间里它仅仅长到3厘米，长到3厘米之后再也不长了。这种现状要维持四年多，将近五年的时间，等到第五年开始，竹子发生了奇迹般的变化，每天足足能长到30厘米，每天去看，一天一个样，短短几周的时间，这些不过3厘米的竹苗，就发生了不可思议的变化，竹子长成了参天高竹，又粗又壮，最高能达到15米。这种毛竹生长的规律，让我们可以联想到我们的小学教育。

我们的教育就如同这样的毛竹在扎根、在奠基。那扎的是什么根呢？扎的是德、智、体、美、劳全面发展之根。德、智、体、美、劳各有各的功效、各有各的价值，不可有偏废。这是小学教育中作为校长必须认识到的，必须把控得住的，也就是孩子的全人发展。我们今天的扎根，今天的奠基，是为了他人生的最高峰。当然这种毛竹生长对土壤、对气候、对温度都有着特殊的条件和要求，这个毛竹不是随便住到哪个省市，它都可以按照这个规律成长，所以它对外界环境要求很苛刻。那么，从这个角度讲，我们的基础教育可以用这种毛竹生长的规律来比喻，但同样，我们的基础教育要遵循自身的规律，不可以受外界太多的干扰。无论是基础素养上关键能力的培养，还是共性基础上个性的发展，或是通识教育中的因材施教等等，我们都要去研究，要随着社会的发展对我们提出新的要求。但不管怎么改变，规律不可以轻易撼动，因为我们做的教育有自身的规律，所以教育未必全然简单地随着社会的呼声而改变。如果由社会来教育，社会突出的声音是什么，我们教育必须要随之而变，那么教育的本体性和教育最基本的价值理念也就不复存在。因此，持经达变也好，守正出奇也好，这一切都要遵循教育内在的规律。而校长对其规律的把握最为重要，把握住规律，才有了我们明确的、正确的教育思想。

校长如何看待教师？我想分享的一个观点就是教师不是只为教书存在的，也不是为达到教育目标从事工作的技术人员。不能仅仅把教师定位为春蚕和和蜡烛，作为教师应该有牺牲和奉献精神，尤其是小学的教师，面对的是未成年的，六七岁到十二岁的孩子，春蚕精神、蜡烛精神必须有。

在校长的眼中，不能仅仅以此作为教师的全部，作为教师的唯一的身份角色。如果这样唯一、极端，就出大问题了。校长眼中的教师除了有牺牲、奉献精神之外，更是活生生的人，有着全面需求的，有着价值追求的人。作为校长，面对教师应该有这样的认识，为教师实现生命价值搭建一方平台，要拿教师作为工作的主体。教师和学生一样都是主体，只不过他们是不同层面的。学生是学习活动的主体，不可替代，而教师是教育工作中的主体，教师不是技术人员，教师不是实现目标的工具，所以教师的主体性、教师的主人意识、教师的内在动力是校长必须要想方设法挖掘出来的。因此，在校长带领教师共同发展的过程中，应该追求的是让教师通过不断的学习，能够在他的工作中实现他个人的价值，也就是追求在工作中活出生命的意义，这是校长眼中应有的教师观。在组织文化的建设中，强调学习加激励，提升核心的竞争能力，也就是面对一个个挑战和一个个新问题，要不断地通过思考、研究、学习，使问题得以解决，以此来提升我们解决问题的能力。而解决问题的能力恰恰是一所学校、一位老师、一个组织核心的竞争能力。

另外，对于教师心智模式改善，快乐生命学说，对于教师工作的安排以及自我的确认，特别要宣传实施的一种是"适合学说"。每位教师都有自己的长项，当然也有弱项。校长在安排教师工作的时候，应该思考的是，他的长项是什么？能够将他安排在他的长项所在岗位上，那么在这样的岗位上，经过努力容易成功。如果不考虑这一点，将教师安排的岗位恰恰是他弱项所在，他付出的努力可能是别人的很多倍，然而他成功的概率可能只是别人的几分之一，所以适合他的岗位、适合他的工作，这是一个人有成功价值体验的大前提。

再者，在学校工作中三大工作机制，无论是我们的评价机制、沟通机制，还是团队管理的机制，都应该参照前面所讲的教师观。关注教师的生命价值和职业价值的统一，在这种道、这种经、这种理念前提之下去设置。在学校中，校长引领教师去实践，践行人生的"四态"：归零是发展心态；研究是工作常态；改变是生活姿态；智慧作为生命状态。这样的引领，都源于前面所说的教师观。另外三大信念体系的建立，职业信念系统是定位在追求生命价值和职业价值的内在统一的职业价值观上；人际信念系统，教育者的修为，也就是容人、容言、容事的宽容心态；在自我信念系统的建立上，强调自我健康发展，做最好的自己，也就是说，一定要不断地自我净化、自我发展、自我成长，形成一个无穷大的教师成长模型。主要是两条路，一条路是从教师的心智模式的改善入手。如前面所说，无论是快乐生命学说，还是适合学说，都是改善教师的心智模式。另外，三大信念系统的建立和引领，包括在学校中强调个性发展的同时更强调一些共性，也就是打造一个和谐的团队，建设一个团队的组织文化，让教师个人和他所在的教师团队形成一种相互的积极的依赖关系。那么就使得教师感受到工作是有意义的，人际关系也是有意义的。因此，他就有了一种归属感。这个归属感是进一步促进教师能够主动发展的动力，所以这一条路主要解决的是人际交往、人际关系方面的信念。简单地说，就是人际信念。没有这种人际信念，教师没有归属感，就很难在学校释放他的价值和智慧。

另一条路是帮助、提升教师育人的能力，也就是教师的教学思想，教师的专业水平等等。在这一方面，学校要努力地为教师成长服务。比如在实验二小，包括正泽学校，学校都在刻意地极力地研发一个真正使学校的理念思想落地的策略，也就是教师版的校本教材。教师版的校本教材非常突出地把这些理念落实在一节节课上、一次次活动当中。有了集体的智慧，共同的分享，再加上有适应教师发展需要的不同平台供教师选择，教师的教学水平、专业能力，就会不断得到提升。教师这种能力的提升，带来的是教师的效能感，这些是实实在在落地的本事、本领。真正在他的教学活动中，在他面对学生问题的解决当中感受到成功，感受到学生的变化，学生的发展。学生的变化发展使教师有了效能感，而这种效能感是教师再一次更加主动成长的发展动力，所以，不论是教师的归属感，还是教师的效能感，才是真正使教师主动成长、主动发展、主动进化的动力。而在学校，作为校长，应该搭建更多此类的平台并进行引领，这是我的又一个体会。正因为有了这两个路径，有此种人际信念系统和自我信念系统的建立，所以教师克服了容易出现的倦怠心态，大大提升了精神境界。在凝聚共识的基础上，教师们才会摒弃文人相轻的恶习，形成相互关爱的人际关系。

在学生观上，特别想和大家分享的体会是：在校长眼里一定要根深蒂固的，时刻清醒地引领教师落实什么？每个学生都是独一无二的，每个学生都有其天赋、潜能，因此绝对不能一刀切，绝对不能一个标准，绝对不能有太多的横向比较。在面对六到十二岁的孩子时，这个年龄段的孩子，在他的受教育过程中，最重要的是养成良好的行为习惯、思考习惯、学习习惯等。习惯最为重要。童蒙养正，少成若天性。这个时候，如果不把习惯放在首位，不去滋养不去养成，将来他的成长很难有发生逆转的机会。小学入学是孩子的社会角色形成的开始，在这个过程中，孩子应该通过自己良好的习惯形成，知晓在群体中、在社会中是要遵守规则的，这个规则就是将来走向社会的法律意识。所以要让孩子意识到在集体当中、在同伴面前，如果有时出现不遵守规则的行为，实际上就是侵犯了他人的权利。惩戒有时也是教育的必备手段，我们不能一味地以爱的名义对孩子迁就，只有所谓的表层的尊重、理解和爱是远远不够的。

"以爱育爱"已成为北京实验二小的一个品牌理念。但在此我特别想讲的是四个字中两个"爱",它不同于我们一般讲的爱。第一个"爱"指的是手段;而第二个"爱"是教育的目标,以教育的爱的手段达成爱的目标。爱的目标指的是学生自身要有爱的情感、爱的能力、爱的行为、爱的智慧。

这样的爱对一个人来讲,如同我们所说的生命的源泉。我们想象一下,如果一个人没有这样一种爱,他再聪明再智慧,缺少了这样的爱,那真是越聪明越可怕。因此爱是人生命、德行、品质最本质的东西,它应该是教育追求的目标,也是教育的价值追求。另外,孩子的健康发展必须以自我发展能力为基础,而自我发展能力,必须是在真实的世界中培养,所以必须让孩子在真实的环境中面对真实、体验真实、拥抱真实。真实中是什么?不只有鲜花绿草,社会也是复杂的。在孩子的成长中,酸甜苦辣咸必须样样都体验,而他的体验是任何人剥夺不了也替代不了的。所以孩子必须是学习成长当中的主体,这是我体会到的学生观。

作为校长的管理观,在这一点上想和大家分享几点。首先,校长必须目中有人。教育的一切出发点和落脚点是学生。但这个落脚点,这个价值实现、目标达成靠谁?靠的是教师。所以我们的管理中必须目中有人,不仅包括有学生这个人,也包括有教师这个人,有教师群体,有教师个体。对于教师而言,作为校长最关键的不是管,不是控制,而是激发教师内在动力。在学校的管理中,我在实验二小退休前三年,开始将社会治理的理念引进去,坚持共识、共治、共享的核心信念,变革了结构。但是变革很难,动作很大,真正落地实现,取得理想的效果很难,它不是一年半载就可以实现得了的。虽然我在退休前引进了这样一种理念,但紧接着一方面因为北京市基础教育改革、合并,包括接收分校,合并两所学校,需要更多的精力用于面对新的形势和挑战。另一方面,自身已过花甲之年,也在为辞去二小校长职务做准备。因此虽提出了一个治理的模式,但遗憾的是没能有更多的时间和精力,将其彻底落地完善。我一直有一个观点,到了退休的年龄就该退了。这是规律,我应该遵循这个规律。一旦退下来,对于继任的校长,前任校长应少干预。没有极特殊的情况不要干预,所以我轻易不回实验二小。因此二小在治理模式上后续做得如何,我也不得而知。

但在正泽学校,我仍在极力地推行这样一种治理模式。也就是法制加元治加自治,追求一种善治。法制自不用多说,依法办学、依法治校。我想突出讲的是元治与自治。元治指的是学校的管理层,也就是道的把握、经的把握、理念的把握。我们给理念，给价值追求，给最后达成的目标，而至于理念的落地，目标如何达成这个过程中的策略方法，也就是术。学校放权、赋权抑或说授权给年级，由年级自己去研究，拿方案，去实施。这个自治的权利能够赋予它到什么程度呢？比如说一个年级有多少个班，开设多少节课，都有什么课？根据这个工作量，应该配备多少名老师？各个学科都有比例和数字。学校安排了教师之后，至于谁教哪个学科，怎么教，谁和谁包班？怎么包？课表怎么设置，这些权利统统下到年级。如跨班走课，教师的走课，学生的走课，就展现了长板原理的应用。每个班组里有有经验的老教师，有的是学科教学经验出色，有的可能是班主任工作非常出色，也不乏不少新教师，新老师无论是带班还是学科教学都是缺少经验的，那么就需要有经验的老教师去带他。这时候的工作安排，不能只给老教师加负担，而是选他拿手的来安排工作量；老教师以课为主，新教师就可以当他的助教、助手之类。

再比如，在一个相对的时间内，确定需要重点总结提升的方面。新老师刚来时，可确定一个近期目标，如先学习带班，提升带班能力，那他的部分课，就可以分配给其他有经验的老师。如想侧重提升学科教学的水平，就安排侧重学科内容。也就是说，在相对短的时间内（一学年或者两年之内），每名教师都可以在需要成长发展，需要提升总结经验的诸多方面有一个侧重点，既突出每位老师研习、提升、总结的力度，同时又可以减轻一定的负担。同时每个老师的长项，可以让更多的孩子享受到。长板原理在此的应用，是想表达这样一种思维：每个年级组的教师构成一个小团队，小组共同运作，分担总任务，包括学期的计划设定、目标设定；依照课标，依照学校的理念设定的方案、设计的课程及目标达成后如何评价？如何呈现？都可以共同商量，出具研究方案，再由学校把关。方案经学校探讨、认可后实施，期末，学校与年级组共同检验。也就是说，自治给予了年级组更多的权力，更大的开放度，平台更大。他们有更多的权利，也就自然有了更多的研究和可以改进的地方。就目标来讲，最终的结果不是降低了，而是比以前由学校布置的，由学校验收检查的效果会更好，以达到一种善治。另外，对于学校文化的建设，共同的价值追求一定要得到全体的认同，有了全体的认同，发自内心的认可才会在方方面面体现出同样的理念，同样行为。

说到管理，我还想与大家分享的就是，作为人，人性是复杂的；作为人，内心都会有一些"暗物质"。我特别用了这个词。国际上的科学家有一个数据和结论：宇宙当中真正称得上是物质的仅占4.9%，将近5%。其余95%还要多一些的都是暗物质。暗物质其实就是不发光的。暗物质不一定就是黑物质、坏物质，但我这里所说的心中的"暗物质"，更多的是指一些个人利益。这是可以理解的，也是人性的一种必然。但是对于这样的"暗物质"，我们不能因为它客观存在，就任其自由疯狂地生长，而是应该有所抑制。所以在激励下，相关制度设计中要有底线设置。管理中不能以制度为主，但并不意味着无需制度。制度的设定，我个人认为更多的是在于底线设置，底线不可突破。比如说，教师的"四距"。对一个教师来说，面对所有的学生是等距离；面对特需的学生是零距离；面对学生的家长是刺猬距离，刺猬距离的特点是一旦相互张开刺，也不至于相互扎到、相互伤害；对于一些底线要求、红线要求要远距离。所以对于"暗物质"，一方面要有一些激励制度，另一方面，也要有保底的、不可突破的、尽量的底线设计，我们就用这样的"四距离"来表示管理关系。

　　有这样的一些管理理念，学校在元治、自治方面大大地瘦身，学校脱产的干部人数也大大减少了。

　　无论是教育观、教师观、学生观还是与其相关的一些规律，对我来讲都是自己粗浅认识到、捕捉到的一些规律，才有这样的一些观念。除了讲的上述几个观念之外，还有人的生命规律，人的生命的成长，哪个年龄段是哪个方面发育的窗口期，教育的最佳时期等等，要充分利用这些规律进行我们的教育和教学方为有效。另外，生命的规律告知并提醒我们的是，每个生命都是不一样的。当然，每个孩子和每个孩子也是不一样的，这也是规律。一个孩子再聪明也有他的弱项，再笨也有他的长项，就如同人们常说的一句话：上苍给你关上这扇门，一定与此同时给你打开一扇窗。所以每个孩子都有他的天赋，只不过有的天赋显而易见，有的相对比较隐蔽，而教师遵循生命的规律，就应该着重去发现他的天赋何在。另外，成长有成长的规律，不可替代，所以对学生关注过度，包办过多，实际上就剥夺了孩子的主体体验的权利。这是一种爱的错位，也就是感觉剥夺。你把他的权利给剥夺了，我们的教育、教学就失败了。因此发展的规律也是在学校的教育、教学中务必要遵守的。另外育人的规律，尤其是在已知晓前面的一些规律，形成这样一种观念后，在孩子的成长当中，教师更多的应该是发现孩子的天赋，尊重规律，成长中多搭建平台，让他多体验一些酸甜苦辣咸。在知识上、思想上多给些观点，从而促进孩子更多地自主发展。在此，我特别想强调的依然是教育有内在的规律，这个规律就是经，这个规律就是正，所以持经达变，守正出奇。

（二）开放思维品质，提升管理素质

价值追求，即正确的教育理念，是我学校管理思想中的第一个层面；第二个层面是思维品质，我突出的体会是校长的思维品质一定要开放。

第一，校长的思维品质应是多维的、立体的、互利的、系统的，不能是极端、线性的，也不能仅仅是侧面的。若作为校长，你的思维品质不是这样的，那就容易出问题。线性思维是不会拐弯的，一旦自己有个想法，别的想法就都听不见了。你既然听不见不同的声音，也就没有第二个、第三个、第四个想法了。同时，校长也不能是点状思维。若全是一个个点，具体的点，具体的事，你剥离不出这个点去举一反三，你也不能把若干个点连成片、连成网，那就会就事论事，永远停留在具体事情的解决上。

第二，开放的思维品质突出表现在能够多样化听取意见，时刻有一种空杯的心态，这样就能够消除自我的盲点。我们应该清楚地知道，任何一个人再聪明智慧，也不可能在思维上没有盲点，人都是有盲点的。盲点如何消除？靠的是更多不同角度的声音、不同的意见，所以头脑的开放既包括能够听取不同的声音，也包括能够欣赏不同的声音。有这些不同声音，经综合分析判断，才能相对拿出一个比较好，有效解决问题的方法。如果在这点上不能有这样一种思维品质，你就容易出现自负，封闭保守的模式就开启了。

第三，问题学习。校长带领队伍，在营造学校文化建设中非常突出的是问题学习的意识和实践操作的方法。当出现问题后，不掩饰问题，积极地分析问题的原因，找到解决问题的方式方法才是正确的问题学习意识。在这个过程中，一定是透明的，一定是敢公开问题分享的，因为问题本身就是学习的资源，分享问题过程当中大家能够各抒己见，有各自不同的想法、智慧奉献。在这个过程中，团队文化中非常重要的不是以谁的职位高谁更有威信，就全听谁的，而是谁的意见最好，谁的意见大家分析判断最有效，那就采纳谁的。它是创意择优，而不是官小的听官大的，主任听副校长，副校长听校长的。

加强人格修为，做好榜样垂范

第二个词：人格。人字，一撇一捺，一捺对一撇起着支撑作用。所以我认为校长的人格，在校长的管理、校长带领队伍发展中是非常重要的。我想和大家分享两个词，一个是灵商；一个是忘我。

灵商指的是什么呢？我没有找到准确地和我所说的一模一样的理论家的表述，也不太说得清它的出处，但我想说的，更多的是来自我二十年做校长的体会。如果再加上做校长之前做老师的体会，那就是四十四年。什么是灵商？灵商不完全等同于情商。它比情商更聚焦，聚焦在什么地方呢？我常常这样描述，就是一种感受他人感受的能力。有点类似于大家常说的调位思考，和对方产生共鸣。调位、共鸣更侧重于主动、有意，而灵商是形成了一种能力，它是一种自然流淌出来的能力，即感受他人感受的能力。

做老师尤其是做小学老师的领导，也就是校长，灵商更为重要。因此我想说这是职业需要。职业特点需要有感受他人感受的能力。举个例子：大约六年前，一天，一位青年男老师找我。我知道他已经找过我几次，但都因为各种原因未能见面，那天我特意约了他。我问他到底什么事呀？他说要辞职。那时是第一学期末，听到辞职我就愣了，便问他辞职原因。原来他所在的音乐组合想参加一个省市电视台里的比赛，需要提前半年做准备。他表示自己也舍不得离开实验二小，但弹唱表演是他最爱。虽觉得当时提出离职不太合适，但若再犹豫，就没法参赛。我听完后问了他几个问题，并分析了比赛两种可能：一种是赢得比赛，可以顺理成章地到处去表演去演唱了；另一种是淘汰。我接着问他，这个时候提出辞职，下学期的课怎么办？他说已经找好了代课的人，非常有经验，教学也很棒。了解完情况后，我决定让他下学期去做参赛准备，档案先留在学校，工资也先停发。如果他参赛赢了，就放他走，他也可以干他喜欢的职业了，我表示祝贺。如果中途败了，还能有退路，回来继续踏踏实实当老师。他当时一听就傻了："校长，您说什么意思？那我不用办辞职？"我说："对！"当时他的眼泪就快掉下来了。我接着告诉他，我之所以这么决定源于这几点："第一点是你工作五年多，干得还不错，挺好的。第二个原因是因为尽管在这种情况下，你要去参赛，但是你没有因此而不顾工作，你做了很妥善的安排，找了很好的代课老师，说明你还是有责任感的。第三，你这人还挺仗义，虽然前面在犹豫，但知道组合中有人已经为此丢了工作了，这时候你毅然采取行动，把后面的工作安排好，才来找我辞职。做人来讲，这点精神还是应该有的。"后来，他比赛输了，又回到了学校。从此，他对教师这份工作无比的珍惜，在各方面的发挥，较以前更好了。我觉得，他会更加珍惜这个环境和氛围。这段经历，对他来讲，是非常宝贵的。

这个例子，原本是非常自然地就这么处理了，为什么印象这么深刻呢？是因为顺义区的一位科长。他跟着我跟岗学习一个月后，去了一所学校当校长。一两年后，又调回到顺义区做主管教育的主任。他在跟岗期间，知道这个男老师找了我几次，但不知道具体什么事。后来了解了情况后，他说："当时我听完了这个情况，我就使劲地快速动脑筋想，您可能会怎么处理？我脑子里快速地转了几个您可能会这样那样处理的方法，但就是没想到您是这么处理的。如果我是校长，肯定不这么处理，我肯定先批评他，会很生气，我会带情绪。他一定是该辞也辞了，该走也走了，但不是您这样处理的一个结果。"我为什么这么处理？我也是有几个标准或者几个角度的评价的。这样一个例子，我认为是一种灵商的表现。它是很自然地流淌出来的一种思维模式。有这样一种灵商，就会有包容心态。心态就阳光，就容易让自己的天空常蓝，也容易让老师们的内心温暖。一个前提是一定得多沟通，先不要先入为主地下结论，多倾听，就如前面所说的头脑开放，尤其是多倾听一些不同的意见。有了沟通，有了了解，灵商才是正确的。

再者，要有改变意识。这种改变意识并不是改变别人而是改变自己。太多的事情我们改变不了，我们也没有责任、权利去改变老师。作为校长，不是要睁大眼睛去发现老师的缺点、毛病，然后去改变他，恰恰相反，校长应该睁大眼睛去发现老师的优点和长处。扬其长，老师们才会感受到他在你心目中的位置，你对他的信任和期许。他的优点、长处才会更长、更好地发挥出来。如若真正遇到一些问题的结果不如意，我们不是想着去改变它，而是自省，内归因，改变自己。仔细想想是否我的方法对他不合适，那还有别的方法吗？自我的改变绝对不是我错了才改变，错了改变是必要。沟通处理的效果不理想，也要改变，这时要改变的是思路。自己的改变常常会引发对方的改变，这就是灵商。扬人长、念人功、谅人难、帮人过。对老师们最大的人文关怀，莫过于为他的成长创造条件，根据他的需要，搭建平台，让他有成功的体验，让他感受到生活的质量和生命的意义，这才是真正的人文关怀。同时要经常地给每位教师找到合适的事情做。团队在做一件大事的时候，没有观众，所有人应都是参与者，或台前或台后，每个人都有机会贡献自己的智慧、能力，有机会获得体验、成长。这是第一层意思：灵商。人格中的灵商。

人格中的第二个词是忘我。说到忘我，我情不自禁地就想到这样一段话，就是《红灯记》里鸠山说的一句话：人不为己天诛地灭。这句话是佛家之说，说全了是"人生为己天经地义，人不为己天诛地灭"。其实这句话是中性的，但是鸠山一说，就完全变成了贬义的。人不为己天诛地灭，其实不该是为（wèi）己，应该读二声，为（wéi）己，那么这个为（wéi）己是什么意思呢？就是修为，指一个人要不断地提升自己的修为、修养、涵养、造诣、德行、素质。人生为己，人生就应该不断地提升自己的修为，这是天经地义的，它应该是这个意思。为什么人要不断地提升修为，不断地修炼，就是人性的复杂性。前面我讲，人类都有些"暗物质"，但是在此我特别想说的是，既然作为校长，一校之长，凭什么带领教师们共同做事，共同发展呢？那就必然要有和其他人相比的不同之处。不同之处，如果说到人字的一捺，体现在处理问题的方式方法上。但我要说的是忘我，更突出讲的是作为校长就应该有舍得。舍、得很有哲理。有舍才有得，舍得是什么？舍的是名利、地位，小我的东西，我不能说无我，但身为校长，应该忘我，要舍得荣誉、舍得名利，要懂得分享。好事、荣誉的东西多给予他人，这样才能得到大家的接纳、尊重，甚至是爱戴和追随，这样你才会带动大家共同去工作，共同去研究。如果在校长位置上太自我，就容易失去了人心，得不到教师的接纳，队伍自然也就带不动。忘我的另一个表现是敏感。涉及学校的大是大非问题、原则问题、学校文化的主流问题，校长要敢于拍板，甚至不怕得罪人。你不得罪人谁得罪？所以要做老好人，就不要做校长。但此处的勇敢，不怕得罪人，一定是在大是大非上，绝对不是事事处处。校长的忘我还要表现在耐心上。教育有规律，不能急功近利，不能搞快文化。凡是速成的东西，大多都是短命的，所以往往缺少耐心就是过于浮躁。过于浮躁的时候，常常是小我的东西很多。小我问题多。另外要有坚守。在当下信息碎片化、自媒体的喧嚣年代，网络上经常出现爆炸性的新闻。作为校长不能被其影响，一旦认准了规律的东西，本质性的东西，就必须坚守。这个坚守的前提一定是忘我。若此时太急于求成，太想得荣誉，就做不到坚守。所以认准的能够坚守的，常常需对"暗物质"、小我的东西进行剔除，坚守本心，才能够使得我们对教育的理解和实践有高度、有深度、有厚度、有宽度和有温度。

最后一点，就是无论是校长的思想，还是校长人格的修炼与提升，都离不开学习。作为校长，一定要有一个好习惯，也就是学习。作为校长，一天中很难有固定的时间坐下来不受干扰地捧着书去学习。但学习必须成为校长的好习惯。否则无法做到引领老师们的思想，引领老师们的实践。不学习，怎么引领？所以学习是必须的。我的体会是，读书读得广一点，广读书，还要交高人，和高人在一起，无论是业内还是跨行业的，或者成功人士，无论是随便聊点，还是用一种开放的头脑学习意识，都会有所收获，所以与高人为伍，与高人接触都是非常好的学习机会。其次，善反思，向自己学。不断地反思本身也是学习，它是种品质。另外，重实践。再好的东西绝对不能停留在表层，停在表层就是一种浮躁，所以清静为天下大正，做校长就要踏踏实实地眼睛看着前方，实实在在地低头做事，甚至是甘于寂寞的。努力做一个大气的校长。我不敢说我是大气的校长，但它始终是我努力修炼的一个目标。大气的校长，一定是站得高、胸怀广、有思想、有情怀，同时具有内在的权威。这个内在的权威就是以理服人，以正气服人，不怒自威，同时一定是一个具有知性权威的人。知性权威就是以思想、以专业性服人。总之，对校长而言，管理的过程，做校长的过程，实际上也是一个做人的过程，是一个自我修炼的过程。

工作室成员感悟：

工作室今天揭牌并开始第一次活动，我们每个人收获满满！李校长的治学之道、教育哲学，启迪了我们的智慧，唤醒我们思考。我们需再感悟，再领会，用这些思想指导我们的管理实践！同时我们要善于思考，善于发现，善于倾听，善于分享，善于自我改变，加强修为和修炼，提高灵商，注重忘我，把我们对教育的热爱，转化成爱的行为和能力。我们愿意主动地、努力地生长，为了自己的幸福和师生的幸福，为了让自己和师生的生命闪光！

谭峰

上午聆听李校长的讲座，最大的感受是"构建"。一个校长应该想什么？要有浓厚的教育情怀，把握基础教育规律的全人发展教育观。激发教师主动成长，时时处处利他的教师观。童蒙养正，重在学生习惯培养的学生观。给理念、放权利，挖掘教师无限潜力的管理观。一个校长应该做什么？学习、内省，不断地修炼自己。实践、反思、再实践，逐渐成长自己。下午研讨计划和座谈，最深的体会是"问题"。多看、多想、多问，调查研究，提出"真问题"，查资料、善请教、重实践，研究"真问题"。

安知博

灵商，我第一次听到这个词，我上网查了一下，是这样说的，灵商（Spiritual Intelligence Quotient，简写成SQ）是心灵智力，即灵感智商，就是对事物本质的灵感、顿悟能力和直觉思维能力。实际上，灵商是指一种智力潜能，属于潜意识的能量范畴。而这些解释，显然没有李校长的那句"感受他人的感受"更贴切。在我看来，李校长的人格魅力、教育情怀、教育智慧，都因为她的灵商，她能感受老师、学生、家长的感受，她能顾及别人的心灵，而这所有的一切，都因为热爱。学道的路很艰难，但我会努力！

吕建华

聆听了李校长的讲座，下午又近距离接触了李校长，真切感受到李校长确实是一位教育哲学家！有对教育最深切、最独到的思考。我一直认为一校之长应该是权威的，但李校传达的这种权威是基于人的认识与思考，是尊重每一个生命个体的教育，无论他是孩童还是成人……其实，道理自然容易懂，而做到、做好却难上加难！后续唯有努力学习，才不辜负教委的殷切希望，我将倍加珍惜，努力前行！

白立荣

北京市教育科学规划课题

山区小学学校文化内涵发展建设的策略研究

——基于门头沟区李烈校长工作室的实践探索

一、研究背景

（一）选题缘起

推动教育内涵式发展是发展素质教育，提升教育质量的关键和着力点。《国家中长期教育改革和发展规划纲要》中明确指出，"要树立以提高质量为核心的教育发展观，注重教育内涵发展，鼓励学校办出特色、办出水平，出名师，育英才。"学校文化建设是学校现代办学管理体系中关键的一环，其整合了学校在教育教学、师生组织以及校园环境等领域中全部物质及精神的表现，突出了学校的办学理念和办学特色，是促进教育内涵发展在学校管理层面具体落位和实施的重要形式。十九大以来，如何进一步推动学校文化向内涵式发展，实现党中央对教育事业提出的"办好人民满意的教育"和"落实树德立人根本任务"新要求，成了学校办学管理的重要命题。

门头沟区地处北京西部，山区面积占全区面积的98.5%，属于典型的山区。由于区域环境和经济条件限制，全区教育基础总体较为薄弱，其中城区流动人口大，教育资源相对紧张，山区地广人稀，教育规模小而分散。区域教育实际导致教育投入难以实现规模效益，教育均衡发展也面临着不小的挑战。针对这样的情况，门头沟区教委坚持走内涵式发展道路，通过合作办学，引入优质资源，构建发展共同体，鼓励各学校积极开展学校文化建设改造和融合创新活动，对区域教育质量综合提升起到了良好的推动作用。然而，区域学校文化建设形成了内涵发展趋势和需求的同时，也面临着形式化、刻板化、缺乏系统性的现实问题。

2018年，门头沟区成立李烈校长工作室，国务院参事、原北京实验二小校长、著名教育家李烈女士应邀担任工作室主持人和导师。借助专家理论指导和教育资源，工作室成员组成研究团队，立足区域教育实际和发展趋势，拟从学校文化建设为切入点进行课题研究，以所在学校为个案，就山区小学在学校文化建设中所面临的困境和特殊性进行深入探究，发掘推动其内涵发展建设的系统策略。

（二）研究价值

本课题的研究价值分为理论和应用两方面。

在理论价值方面，当前针对学校管理的研究更多的还停留在办学理念、体制机制以及资源配置等方面，缺乏一定的文化审视功能，呈现出机械性强、缺乏人文关怀、割裂分散的特点。课题拟从文化的视角对学校办学管理过程进行系统的梳理，分析各类组织群体和办学行为背后的文化内涵，为后续此类相关研究提供可以借鉴的研究视角和理论基础。

在应用价值方面，课题以成员的山区办学实践为研究个案，深入探寻山区学校文化内涵建设发展特色和现实困境，并依托李烈校长工作室，总结国内外文化建设发展经验，为改善山区小学文化建设提供系统性的策略参考，从而进一步推动山区教育内涵发展，提高教育质量。

二、文献综述

（一）学校内涵发展研究

1.学校内涵发展的价值意义研究

魏胜先在《关于推进基础教育内涵发展的思考》中结合国家教育发展改革的形势提出，推进内涵建设是适应教育向高品质发展，办人民满意的教育的必然趋势，具体表现为建立现代教育体系的时代需求、落实教育公平的有效途径以及培养创新型人才的迫切需要。具体到学校发展自身，华涛在《学校内涵建设摭谈》中提出了学校内涵发展的六大意义，即提炼人文精神、创设人文环境、健全学校管理、促进教师发展、推动课程建构以及丰富学生生活。在面对农村教育发展资源贫乏、教育管理僵化、教师倦怠性强的问题，傅俊清的《推进农村中学内涵发展与教育质量提高的探索与实践》认为内涵发展的意义在于实现各类教育要素的横纵贯通，综合调动资源，实现互动，提出研教互动、质量互动、师生互动、家校社互动与上下互动等五个学校层面的建设预期。总的来看，关于学校内涵发展的价值研究从国家、社会和学校等层面进行了论证和探索，但从人本主义的角度，针对师生、管理者等价值个体发展与成长的论述与发掘还不够充分。

2.学校内涵发展的内容维度研究

近两年，关于学校内涵发展的内容含义及其维度划分的研究较多，很多研究从内涵与外延的相对关系上对其进行了深入的解析，比较具有代表性的如，翁乾明在《内涵发展校本实践之我见》中，对外延发展重视规模、数量、比重不同，内涵发展注重层次、质量与本质的发展，具体到教育的管理要素中常常注重在管理内部结构的优化、课程体系的优化以及教育教学模式的完善等。依据对学校内涵发展含义的理解，学术界对其进行了维度上的进一步划分，任勇在《学校内涵发展的三个维度》中提出在管理者校本实践的基础上，学校内涵发展可以被划分为学校维度、课程维度以及教师维度，分别起到了顶层设计、实践基础与推动力的作用，其中学校维度包括学校的领导者、办学理念以及诸多管理要素。与之不同的是，周燕微在《紧扣核心要素　促进内涵发展—浅谈优质学校建设的基点与策略》中认为，除了教师队伍的建设和课程的建构，学校内涵发展不单单体现在上位的管理要素，取而代之的应该是各个办学环节所共同生成的一种"文化涵养"，这种价值理念和行为倾向是教育者与被教育者，管理者与被管理者所共同保有的。总的来看，针对学校内涵发展概念维度的研究倾向于一种管理者思维，从传统的办学管理过程中引申到队伍建设、课程建设、课堂变革等层面，划分清晰，但从研究思路上仍旧是单向的、被动的、割裂的过程，但也有一些研究开始将所有要素置于一种共生的文化氛围中加以审视。

3.学校内涵发展的路径机制研究

目前，针对学校内涵发展的研究更多集中在实施路径和机制建设上，基于对学校内涵发展的概念划分，研究者有针对性的针对各个管理要素提出了一系列的建设路径，如张国斌在《抓三支队伍建设　促学校内涵发展》中提出学校内涵发展应通过班子建设、教师建设和学生建设来得以体现。曹文兵在《聚力改革创新　聚焦内涵发展着力品质提升》进一步在理念层面提出要构建"以人在课中央"的内涵发展模式，即以学生为主体的课堂教学，以教师为主导的课程实施，以及以校长为核心的课程改革，为学校内涵发展提供了人本主义的色彩。除了宏观思考，研究者们也纷纷落位于某一视角并以之为着力点，提出了推动学校内涵发展的具体建设路径与思考，如杨艾明的《聚焦校本研修　推动学校内涵发展》、姚平革的《提升校长领导力　引领学校内涵发展》、钱志强的《深耕课题　打造新区实小内涵发展新标杆》。王菊香在《精细化管理助推学校内涵发展》中进一步从组织管理的角度提出要实行精细化管理，并把研究视角扩展到教育科研和学校文化建设中来。与把学校文化作为学校内涵发展的一部分所不同，田兰莉在《学校文化与学校内涵发展》中立足于学校的办学理念，将制度管理、师生行为以及课程建设统一纳入到了以"恒美教育"为核心的学校文化建设进程之中，类似的还有如闫秀峰的《推行"向善"文化 促进"内涵"发展——在文化建设中打造特色学校的实践探索》等，以文化建设为统领，将学校内涵发展引入了更深层次的思考。

（二）学校文化研究

1.国外相关研究

国外学者最早将学校文化视为社会文化在学校场域中的一种子系统加以研究，由沃勒（Waller.W）开端，他为此下的定义是"学校中的特殊文化"。霍克曼（Heckman）和皮特逊（Peterson）从其内涵出发，认为学校文化应是一组由仪式规范、典章制度和象征符号所共同构成、表现的价值信念，为所有教育管理者和师生所共享，并且其与学校的历史传承是有深刻联系的。与此不同，巴茨（Roland S.Barth）等人则更强调学校文化的行为属性，即学校内部个体的行为倾向性，与外在形式表现所不同的是，这种观点更强调学校文化的内隐性，而其背后仍旧是全体成员所共享的价值观念。而后，经布鲁威尔（Brouwer）和麦克顿（Mockerdon）等人的融合和深化，西方对学校文化的认识渐趋明确。基于解构–功能主义的观点，他们认为学校文化是由学校管理者、教师和学生所共享的文化理念，其中包括学校所特有的态度观念、价值规范、行为模式等精神层面的展现，也包括能够体现这些精神要素的物质载体。

在对学校文化有着深入理论探讨和观念建构的基础上，国外研究将研究重点逐渐过渡到了学校文化建设的具体实践领域。伦恩伯格（Lunenburg, F.C）提出以组织文化的眼光考察学校，并列举出了与学校文化紧密相关的六个方面。布兰克斯坦（ALan M.Blankstein）在《创建优质学校的6个原则》一书中总结了优质学校文化建设所应遵循的原则：树立共同的组织目标和价值观；为低学业者提供连续支持和目标策略；遵循合作文化；构建学校与社区家庭的积极联系；提升管理者的文化领导力。学习型组织出现后，校长的角色已发生了改变，通过学习型组织的建构，引导学校文化的建设与变革已成为西方教育学界的普遍共识。

2.国内学校文化概念研究

关于学校文化的概念，刘学国提出学校文化是在学校教育教学管理过程中，为实现共同目标，所有教育观念和文化形式的总和。顾明远进一步提出，学校文化是"学校内部有关教学和其他一切活动的价值观念和行为形态"。根据分类标准的不同，国内对学校文化的界定和划分也相对呈现出百家争鸣的态势。一种是将学校文化作为社会文化的一种亚文化，依据文化共同的属性所进行的分类，例如季苹认为学校文化即是一种组织文化，包括物质文化、制度文化和精神文化三个方面。还有研究提出四分法，将其分为物质文化、精神文化、制度文化和行为文化。然而，结合教育过程的特殊性，另一种倾向是将学校文化依据参与要素的不同来进行分类，例如台湾学者林清江将学校文化划分为教师文化、学生文化、行政人员文化和社区文化。杨志成、张祥兰编写的《激发学校文化力：学校文化建设的北京经验》一书将学校文化分为了理念文化、管理文化、课程文化、教师文化、学生文化和公共关系文化。综合来看，依照现代办学要素，学校文化被分为教师文化、学生文化、课程文化、课堂文化、制度文化、环境文化等，其中学生文化、教师文化和课程文化通常被视为学校的主体文化。

3.国内学校文化建设研究

谈到学校文化建设，顾明远在《论学校文化建设》中阐述了学校文化的重要意义，列举了学校文化建设所具有的统率、规范和熔炉的作用。叶澜认为，学校大文化建设的实质是确立文化精神和使命，学校应采取整合的策略来构建新的学校文化。纪德奎在《学校文化：内涵发展与路径重构》中提出了学校文化的四个重构路径，即建设文化场、构建学习型组织、形成文化共同体、开展文化特色教育改革和创新实验。具体到学校文化建设的具体策略，依据学校内部管理者、教师、学生、教学及课程等办学要素，研究者纷纷就某一方面提出了自身的研究成果和实践经验，如朱小玲在《"人在中央"的教育管理文化》中提出要建设扁平化学校管理的框架，赋权于教师，体现人本的管理文化。赵炳辉在《教师文化与教师专业成长》中提出，培育专业的教师文化需要从打造外部环境、树立共同理想和繁荣教育科研和实践三方面入手。李韵在《构建特色学生文化 推动和谐校园建设》中提到要通过增强学生活动的思想性、独立性、选择性和多边性来营造独特特色的学生文化。李秀双在《课堂文化的内涵：教育价值及建设途径》中提出高效课堂文化建设的四个途径：开发课堂资源、营造民主氛围、构建学习情境和培养文化自觉。张焕林的《如何理解与构建课程文化》提出要树立以生为本的课程理念，通过显性课程和隐性课程相结合的手段，通过融通课堂、活动、学生组织、校园环境等要素共同构建课程文化的大氛围。以上诸多研究侧重就某一领域提出学校文化建设的思考，但总的来看更多停留在理念层面的介绍和再论述，缺乏本土化、校本化研究的深入成果，对地域和学校本身文化特点的挖掘还不够深入。

三、核心概念界定

（一）学校文化

对于文化的界定有很多种，美国学者克鲁伯和克拉克洪在其所著《文化：关于概念和定义的探讨》一书中，搜集统计了160余种文化的解释。综合东西方的各种解释，文化通常被视作"人类在社会实践过程中，创造的一切物质和精神产品的总和"。关于文化的分类也有很多，包括物质文化和精神文化，以及在此基础上产生的行为文化和制度文化。而最初研将文化研究带入学校教育领域的是英国人类学家沃勒，他认为学校文化即"学校中形成的特别文化"。而后，东西方学者进一步借用文化和组织文化对学校文化进行了概括和界定，如格勒瑟尔（Glaser）认为学校文化应包括学校成员所有的价值观、行为习惯、历史和成员的认同感。郑金洲提出，学校文化是学校成员共同习得且具有的价值观念和行为方式。总之，对于学校文化的界定存在如两分法、三分法、四分法等诸多分类。但这种分类方法的缺陷在于忽视了学校文化区别于普通文化类型的教育特殊性，其更应注重培养人、教育人的过程性和要素性。同时，诸如物质、精神、行为等任何一种文化形式都不是单独、片面的存在，因此对于学校文化的划分还存在另外一种角度，即依据学校管理过程和要素，学校文化通常被分为制度文化、教师文化、学生文化、课堂文化、课程文化、环境文化等。

综合以上两种文化划分角度，本文所指的学校文化，是在立足于本土文化和学校历史的基础上，在学校办学过程中的各个要素环节所形成的一切价值观念、行为方式、规章制度及其物质载体的总和，依照要素构成具体可以分为管理文化、教师文化、学生文化、课堂文化和课程文化。

（二）学校文化建设

学校文化建设即学校内部文化要素的生成、结构与重组的过程。从先后层次上看，学校文化建设的过程分为三个环节，第一个环节即理念生成环节，总结、提炼学校的核心价值观理念，并以此为基础建构学校的制度、规章、仪式，形成独具特色的校风、校训、校规等；第二个环节为行为实践环节，即依据核心理念和已经建构起来的规章制度，进行学校管理、课堂教学、课程建设、师生组织及活动行为的建设与引导；第三个环节为反思重构环节，即基于全校师生价值共识和行为倾向，对学校已经形成的文化形态进行总结、梳理，同时发现问题并进行再建构，抵消阻碍学校及师生发展的劣态因素的过程。从内外因素上看，这个过程即包含外部的物质创造、要素的累加及投入，也包含内部的反思与结构，以及用其指导于要素的重组和再优化。

本文所指的学校文化建设，即学校在其内部各种文化形态中，即管理文化、教师文化、学生文化、课堂文化、课程文化等领域，所进行的一切价值观念创设、具体实践行为以及反思、变革的过程。

（三）内涵发展

所谓"内涵发展"，原指对某一事物在概念上的深入拓展和延伸。而本课题的"内涵发展"指的是"内涵式发展"，与"外延式发展"相对，强调把握事物的本质属性，在不追加消耗和投入的基础上，通过内部结构和资源配置的合理调整，实现效益和质量的提升。

而本文所指的学校文化内涵发展即是指站在以人为本的办学理念和思想的高度上，将学校的办学管理、课程教学以及师生行为放在文化的视域中加以审视，不以人、财、物等教育资源的过度消耗为代价，专注以价值引领、制度建设、内部要素重组等文化软实力手段提升学校的教育质量和效益的办学途径和形式。

四、研究目标与内容

（一）研究目标

本课题的研究目标如下：

第一，通过课题组成员的办学实践，探寻山区小学文化建设现状，对学校管理过程所面临的突出问题进行文化观点的透析，总结其背后文化建设困境。

第二，结合理论基础和实践经验，基于山区小学办学管理和内涵发展的特殊性，梳理学校文化建设的典型个案，提出一整套学校文化建设的促进解决策略。

（二）研究假设及研究内容

本课题的研究假设为：山区小学在办学管理过程中尤其固有的问题和局限性，这些局限性背后都有着深刻的文化成因。以文化视角解释和分析这些问题，推动学校文化建设向内涵发展，有利于破解学校内涵发展和教育质量提升的瓶颈。

本课题的研究内容主要包括如下几个方面：

1.山区小学办学及内涵发展的现状研究

主要包括：

山区小学办学现状调查：了解学校办学理念、目标、管理体系及整体发展水平，包括课程建设、课堂教学、教师队伍建设、学生成长、科研管理以及家校协作等方面情况。

山区小学内涵发展问题分析：基于现状调查，进一步分析学校在以上办学过程各要素领域的内涵发展困境。

2.山区小学内涵发展的文化影响因素研究

从文化分类的物质、精神及行为层面，就文化对办学理念和组织制度的影响、文化对群体价值观念的影响、文化对课程教学组织行为的影响等几个方面进行分析。

3.学校文化建设策略在山区小学的应用探索

以校长工作室成员所在学校为个案研究对象，以其办学改革的实践过程为切入点，针对学校办学管理中诸要素及其内涵发展问题，进行学校文化建设策略的初步探索，重点考察管理文化、教师文化、学生文化、课程文化、课堂文化等文化建设领域的相应实践变革策略对学校内涵发展的推动和促进作用。

通过个案分析与梳理，重点总结各学校文化领域以下实践经验：学校文化的特质与功能、学校文化建设的目标、学校文化建设实施路径与策略。

（三）拟创新点

以往关于学校文化建设的研究大都局限于某一方面，缺乏系统性和全局性。另外，学校个案的选择不甚典型，在经验的推广上存在一定的局限性。因此，本项目的创新点主要在如下三个方面：

第一，在研究内容上，本课题以文化的视角来审视小学办学管理过程的问题和特殊性，致力以文化建设的手段推动学校内涵发展和质量提升。

第二，在研究对象上，本课题的研究对象聚焦于山区小学，样本选取具有一定的典型性和代表性，研究成果具有良好的可推广性。

第三，在研究方法上，本课题立足于工作室校长成员长期的办学实践和跟岗实践，更能深入学校办学管理第一线，综合观察法、问卷调查和跟踪式个案访谈等多种研究方法，对研究问题有着独特的观察视角和更全面的揭示。

五、研究思路与方法

（一）研究思路

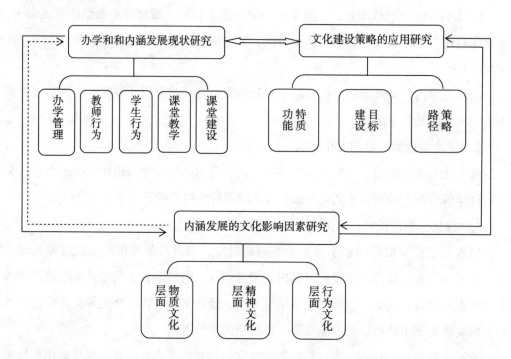

（二）研究方法

本课题所采取的主要研究方法包括文献法、观察法、问卷法、访谈法等几种。

1.文献法

通过中国知网、国家社会科学学术期刊数据库等互联网平台以及图书馆等资源搜集国内外相关文献，主要就学校文化的内涵和分类、学校文化建设理论和实践经验进行总结和分析。

2.问卷法

课题以工作室成员所在学校为样本总体，采取目的抽样和随机抽样相结合的方式选取调查样本，针对教师、学生等不同群体，制定针对性的调查问卷，调查问卷涉及学校办学管理过程、文化建设等基本情况。

3.访谈法

课题拟采取结构访谈和非结构式访谈相结合的方式，通过对样本学校校长、教师的深入访谈，了解山区学校在办学管理中所遭遇的各种问题，深度挖掘其背后的文化影响因素。

4.观察法

本研究拟采取参与式观察与非参与式观察相结合的方式，通过听课、与研究对象的日常生活交往等方式，注重观察学生及教师群体行为，了解学校文化内涵发展建设的现实情况，收集研究信息。

六、研究计划与阶段分工

（一）课题准备阶段：2018年6月—2018年12月

2018年6月—9月，组建研究队伍，划分管理文化、教师文化、学生文化、课程文化、课堂文化等五个研究方向的子课题组，进行课题论证；

2018年10月—12月，子课题组成员准备和组织开题。

（二）课题研究阶段：2019年1月—2020年2月

2019年1月—2019年3月，基础理论研究，同时制定调研方案，试调研；

2019年4月—2019年6月，各子课题组就自身课题开展个案实地调研；

2019年7月，召开"山区小学文化内涵发展建设和教育质量提升"学术会议，各子课题递交中期汇报材料；

2019年8月—2019年12月，各子课题组进行区域性跨校跨组调研；

2020年1月—2020年3月，项目合作校总结。

（三）课题结题阶段：2020年3月—2020年7月

2020年4月—2020年7月，撰写结题报告，发表系列学术论文；

2020年7月，召开结题会议。

七、预期研究成果

（一）课题总报告

课题负责人组织课题组成员，形成课题总报告一篇，《山区小学学校文化内涵发展建设的策略研究——基于门头沟区李烈校长工作室的实践探索》，预计完成时间

2020年7月。

（二）论文

在公开出版的教育期刊上发表论文一篇，《浅析山区小学学校文化建设的实践路径》，预计完成时间2020年7月前。

（三）阶段性成果

预计于2019年7月，组织召开"山区小学文化内涵发展建设和教育质量提升"学术会议。

预计于2019年7月前，形成《山区小学文化内涵发展建设和教育质量提升》中期调研报告。

参考文献

［1］崔海丽.基础教育内涵发展的价值目标与实施路径［J］.基础教育研究，2013（2）.

［2］胡荣堃，季苹.名校长工作室："在研究重要教育问题"中成就名校长［J］.中小学管理，2014（4）.

［3］纪德奎.学校文化：内涵发展与路径重构［J］.天津师范大学学报（基础教育版），2015（1）.

［4］张誉川.浅析小学学校文化建设［J］.亚太教育，2016（1）.

［5］刘厚宝.浅谈学校文化建设与学校内涵发展的密切关系［J］.新课程（小学），2010（12）.

［6］崔海丽.区域推进学校文化建设：一种内涵发展的战略［J］.江苏教育，2010（32）.

［7］张凤华，张祥兰.北京市小学学校文化发展的现状与对策研究［J］.中小学管理，2013（11）.

［8］彭彦琴，江波，詹艳.学校文化建设的思路与模式——以苏州市A小学学校文化建设为例［J］.教育科学研究，2009（12）.

［9］任勇.学校内涵发展的三个维度［J］.福建教育，2018（2）.

［10］翁乾明.内涵发展的校本实践之我见［J］.福建教育，2017（46）.

［11］华涛.学校内涵建设摭谈［J］.学校管理，2018（4）.

［12］姜自忠.学校内涵式发展的探索与实践［J］.中学教学参考，2018（18）.

［13］张国斌.抓三支队伍建设 促学校内涵发展［J］.山西教育（管理），2017（9）.

［14］姚平革.提升校长领导力 引领学校内涵发展［J］.教育文汇，2018（3）.

［15］田兰莉.学校文化与学校内涵发展［J］.甘肃教育，2018（13）.

［16］王菊香.精细化管理助推学校内涵发展［J］.考试周刊，2018（61）.

［17］吕海瑞.文化建设促进学校内涵发展［J］.北京教育（普教版），2018（2）.

［18］郭秀娟.加强特色学校建设 促进学校内涵发展［J］.山西教育，2017（11）.

［19］张红耘.加快学校内涵发展 建设特色鲜明的现代化学校［J］.好家长，2018（17）.

［20］周燕微.紧扣核心要素 促进内涵发展——浅谈优质学校建设的基点与策略［J］.中学课程辅导（教师教育），2018（7）.

［21］傅俊清.推进农村中学内涵发展与教育质量提高的探索与实践［J］.基础教育参考，2018（9）.

［22］魏胜先.关于推进基础教育内涵发展的思考［J］.中小学校长，2015（1）.

［23］朱小玲."人在中央"的教育管理文化［J］.青海教育，2016（3）.

［24］赵炳辉.教师文化与教师专业成长［J］.教师教育研究，2006（4）.

［25］李韵.构建特色学生文化 推动和谐校园建设［J］.读与写（教育教学刊），2014（9）.

［26］李秀双.课堂文化的内涵：教育价值及建设途径［J］.教学与管理，2015（1）.

［27］张焕林.如何理解与构建课程文化［J］.教学与管理，2015（28）.

［28］孙星.南京市A小学学校文化建设的个案研究［D］.南京：南京师范大学，2015.

［29］折莉峰.小学学校文化建设存在的问题分析及对策研究［J］.内蒙古师范大学［D］，2014.

［30］姚晋.成都名小学学校文化建设策略研究［D］.成都：四川师范大学，2015.

［31］张玲.农村小学学校文化特色建设研究［D］.重庆：西南大学，2015.

［32］张东娇.成都名小学学校文化建设策略研究［M］.北京：教育科学出版社，2013.

［33］杨志成，张祥兰.激发学校文化力：学校文化建设北京经验［M］.北京：北京师范大学出版社，2016.

办学有道，治校有术

提神　提速　提质

——走进北京市门头沟区三家店小学

汇报：

树立起教职工的历史、文化、发展和能力自信

田俊晓

田校长汇报

一、学校简介

北京市门头沟区三家店小学建于1914年，现为北京市教委命名并颁牌的第三批百年学校，是门头沟区唯一原址办学的百年学校。学校现占地7560平方米，现有教学班14个，学生313余人。其中借读生占77%。学校附属幼儿园学生120余人。学校现有教职工52人，其中党员26人，专任教师38人，区校级骨干12人。

学校领导班子成员6人，最大53岁，最小38岁，平均年龄42岁；校长兼党支部书记，副校长主管幼儿园工作，4位主任中，两名区级骨干，一名校级骨干。大家任劳任怨，勇于担当，是一支锐意进取、团结协作，乐于为学校发展服务的团队。

二、学校办学理念和目标

（一）学校秉承"尔雅教育"的办学理念

"尔雅"一词取自我国的第一部词典《尔雅》的名称。"尔"通"迩"，是靠近的意思。《诗经》中有"雅者，正也。"的说法，此外，《荀子 荣辱》有"正而有美德者谓之雅"之说。所以，"尔雅"一词的精神实质是"靠近或追求规范、正直、美好"等。三家店小学的"尔雅教育"理念体现在学校教育与社会主义核心价值观，中华优秀传统美德，中国学生核心素养要求高度统一。

（二）学校核心价值观——温文尔雅，阳光自信

我们的教育是要让学生掌握知识，学会学习，这是"温文尔雅"的条件。我们在规训学生不断社会化的过程中，不仅让学生行为符合校纪校规，还要符合社会礼仪规范及国家法律法规，这是"温文尔雅"的基础。在让学生实现知和行的目标，还要会尊重、懂关爱，具有家国情怀，这是"温文尔雅"的最高表现。总之，最终要让学生"阳光自信"起来。

（三）学校育人目标：培养知书达理、爱近泽远的自信少年

"知书达理"要求学生掌握多样化的知识和技能，做到有文化、明事理。它与"温文尔雅"的外在形象相呼应；"爱近泽远"强调爱在当前，爱在当下，要求学校、师生、家长从"爱"出发、做起，进而泽被、惠及学生个人及家族、社会和国家的未来。它既体现由近及远的认知规律，又体现儒家"格物、致知、诚意、正心、修身、齐家、治国、平天下"传统思想，也体现我校"家国天下"的优秀教育传统。它既强调外在气质又凸显内在素养，既是对我校历届优秀学子的精准描述，也是对现在学子的要求期待。

（四）学校办学目标：打造古朴、典雅、精致而富有朝气的现代学校

具体来说是：学校历史和建筑特点——古朴；国学基础和师生风度气质——典雅；办学规模和教育效果——精致；凝神聚力和老树新枝——富有朝气。精细化管理，走内涵发展和开放办学之路——现代。

"尔雅教育"办学实践体系坚持"诚心服务，公正处事，邀请参与"的"诚正管理"文化；以"实、灵、效"为实践标准的雅致课堂文化；以温文尔雅、学识渊博的

"儒雅教师"形象要求，涵养教师文化环境；按照"爱、泽、知、达"四个行为标准的培养"尔雅少年"；完善三结合教育体系，挖掘、调动和利用各种教育资源，形成丰富、实用公共关系文化体系；以校园内移步见景，富含文化内涵、教育机会和生发点的校园文化要求，建设"诗书泽远，典雅学堂"文化环境。

三、树立起的四个自信

学校治理的终极目标是"善治"，即权力核心和教职工的高度合作管理，这个合作应该是一种互相理解、信任基础上的自觉。

穷则思变！这个"穷"字指的是困难、矛盾等桎梏学校发展的现实因素。教育有其自身的规律，但遵循规律，不意味着因循守旧、故步自封。通过变革改变事物的本质，达到变中求进，事情才能做好、做精，事业才能变活、变强。

三家店小学是一所有百年历史的城乡结合校，2015年以前，占地面积仅4360平方米，建筑面积2096平方米，校园即操场。

随着经济社会发展和教育布局调整，很多学校都发生翻天覆地的变化。但是三小地处千年古街街心位置，区教委虽然做了很大努力，但学校整体格局和基础条件仍然得不到根本改善。

近年来，学校生源数量逐渐下降。理论上学校应该有700余名学生，但到2014年仅剩286名学生，且80%左右为外来务工人员子女。

这所历史上的京西名校因此被边缘化，到处盛传学校即将迁址或被合并。由此，教职工的发展信心严重受挫。由于缺少"心劲"，大家过着安贫自守的日子。时间长了，就养成了听天由命的惰性。

等待迁址办学，京西千年古街上的文脉将被割裂，唯一一所承载当地百年教育历史特质的学校将消失。进行学校治理变革，是唯一的发展出路。

在丧失心劲的情况下，谈管理和制度变革，会引起教职工的抵触，甚至激化矛盾。我们只能以渐进的方式潜移默化，让教职工看到希望，树立信心，引发思想变革，进而推动学校的治理变革。

2014年，学校结合自身特点确立了"古朴、典雅、精致而富有朝气的现代学校"的办学目标和"提神、提速、提质"的发展策略。要通过"提神"，树立教职工对学校的历史自信、文化自信、发展和能力自信。进而拉动提速、带动提质！

（一）提神

1.校史提神

2014年是学校建校100周年，这是百年一遇的、引领教职工进行思想变革的绝佳契机。学校以"梳理百年历史，树立校友榜样，振奋师生精神；再创新的辉煌"为主旨，查阅历史资料、走访校友，整理发展脉络、总结文化精神和办学经验。征集到的大批回忆文章、历史文物，还原了学校的辉煌历史。这些独有的物质和精神财富，给人以强烈的冲击和震撼，感染、激励和振奋着全校师生。

2.环境提神

在各方力量的支持下，学校成功征租土地4.8亩。使学校面积增长近一倍。在寸土寸金的背景下，这不能不说是个奇迹。2015年，区教委投资对学校实施改、扩建工程。新辟操场3200平方米，增建校舍二十余间。学校旧貌换新颜，而且丹楹刻桷、雕梁画栋，自内而外散发着百年老校的独特韵味。

2015年以后，学校开始对校园环境进行精雕细刻。现在，学校移步见景、优雅怡人，文化环境富含教育抓手和生发点，蕴含勃勃生机。

实现了建校百年来的最大改观，成为京西千年古街上最靓丽的人文风景。

3.文化提神

学校全面梳理学校文化，完善办学理念体系；确定代表学校品质和精神的校树、校花。设计新校徽和教职工入职、离职和退休证书，利用合作单位的捐款，为每位学生免费定制带有校徽标志，价值三百余元的书包和制式校服。让全校师生充满自尊与自豪，拥有一份独有的幸福与自信。

4.专业提神

深化与北京外交人员服务局友好共建关系；与首都师范大学研究生院建立战略合作伙伴关系；邀请专家、学者对教师进行专业引领；成立语文、数学教学研究工作室。在市、区专家的指导下开展学科教学研究；与"手拉手"学校开展校际课堂教学交流；举办"利用互动技术改变学习方式教学实验研讨会"。

一系列的"提神"措施引起了社会各界对学校的关注。2015年以来，新生入学人数和本地生入学人数逐年增加一倍。教师们的精神状态悄然间发生了变化。

2016年5月6日，三家店小学学校文化展示暨建校百年纪念活动胜利召开。社会各界800余人参加了活动，宏大的规模、精巧的设计，辉煌灿烂的历史文化以及令人振奋的新百年展望震人心魄，社会各界好评如潮。

总结会上，教职工自觉发出条件改善了、目标确定了，要脚踏实地的提高教育质量了的呼声。显而易见，大家对学校的历史、文化和发展的自信正在形成，引发教职工的思想变革的目的正在实现，"善治"的管理联合体雏形正在孕育……

以此为标志，学校开始进入提速阶段。

（二）提速

1."十三五"发展规划

2017年初，经过几上几下的反复研讨论证，学校的"十三五"发展规划尘埃落定，从此教职工明晰了未来五年的发展目标，大家有了自己的共同发展远景。

2017年1月，教代会讨论通过学校的十三五发展规划时，有老师说："规划特别鼓舞人心，希望能够真正落实。"还有老师说："应该制订出落实规划的进度计划……"

我们欣喜地感觉到：老师们在关注学校的发展，在渴盼着学校的发展。这说明：教职工的历史、文化、发展和能力自信开始树立起来了。

2.学校"尔雅"课程建设方案

2017年9月，由骨干教师、教研组长、行政班子组成的课程体系建设研究小组，经过一个假期的研磨，"三家店小学尔雅课程建设方案"终于成型，开学后，在老师当中广泛征求意见，进行调整充实后，又分别约请张东娇、李群、程舟等专家进行指导，现在仍在逐步完善当中。

以此为标志，学校发展进入到一个更高的层面——提质阶段。这对我们来说，也是最艰难的阶段。因为，在我们身上存在的一系列问题亟待专家指导帮助解决。

（三）提质

我们发现，目前学校存在的主要问题有：

1.教师的教育教学观念的转变需要高位引领；

2.干部队伍需要实现由事务型向研究型、创新型转变；

3.校长个人知识结构需要优化，引领能力亟待提高；

4.学校课程体系建设的完善及实践需要引领和提高。

当学校权力核心和教职工达到互相理解、认知统一的时候，教师想发展，也愿意发展了。这时，促进教育观念的转变和教育能力的提高成为摆在我们面前的主要问题。

学校的"提质"刚刚起步，渴望和期待着李校长及各位领导给我们以启示和帮助！

⊙ 李烈校长点评：

三家店小学的理念有历史的蕴意，有厚重辉煌的历史，在如此小的地方培养出了众多名人。这所学校经历了从兴盛、衰落再到崛起的发展过程。在学校衰落时，校长带领教师崛起的精神，非常有特色，总结为提神、提速、提质。就这三个词我谈一些感受：

提神

提神，包括四个方面：环境提神、历史提神、文化提神、专业提神。环境提神、历史提神，充分挖掘历史当中可圈可点且值得骄傲的东西。这个过程不是简单的一句有内涵、有设计、有艺术的话，是从很多有品位的地方提取，一点点做到历史提神和环境提神的。文化提神，不是简单地讲一下文化，而是带着全员梳理学校的文化，从历史开始一直到今天面临的状况。其理念体系，不是校长胡思冥想，而是全体教师集思广益出来的。专业提神，重点谈的是学校的课程。虽然现在看到的只是薄薄的几页纸，言简意赅，但其中逻辑、层次以及本质是非常有效的。这样的一种引领，真正的是带动。动了这一步，我再动下一步，它是一种循序渐进的过程。因此能感受到，为什么如此小的一所学校，却拿出了这么精彩的课程。

提速

在当下浮躁的社会，动不动就提这速度、那速度。做教育要少提速度，而多提神，不是光精气神的问题，而是教育本质。为什么我说越过提速，提质应该是一个永远不能画句号的工作。每所学校都会有不断地研究发展，它就像一张专利卡。学校的外貌变化很容易，但内涵发展却是所有学校都面临的。在这个过程中，校长不应该仅追求速度。如果只追求速度，就容易急功近利，浮躁，追求表面的东西。这既是攻坚战，更是持久战。

提质

质变是内涵实践。若想质变，就得提升质量、提升品质，就是不断地提升本质的变化和品质的变化。提质是什么呢？追求什么呢？把它分出层次来，分出两年的、四年的，或者几年的目标。校长跟教师共同提出，再引领大家共同去解决提质，这就是在确定目标，也是形成共同的愿景。在这过程中，一步一步解决问题。

如何提质？第一个建议是先针对提质，带领教师去解决，提什么质，怎么去提这个质。提什么质，其实就是在确立短期、近期的目标，既然我们共同要提质，就要带着大家去研究，怎么提这个质，用什么样的办法提质，这样就跟前边的一脉相承，也就是说一定要将教师作为主体，才能逐渐地清晰明确。

第二个建议是处理管理权力核心和教职工关系。校长也是教师，只是要求其思想、站位、人格要求高于一般教师，且能带动教师，仅此而已。所以，校长的定位不要定位成权力中心。如果不是定位和教师站在一起的，那就容易对立。

第三个建议是相关课程不急于追求完善、完整。应先引领老师解读，形成不同层次、不同高度的目标，然后以解决问题为抓手，一步一步做起来，不急于初期就把课程体系完善。在抓课程、聚焦课程过程中，应多倾听教师们的需求。

我们要抓课程、聚焦课程，而这个过程中，多倾听老师们的需求。这些需求其实更应该从校长的角度替老师着想。多去听，多去看，比请进来使用的财力、物力、人力、时间、精力还要多。因为请进来的专家学者未必完全有针对性。相比之下，我觉得更多的是教师们要多提出建议。一定要改变，教师需要什么，哪些是分层次做的，哪些是所有老师都可以享受权利的，可以在这方面试一试。这个时候特别怕的是给一个高大上的、宏伟的课程体系，如果背负太大的压力，可能就提不起这个神了。

田校长发言谈得非常好。作为校长到现在这样一所学校，应该知道思考的这些都是有价值的，但这里面许多问题是共性的，是所有学校或多或少都存在的。实验二小作为总校，面对提出的这些问题，同样都有。在这个基础上，我们下一步怎么发展呢？定一个目标，可能就更好了。

我们这所学校要突破哪些问题？一种是突破发展中的问题，一种是突破存在的问题，怎么突破呢？我们研究什么呢？解决什么呢？用哪种方式？这是我特别想说的。譬如我们工作室的杜校长，主动请缨去开家长会，完事她很激动地同我分享，我觉得特别好，学以致用，特别动心思，用心思。不是说我有观点，就一定能讲好，你若只是生搬硬套，也不会有心动和沸腾的感觉。所以一定是理解这些观点，融入结合得特别好，才是接地气的。

感悟：（下文中"三小"为三家店小学的简写）

　　走进三家店小学已有好几次，但系统了解学校，这还是第一次。田校长敢于突破学校发展的瓶颈，发挥自己所长，挖掘学校历史，突出文化育人，克服困难，积极、主动、大胆地扩建学校，充分体现了他敢于担当的责任意识。为了孩子，为了教师，为了家长的教育情怀，一个个鲜活的故事背后体现了田校长的睿智、用心、用情。古朴、典雅、精致的办学定位准确，他正在让一所老校焕发青春。建议：一是让更多的师生了解这些小故事，有些可直接附在文化景观旁；二是传承百年老校应更多地体现在传统文化课程上，这样也与我们的办学方向，古朴的环境一脉相承；三是可以结合生态课程建设，打造生本课堂。带领干部、教师认真研读《给生命涂上爱的底色》有关李校长教学思想的部分。班额小，真正关注每个孩子成长。最后祝福三家店小学的明天越来越好！

宋茂盛

　　走进三家店小学这所百年老校，感受古朴典雅的校园环境，一步一景，一物一情，有效落位办学目标的现代课堂。感受田校长深沉的教育情怀，带领三家店小学教师团队再次崛起的信心。聆听李校长对学校管理的建议，深深地感受到"解读"的重要。教师要解读学生，承认学生的差异，因材施教。学校管理者也要解读教师，面对老中青教师，要尊重承认，援助关怀，倾听等待，把教师当成学校的主人，让教师成为学校的主人。学校发展中的共性和个性问题，谁来解决？不仅仅是学校的管理者，更应该是学校的教师，只有让身在其中的教师成为参与者、改革者，问题才能真正解决，学校才能更好地向前发展！

安知博

　　很久没有到三家店小学了，今天通过课堂教学、参观校园、田校长汇报，我感觉很震撼，真是发生了很大的变化！最突出的感觉就是"文化立校"。一是挖掘学校历史，结合学校实际，确立了学校的理念文化。二是注重环境文化建设及育人功能。从中感受到田校长在这个过程中的智慧和思考。建议：继续坚定不移地通过学校文化引领学校内涵发展和提升学校办学品质。尤其是找准文化建设的关键着力点，系统思考各方面工作，在实践层面逐步推进。走文化兴校之路，祝愿学校成为典范。

任全霞

第一次走进三家店小学，被这里的古朴感染，被这里的学生震撼，更被田校长的教育情怀感动。数学课上我看到了学生积极主动的参与，敢于表达的自信；参观校园时，一草一木、一景一物，在小解说员的讲解中，都那么生动，是学生为景致增添了风采，是景观为学生提供了舞台，我感受到了学生对学校的爱。田校长的汇报让我感受到了他的教育情怀，知道了学生和老师为何会有这样的状态，是"提神"工程让师生有了如此大的转变。一个个小故事，田校长记忆犹新，说起老校友，他如数家珍，而这一切都因为他爱这所学校。百年三小，田校长正带领他的团队积蓄着崛起的力量，迈开了前进的步伐。每一所学校都是独特的，与有些"高大上"的学校相比，三小的古朴典雅，精致细腻，何尝不是一种特色呢！

吕建华

在三家店小学半日的参访活动带给我更多的是震撼，是感动，震撼的是在短短的几年里这里发生了翻天覆地的变化，硬件条件得以改善，环境面貌焕然一新，学校特色日益凸显，特别是梳理挖掘学校的百年历史文化，以文化为根基，坚持文化立校，文化引领学校发展的策略，已经取得初步成效，使学校再次崛起。祝贺充满教育情怀，聪明睿智的田校长，也祝贺三小，正像李烈校长指导启发我们时所说，一所学校要提升办学品质，还需坚持内涵发展，注重队伍建设，重心落在课堂，这些已经纳入三小下一步发展计划，也是我们各学校该着力的，希望"三小"越来越好，希望门头沟区的教育百花齐放！

谭峰

三家店小学之行的三点思考：

思考1：铁打的营盘流水的兵，当下全市都在推进校长、教师的轮岗，我们每个人差不多都会经历到履职新单位新岗位，新官上任三把火，从哪下手呢？田校长给了我们很好的启迪，他抓住建校百年的契机，怀着尊重、敬仰、感恩的心，对学校的历史进行搜集、梳理，全体教职工参与其中，入脑入心，凝神提气，使学校上上下下团结一心，奋力进取，才有了我们今天看到的三小新气象新面貌。

思考2：构建课程体系真的有必要有价值吗？导师在专著中只提到了课程文化的三个要素，个性、超越、未来，而没有用大篇幅描述实验二小的整个课程体系，课程框架也基本没涉及，只是在几个素养类的课程中列举了几个科目。我在实验二小学习过，也未曾发现有完整的课程体系架构，但是他们的课程比我们丰富得多，高大上的多，学生获益匪浅。之所以不提这些，我想这和导师的教育思想相关，她更重视师生的实际获得，实际感受，在更有价值的方面体现生命的价值。

思考3：课改做到今天，一节好数学课到底该怎么上？上到什么程度？近期随导师走入了三所学校，聆听了三节数学课，聆听了导师的三次评课，获益良多。三节课充分体现了老中青三个不同年龄段的特点，老者扎实，中者规矩，青者奔放，三节课都很精彩，都很有味道。导师对三节课的指导更是一语中的。我听过很多实验二小教师的课，她们的三段式很深入，很值得我们借鉴，尤其是课前参与，能让老师们更加关注和尊重学生的原有认知基础，能让学生在前参的基础上充分讨论、质疑、交锋，老师适时地加以引导。教是为了不教，要想达到不教，学生就需要获得思考的方法。我个人觉得在课堂上尊重学生，首先就要尊重他们的原有认知基础和基本生活经验，老师需要做的是点拨和提升，学生都动起来了，老师不也就轻松了吗？

赵建华

领导讲话：（北京市门头沟区教育委员会副主任　白丰莲）

今天作为一名学习者和旁听生跟大家一起来学习。我简单说两方面，其一：说一下对这本书的感受，这本书我从头到尾读了一遍，很受触动。在我眼里，看到的是一位女领导和女人的完美结合，李烈校长是我们学习的典范，这本书也可以作为我们每个人的枕边书。其二，说一下今天参加这个活动的感受，用一个词来形容就是"心静"，今天参加的活动和以往的活动不同，今天坐在这里感觉很干净和纯净。我感受到了教育大家的那种大气，导师的那种包容，还有朋友同伴之间的真诚。其实今天可能最激动和感动的要数我们田校长了，我今天和田校长一样，也是激动着你的激动，感动着你的感动，最后，我特别感谢咱们工作室给我提供这次学习的宝贵机会。

理念落地扎实　目中有人得法

——走进北京市门头沟区黑山小学

汇报：

聚焦课堂文化　提升育人品质

任全霞

任校长汇报

北京市门头沟区黑山小学始建于1963年，共有17个教学班，学生493人，借读学生占49.3%。现有教职工53人，平均年龄42.4岁，其中区骨干教师6人，区骨干班主任2人，占专任教师的20%。

2013年9月我来到黑山小学任校长，2014年起，学校开始进行环境改造新建了二层教学楼、操场铺塑胶、所有平房进行翻修，育人环境不断改进。

环境改造的同时，我们也确定了以"文化立校、科研引领、课程整体育人"三大发展战略，促进学校内涵发展，提升学校育人品质。

办学思想是学校发展的灵魂，一切工作的基础。我们把文化立校作为首要发展战略：确立了办学理念体系和办学理念实践体系。

带领老师们走科学研究之路，让老师们智慧工作，遵循教育规律，是促进学校发展的推动力。我们始终沿着这样的路径推动学校发展。梳理学校发展中的问题，把问题转化为课题，目前我校有一个市规划课题和10个区级课题，教师同时要开展这么多课题研究，如何让各项研究真正落地，切实提高研究的实效性？我们运用系统思维的管理：抓住关键—重点引领—统筹融合—"1+x"推进。学校形成了浓厚的研究氛围，提高了教师科学育人的能力。

育人是一个系统工程，课程是学生成长的重要载体，我们秉承课程整体育人的思想，把课程、课堂、评价、资源全链条的整体推进，使每个链条之间更加协调一致，充分发挥课程整体育人价值，提升每位学生的实际获得感！

下面，我主要结合学校文化，与大家交流课堂文化建设的思考和实践。

历史传承。学校在前六任校长的努力下，经历了艰苦奋斗办教育、积极进行教育改革的发展路径。小班化教改实验，特殊教育的融合，践行着有教无类和因材施教的教育思想。在这个基础上进而又提出和谐育人的理念。整体学校管理规范，教师队伍稳定，学生朴实好学。

学生现状。我们的学生来自19个省市，都是来自平民家庭，家长尤其对学生读书、习惯、能力、品格、发展目标重视不够。不同的地域文化、多样的家庭背景更加需要相互理解、互相包容。

着眼未来。着眼于学生的成长，我们的教育要为每个学生终身发展的必备品格和关键能力奠定良好的基础。让我们的学生成为文明的人、有责任感的人、有梦想的人。

基于以上思考，历时一年，经历了"多方调研、顶层设计、多维研讨、总结提升"四个阶段，结合学校的实际和学生未来的发展，首先提炼构建了"和雅致远"的办学理念体系。

和雅致远办学理念内涵是：以和为核心，以雅为归宿，促进学生全面、个性、可持续发展。

围绕办学理念，我们致力于管理、课程、课堂、教师、学生、公共关系、环境七大文化构建与实践，提升文化育人质量。课堂是学生生命成长的重要场所，课堂文化有着独特的育人价值，下面聚焦课堂文化，从三方面和大家交流。

一、理念引领，构建课堂文化

基于我校"和雅致远"的办学理念和培养"健康、文雅、乐学、自主的终身学习者"的育人目标，我们提炼生成课堂文化的关键词：和谐、互助、自主、灵动。

经过全体教师研讨，大家集思广益形成共识，四个关键词诠释如下：

和谐：师生与生生和谐、学情与目标和谐、教法与学法和谐、课内与课外和谐。

互助：学生问学生、学生帮学生、学生评学生、学生带学生。

自主：会预习、会质疑、会讨论、会反思。

灵动：思维活跃、评价多元、动态生成、教学相长。

课堂文化的构建，引导教师树立以"学生为本"的教育价值观，重点体现在对学生全面、个性、可持续发展的培养。引领教师提高专业能力，改变教学行为，改变课堂。

二、扎实推进，打造课堂文化

我们以变革教学方式为突破口，采用课题研究引领、构建"欣赏+"课堂促进课堂文化逐步形成。

（一）课题研究引领，课堂文化落地

基于当时教师讲授为主、学生被动学习的课堂教学现状，与我们倡导的自主、互助的课堂文化背道而驰，是最突出的问题。于是，课堂文化建设就从改变教师教的方式和学生学的方式开始了。

学校根据实际情况，以数学学科为研究的起点，以点带面，撬动学校课堂教学方式改革。成功申报十二五规划课题"小学数学自主合作分享学习方式的研究"。在重点课题引领下，教师又生成了《黑山小学数学学科合作分享学习方式及其典型案例的研究》《小学高段学生自主思考、多向互动交流活动的研究》，进而辐射全学科运用自主合作分享的学习方式。主要采取以下策略：

专家指导，转变理念。我们先后聘请专家到学校听课、评课和专题讲座，专家从组织小组合作和变教为学的主要形式等方面对教师进行指导，为教师进行自主合作分享学习的研究做好了理论和思想上的准备。

多方导航，明确目标。组织教师集中研讨，制定《课堂教学评价表》；提出自主合作分享学习课堂实施六步骤，初步建模；构建以学为中心的课堂模型，提炼课堂教学的基本要素研讨制定《黑山小学自主合作分享学习课堂细则》，具体指导学生学习。

课例研究，变教为学。骨干引领课、同课异构、全员和谐杯比赛，一节节课例研究，引发大家思考在教学各环节中如何让学生更主动参与学习活动，做到以学定教，凸显学生主体地位。

阶段展示，总结提升。及时梳理总结，促进教师不断反思改进。2014年11月第一

次北京市"合作分享互动学习"现场会，两位老师分别做观摩课，学校就如何在数学学科开展自主合作分享学习做了专题汇报。2016年7月召开第二次北京市"合作分享互动学习"现场会，两位老师分别做综合实践活动课，在数学实践活动深化了自主合作分享学习方式的研究。

以学习方式的变革作为一个着力点，立足学生为本，改变教师单一的教学方式，在自主合作分享中提高了学生自主学习能力和合作意识，自主、互助的课堂文化初步形成。

（二）构建"欣赏+"课堂，夯实课堂文化

当然，课堂文化的建设不仅仅落位在教学方式一个方面，应该在师生关系、教材资源、教与学方式、课堂评价、课堂氛围等方面，形成一个联系的发展链条系统思考整体推进。适逢门头沟教委提出快乐、平等、尊重、欣赏、批判、转变教与学方式、关注每一个学生的生态课堂理念要求，因此，我们从教学方式研究转向构建"欣赏+"课堂的研究。

"欣赏+"是以"欣赏"作为课堂文化特色的名片，通过与学科教学、教育活动的联结与融合，倡导"平等·尊重·包容"的师生关系，聚焦"读懂·融合·创造"的教材资源，运用"自主·合作·分享"的学习方式，采取"尊重、多元、欣赏"的课堂评价，营造"有序·灵动·和谐"的课堂氛围，发现学生的优势，发掘学生的潜能，发展学生的个性。

"欣赏+"课堂构建，从课堂实践层面把课堂文化的相关要素转化为具体的行为抓手，从整体上推动了课堂文化的落地，夯实了课堂文化。主要采取以下策略：

1.磨课+磨研

教材研究和学情研究是上好每一节课的前提，我校开展系列主题式校本教研活动，提高教师的研究能力。以语文校本教研为例：

围绕"透过学生的课堂表现　反观教师的文本解读"为主题，开启了第一阶段校本教研活动——磨课。每位教师经历"讲课—听课—评课"的教研过程。老师们观察同伴课堂的同时，在不断的实践中检验自己对学情的把握，对教材的解读。通过一个学年12次活动，23节课例研究，我们看到教师在研读文本的角度、问题设计、文本整合拓展和策略实施等多方面的转变。在磨课的基础上，引领教师回顾自己的实践经历，谈自己的变化、自己的思考，撰写校本教研的故事，提升教师反思的能力。

围绕"透过课堂教学的效果 反观研究的实效性"主题，开启第二阶段的活动——磨研。每个教研组从文本解读、学情分析、重难点确定、教学设计、课堂教学等不同方面集中一个文本，完整体验研究的过程。

磨课、磨研是教师读懂、融合、创造性使用教材的过程，是"欣赏+"课堂推进和课堂文化落地的有效保障。

2. 评标+评价

课堂评价标准对教师的教学行为起着重要的引领作用。我们组织全体教师进行讨论，修改完善课堂教学评价标准。经过讨论大家形成共识：一是更加关注学生在课堂的表现，透过学生的表现反观课堂教学过程和教学效果，重点在评学。二是把课堂文化的关键词作为评价核心要素，将每个核心要素具体化。经历这个过程，促进教师们进一步理解课堂文化的内涵，进一步明确如何把理念转化为具体的教学行为。改变了教师观课、评课的视角，更加关注学生的学，起到了以评促导的目的。

教师的课堂评价用语体现着教师的教育理念和教育智慧，好的评价用语是一门能让学生积极主动参与课堂教学活动的艺术。开展"欣赏+"评价研讨活动，总结梳理评价用语一百条，引导教师形成"尊重、多元、欣赏"的评价观，不断锤炼评价语言，切实让欣赏成为我校课堂文化特色的名片。

3. 案例+故事

师生关系是体现课堂文化的一个重要方面，和谐的师生关系一定彰显爱的艺术。学校组织教师围绕"和谐的师生关系"撰写案例，总结梳理提炼。每位老师撰写爱的故事，每周分享互学。

一个个案例、爱的故事是老师们课堂教育教学活动的真实记录，更体现了平等、尊重、宽容、和谐的师生关系。

4. 微论坛+大家谈

为了促进所有教师在常态课上自觉实践课堂文化，学校组织开展"欣赏+"教学策略分享、落实"四个好习惯"研讨、课堂文化微论坛、大家谈等系列研讨活动。

每一次活动，老师们互相启发，互相学习，共同成长，形成研究的氛围，让课堂文化内化于心，外化于行。

欣赏+课堂的构建与实施，全面推进了课堂文化的落实，改变了教师的教学行为和课堂样态，我们努力让课堂文化的实践成为每一位教师的自觉行动。

三、初见成效，师生共同成长

和谐、互助、自主、灵动的课堂文化建构与实施，促进教师实现了三个转变：从关注"教"进而更多关注"学"；从单一的教学方式进而采取多种的教学方式；从关注学科本位进而更多关注学科素养和综合素养。学生发生了三个变化：自主学习能力逐渐提高；好奇心和自信心不断增强；合作意识和主体意识初步形成。

近四年的探索与实践，课堂的样态更加展现学生生命的活力，促进了学生全面、个性、可持续发展，提升了文化育人的品质。

"知为行之始，行为知之成"。我们将一如既往，脚踏实地努力前行！

➔ 李烈校长点评：

理念落地扎实

理念落地体现在哪里？ 第一个是课堂文化的四个词：和谐、互助、自主、灵动。这四个词分解为五个方面的支撑。无论是和谐的氛围，师生之间的关系，教学内容、教材资源，还是进行评价，另外还有教学的方式和方法。从五个维度支撑着课堂文化四个词的落地。

有支撑后再看课堂，感受到这几个方面都有充分的体现，有鲜明的共性和个性。比如说形成课堂的特色品牌名片，课堂文化的名片——"欣赏+"。从多个维度多个方面，可以深刻地感受到有理念、有观点、有思想。这些理念、思想、观点不是在空中飘着，是落地的。

另一个角度，是有专家的引路，进行更有特色研究的校本研究：研讨、磨课，特别精心的评价，诸多方面。在这背后有很多具体支撑，包括教师形成共识，自主合作分享学习研究，这些都是非常接地气的，具有可操作性、指导性。

目中有人得法

目中有人，一般校长带领团队在办学校和追求教育目标实现的过程中，都把他经常挂在嘴边，甚至成了口头禅。但如何真正做到目中有人，其实也不太容易。

目中有人，这个"人"不仅仅是学生，更有教师。目中有人，确实在课堂文化这四个词中得以体现，每个词都是在说这个"人"。和谐，凸显的是人和人之间的关系。互助，是人和人之间的互助。自主，谈的是人的主体性。灵动，说的是人的智慧。所以这四个词描绘的全是人，是人和人之间的关系。

目中有人，还体现在办学主张、办学思想，特别是形成共识上。办学主张、办学思想并不是简单地校长提出要求，教师照做，而是共识在前，共同研究，多维研讨。如此，才会感觉到每一个角落、每一个环节、每一个方面，都有实实在在的教师主体的影子，这非常重要。

目中有人更体现在学生的层面，关注的是学生的实际获得。评价学校的教育效果并不是学校自说自话，自圆其说，而是以学生的变化、学生的质量、学生的呈现来评价。学生感受到现在的课堂和过去的课堂截然不同；家长谈及孩子的变化，由此也印证出课堂真正以学生为主体。

评课

三年级杨老师上的数学课，再一次印证了理念落地扎实，目中有人得法。

杨老师的数学课非常有特点，非常吻合支撑课堂文化的关于课堂教学的学习方式、方法中的三个词：自主、合作、分享。这是第一个特点。

为什么好呢？是一课一得。教师上的一节课要突出、要体现什么？抓什么？如果偏离了想呈现的根本的东西，偏离了上课要遵循的原则，自然谈不上好。

具体拿《年月日》这节课来讲。"年月日"实属简单，杨老师却把这节课上得很生动，而且凸显孩子参与。《年月日》是在《时分秒》之后学习的，对学生们较为轻松。在这个基础上，老师并没有直接开始讲解，而是让学生交流一下对"年月日"都知晓什么？引导学生们回答一年有多少天，一共多少个月，每月有30天的和31天的，二月29天的，有很好的凸显意识。

这些知识很简单，但是杨老师用知识为载体，突出培养了学生在统计分析中发现规律，深入研究并总结规律的学习方法和习惯。怎么发现规律？记录？用统计表？把权利还给学生。统计完后，小组交流，最后全班汇总，总结规律。

对于这个处理，我特别欣赏的不是简单教知识，而关注的是知识上规律的发现。而规律的发现是给方法、给时间的，真正让学生参与的，是学生自主地去获取的，没有走过场，很扎实。这是第二个特点。

第三个特点是非常自然地引入相关知识。当初是谁且如何定每个月是多少天的？

又非常自然地引进了天文地理的相关知识，都非常自然，恰到好处。

第四个突出的特点是课堂真实。课堂结尾，让学生畅想三年后自己在干什么？很有意思。有的学生说小升初毕业，是初中生了。有的学生说大学毕业了。老师立刻抓住关键问题，三年后，你怎么可能大学毕业呢？课堂特别和谐，学生们都笑了。还有学生说三年后长高了，身体更壮了，跑得更快了，甚至有的学生回答三年后我能为爸爸妈妈和我们家里做更多事了，还有一个女孩说三年后作业量更大了。非常真实。就这样一个小小的环节，教师不是脱离了此节数学课进行的一个简单的畅想，而是潜移默化的一种训练，也有对学生潜在的一种激励，体现了和谐的师生关系。

勇敢地退

教师要勇敢地退、适时地进。从另一个角度说，勇敢地退还意味着：退下来干什么？

一节课上没问题未必是好课，一旦出现了真问题就要抓住，得课上解决，轻易不要把问题带到课下，带回家去。教师习惯说：这个问题咱们课下研究吧。有些情况可以这样说，但教师就生成的问题要有快速地判断，判断这个问题到底是在课下处理解决，还是当堂解决。这个问题是挑战，但它也是教师勇敢地退之后的价值追求，也就是关注真问题，关注生成。

举个例子。一张教师复印给孩子的1995年年历表有错。年历表上十二月是30天，跟教师教的31天不一样。除了十二月不对，四月、七月也不对。这个问题，怎么处理？教师说十二月是31天，这个不是31天，所以错了？凭什么？依据什么？

这是真正的挑战。课堂上出现这么突发的问题，事先教师没发现，又不是一句话、两句话就能够解决的，怎么办？此时，教师就要快速判断。

若直接表明课后再说，未免有些遗憾。若此时教师选择勇敢地退，不急于下结论，先让学生先自行对照手中的年历表，再提问：问题到底在哪呢？这种处理态度对学生是一种滋养。提醒他们遇到问题时，先要对问题有简单的了解，别急下结论。

因此，课堂上生成的真问题，很有价值。教师选择退，是为了让学生更多的进，更多地参与。虽然原本设计好的教案没有完成，但抓住学生生成的真问题，进行有价值的处理，这比完全按照教案进行更有意义和价值。

也因此，对于生态课堂文化建设，最根本的是关注学生学习的真正参与。真正参与就需要教师关注他学生参与其中的真问题。关注真问题，就要抓住真问题作为课堂教学宝贵的资源加以处理。别轻易地把意料之外的问题，简单地、快速地留作以后再处理。真正做到这一点的前提，就是勇敢地退。

感悟：（下文中"黑小"为黑山小学的简写）

工作室于三月份成立以来，活动的密度与强度都很大，大家有个适应过程，跟随李校长九年，我都是这么走过来的，我称之为"炼狱"。从中不难感悟到教育大家李校长为人做事的风格，不难理解全国那么多校长们为何愿意追随她。这种节奏改变了我多年做教育的认知。在黑山小学，李校长的两句"金句"值得我们反思：理念落地扎实，目中有人得法。虽然没展开说，但我想这既是对全霞校长的褒奖，也是对当下许多学校建设中普遍存在问题的思考。因此，对于李校长每次讲话，我们要多问自己几个为什么。步伐跟上容易，思维跟上才是目的。

宋茂盛

上周是工作室家人们最辛苦忙碌的一周，也是我们收获最大的一周。我们在敬爱的导师李烈校长的带领下参访了三所学校，三所学校各有不同，各具特色，各自散发着独特的魅力，带给我们感动，引发我们思考……

昨日黑山小学的生态课堂研讨活动也让自己深受启迪。

感受：

1.亲切。我在黑山小学工作过7年，在这里学习、工作、成长，对这里的一切有着深厚的情感，这次来到黑小有回家的感觉。

2.高兴。为黑小在任校长的带领下，学校发展越来越有品质、有品位、有特色而高兴。

3.敬佩。为任校长的教育情怀以及他在四年里所做出的努力，给学校带来的变化而由衷敬佩！

思考：

1.不抱怨，不言弃，不等待。教育的均衡和公平是我们倡导和追求的美好愿望，但永远在路上。当我们无法改变我们的硬件，改变我们的师源、生源等重要的教育元素时，就做我们该做的、能做的！因为儿童的成长教育不能等待。

2.做好学校规划和顶层设计是学校发展的关键。因为只有这样我们才能明确方向和目标，才能沿着清晰的路径到达我们该到达的地方。

3.价值引领，文化立校，学校才能可持续发展。文化是学校发展的灵魂，认同价值理念才能将团队人心凝聚在一起，让团队焕发生命活力。

4.聚焦课堂，关注课堂，改变课堂是我们最重要的工作。这也是李烈校长反复强调的，因为课堂是育人的主渠道，孩子每天学习、生活的大部分时间都发生在课堂。清晰的课堂文化理念的引领，扎实的校本教学研究，大胆的教学实践才能让我们看到灵动的课堂，我们理想的课堂！课堂理念的提出不难，难在落地，难在转化成教师的教学实践！希望我们学校的课堂文化被更多的老师理解，在更多的老师身上践行，希望我们美好的课堂文化不是在观摩课上看到，而是在更多的常态课上践行。让我们一起研究，努力……

谭峰

领导讲话：（北京市门头沟区教育委员会副主任　白丰莲）

首先，感谢李烈校长能够百忙之中来到黑山小学参加今天的活动，并给予黑山小学及我们其他的学校很多鼓励和建议，帮助我们更好地推进工作。

其次，感动于任校长来到黑山小学三年多的时间，带领黑山小学的师生在继承中发展，在发展中创新。学校无论从硬件还是软件，都有了很大的提升。

最后，在这里感受到了和谐平等的师生关系，看到了孩子们自主探究的钻研精神和同伴互助的合作能力。可以说，黑山小学的文化已经渗透到课堂上，透过教师和学生的状态，反观到学校的教育成果正在逐渐显现出来。

接下来，按照工作室的惯例，我也提几点希望：

进一步培育学校文化，用改革路径与举措办法推动学校内涵发展。今天我们邀请李烈校长针对课堂文化进行具体指导，也是学校文化建设工作的推进与深化落地。

培育课堂文化，提升育人品质。课堂是"育人主渠道"，希望学校始终把课堂质量提升作为研究的重点。想举措，出奇招，引导广大教师与干部聚焦课堂质量的提升，做好学科育人的研究，整合学校课题研究、校本教研、培训等工作。

学知求真　传古求新

——走进北京市门头沟区斋堂中心小学

构建双园育人文化　促进学校内涵发展

赵建华

赵校长汇报

　　斋堂中心小学坐落于北京市门头沟区斋堂镇西斋堂村，是一所农村寄宿制完全中心小学，距离门城镇70公里。学校现有6个教学班，137名学生，下辖一所附属幼儿园，在园幼儿67名。学校教职工40人，专任教师28人，市级骨干1人，区级骨干7人。

　　学校文化建设是学校最高层面的建设，它引领着学校各项建设，推进学校的可持续发展，提高教育的品质。文化立校是现代学校走内涵发展之路的不二选择。

一、"双园"育人文化建设背景

（一）传承古镇文化的需要

　　斋堂川具有深厚的历史文化背景。斋堂镇位于永定河畔，古称"灵桂川"。这里西通大漠，东往燕京，古往今来为兵家必争之地，有"京西重镇"之称；这里是北部山区旅游环线上一个重要的节点，是北京市确定的重点建设的生态旅游特色镇之一，是北京的绿色屏障；这里是著名的革命老区，抗战期间斋堂人民为民族解放献出了一腔血，400多人被追认为革命烈士；这里还是集"史前文化、古村落文化、军旅文化、商旅文化、宗教文化、科举文化、民俗文化、生态文化，地质文化、人文景观和自然景观"为一体的大文化区域。作为承载着立德树人光荣使命的学校，我们必须通过教育手段，把斋堂古镇的文化和学校文化建设融为一体，让全体师生在传承文化的同时建立文化自信。

（二）学校内涵发展的需要

"十三五"期间，我校在前期调研、座谈、交流、研讨的基础上，本着继承中发展的原则，确立了以建设"求知求真的学园、温馨典雅的家园"为共同愿景，以"传承古镇文化，培育四有新人"为办学理念，以"做可爱的古镇新人"为育人目标，我们想通过努力，把我们大山里的孩子培养成为自信、阳光、大气的古镇新人。

一所学校，短期发展看课程，长远发展看文化。随着学校办学条件的不断提升，我们把学校的文化建设作为未来一段时期的重点建设工程，我们想通过精神文化、校园文化、活动文化、行为文化等学校文化的建设，促进学校的内涵发展，提升学校的办学品位。

二、"双园"育人文化建设目标

我校是一所农村寄宿制学校，学校不仅是学校，还是我们的家。我校的学校文化建设以"学园"和"家园"为核心；以优化、美化校园环境文化为重点；以丰富多彩、积极向上的学校文化活动为载体；以促进学校内涵发展为目的，按照"精心设计，逐步深入，彰显特色"三个维度，逐步形成厚重的学校文化积淀和清新的校园文化风尚，使学生在日常生活中接受传统文化的熏陶和文明风尚的感染，在良好的校园人文、自然环境中陶冶情操，促进学生的全面发展和健康成长，最终把学校建设成为校园环境优美、学习氛围浓厚、管理民主高效、教学质量一流、文化底蕴丰富、有特色的农村小学。

三、"双园"育人文化建设途径

（一）精神文化建设

1.理念文化建设

在制定三年发展规划和十三五发展规划之际，几上几下，广泛征求教职工、学生、家长的意见和建议，层层讨论，形成以下共识：

办学愿景： 求知求真的学园，温馨典雅的家园

办学理念： 传承古镇文化，培育四有新人

校训： 勤思学求知，真善美做人

育人目标： 做可爱的古镇新人

校风： 团结协作　严谨求知

教风： 艺高身正　教书育人

学风： 勤学善问　多才多艺

2.标识文化建设

学校校徽以红色与绿色为主色调。绿色，代表生命、生态、生长，象征着繁荣、成长。红色，代表着积极乐观，象征革命、进步。中间的绿色叶条代表矗立在学校的百年古槐，校徽主体外围的绿色象征着我们绿色生态的家园；红色卡通人物代表老区少年儿童为主体；圆形的图案象征着凝聚力与和谐，预示了学校教育事业蒸蒸日上，前程似锦。

（二）校园文化建设

校园文化是学校文化的重要组成部分，是典型的显性文化。它能在无形中影响全体师生的灵魂，起到润物细无声的教育作用。我们利用两年的时间重构了校园文化的建设，力求让校园文化成为育人的重要途径，成为一部无声的教科书。

我们围绕"学园"和"家园"，建设好学校的文化教育阵地，让每一面墙壁、每一个楼层、每一间教室都具有教育意义，让中小学生守则、班级公约、文明承诺，时刻教育引导学生牢记和践行社会主义核心价值观，修好品德，养成习惯，成为有大爱大德大情怀的人。

（三）活动文化建设

我们依托斋堂地区特有的红色资源，在每年的清明节、公祭日，学校组织少先队员到斋堂烈士陵园举行纪念活动，引导学生弘扬民族精神，增进爱国情感。充分利用传统节庆日开展教育活动，提升孩子对民族文化的了解，提高道德素养。及时捕捉不同时期的时代特征，创新活动载体，开展主题教育活动。深入开展"社会主义核心价值观"系列活动，开展"最美少年""小绅士小淑女"评选活动。开展好校园"三节三园"活动（"三节"指体育节、科技节、艺术节；"三园"指书香校园、文明校园、

平安校园）。

（四）行为文化建设

随着研究、建设的深入，我们越来越深刻认识到，真正的学校文化绝不是简简单单外在的、可见的，而是大家自觉行为背后的观念与思想，是一种内在的精神。任何一种文化的形成都不是一蹴而就的，它需要一个积累的过程。学校文化建设起步于理念却必须落实于行动，只有通过行动，我们期待的文化、信念才能真正内化于心，外显于行。

经过几年的实践与探索，学校已初步或正在形成制度文化、干部文化、教师文化、学生文化、课程文华、课堂文化。

1.民主、公正、自觉的制度文化

我校已实行岗位责任制、全员聘任制、校务公开制，在此基础上，进一步整理完善各项规章制度，如《学校章程》、《教职工奖惩制度》、班级公约、斋堂小学十个好习惯等。每个制度的制定都充分发扬民主，公开透明，因为来自大家的智慧，全体成员也都能够高度认可，自觉执行。

2.陪伴、激励、引领的干部文化

陪伴：深山区寄宿制学校，24小时管理，全体干部减少外出，当日会当日回，要有钉钉子精神，终日陪伴在师生身边，有了陪伴的精神，做师生思想工作才有说服力。

激励：山区教职工整体能力水平存在较大差距。及时表扬，以阳光雨露的心态对待职工。用"放大镜"找寻师生的亮点，用宽容的心胸容纳存在缺点不足的职工。

引领：发挥支部思想引领作用。用"走动式管理""五个深入"的行为引领广大教师。每位干部承包一个楼、一个班级，1-2个学科，落实"精、细、实"管理目标，切实转变工作作风，提高工作效能和服务质量。

3.美丽、智慧、协作的教师文化

教师是学校的一道风景，代表着学校的形象。美丽包括外表的美丽，我们邀请礼仪专家为全体教师培训，如何搭配穿着、如何化妆；在全体教师中开展美丽教师大讨论，评选最美的她。美丽也包括言行举止的美丽，我们请进修学院的老师为老师们进行专题讲座"做美丽教师"，我们要求老师在校内外各种场合都要注意教师的身份，一言一行彰显教师风范。美丽还包括心灵的美丽，有内心的美丽，外在的美丽才会持久，作为教师，对学生的爱就是最大的美丽，我们开展"假如我是学生，假如我是家长"论坛，开展师德演讲、评比，组织教师开展文明健康的文体活动，带领教师到河北贫困地区学校体验。我们的美丽是由内到外的。

智慧与协作是我们倡导的工作方式，教师的工作纷繁复杂，均为包班制，还有的教师跨学科、跨年级，既要教好学生，又要自身发展。我们要求老师要有智慧的思考，有计划的工作，做研究型教师，用四个？思考解决问题（出现了什么问题？什么原因造成的？有几种解决方案？哪种解决方案最好？），用小问题研究发展个人学术。学校规模小，年轻教师多，各种展示、各种活动，都是全动员、全参与，大家互相鼓励、互相支持、互相补台。

4.守正、阳光、自信的学生文化

守正即恪守正道。深山区学生在骨子里就秉承着老区人民的真实、淳朴、善良，这是难能可贵的，需要我们保持与发扬。但同时又受地域影响，滋生了一些不良习惯和行为。我们用斋堂小学十个好习惯、班级公约、新三字经倡规导行，从小培养孩子的良好习惯与品行，让我们的孩子沿着正确的方向前进。深山区的孩子缺乏自信，不够阳光，我们创造各种机会，让我们的孩子走出大山，走出北京，走上舞台，走上竞技场。

学生表演

5.本土、个性、未来的课程文华

本土：我校地处革命老区，京西生态发展新镇，红色历史和生态山水是我们开发实施具有地域性的校本课程的特有资源；个性：根据我校校园文化课程资源而产生的个性化课程，例如开心农场、起居修身、饮食文化等；未来：未来人才一定需要英语会话和计算机应用的技能，于是我们开设了英语自然拼读、电脑制作、3D打印、机器人、DI等课程；未来人才需要有健康的身体和艺术特长，学校则提倡每个学生在全面发展的基础上，在艺术、体育方面要有一长。为此，我们开设艺术素养类、身心素养类选修课，引进了棒球、网球、篮球、舞蹈、绘画、围棋等课程。

下一步为了紧跟时代的步伐，突显革命老区特质，我们将以"四个一"中的"一腔血"为核心，以知家乡爱家乡教育为主线，与斋堂中小学革命传统教育基地联合开设具有当地特色的红色文化课程，厚植学生爱家乡爱祖国的情怀；以农村学校特有的资源，开设校内校外学生劳动实践教育基地，大力弘扬劳动精神，让孩子们在劳动中感受快乐，感受辛劳。

6.自主、互动、开放的课堂文化

自主：学生是课堂的主体，让学生获得自主学习能力是其未来发展的根本。我校以"课堂教学三段式"的研究为抓手，教学活动要紧紧围绕"学生主体参与"进行。互动：有效的课堂教学离不开互动，它包括学生与学生的互动、学生与老师的互动、学生与教材的互动。我校鼓励学生敢于大胆质疑，发表自己的不同意见，展现出学生探究的过程。开放：我们尝试多学科的融合实践活动课，在校园文化中也将"知家乡、爱家乡"分为9大板块作为立体教材，对低中年级学生开展相应学习，带学生走出学校，了解家乡的文化名胜、风土人情，体验家乡的发展变化，让课堂从教室里到了教室外。

四、"双园"育人文化建设成效

几年来，我们学校的学生获得过北京市红领巾奖章、北京市棒球比赛第一名、北京市3D建模比赛第二名，参加了北京市"核心价值观，托举中国梦"演出活动，参与了区级多次展示，我们的孩子走出大山游北京，参观中关村科技园区，听音乐会，看甲A联赛，远赴山东孔子故乡开展研学活动……我们的学生越来越阳光、自信。

几年来，我们的老师获得全国"创新杯"课堂教学一等奖和教师魅力铜奖，获得全国白板大赛一、二、三等奖，5项课题在北京市立项，学校拥有两个名师工作室，两名门头沟区魅力教师……美丽、智慧、协作已成为每个老师的自觉行为。

几年来，市区领导多次到校调研并对学校工作给予了肯定，学校多次举办区级以上现场会展示活动，参与了北师大跨越式课题项目实验、参与了英语自然拼读项目研究、参与了互动反馈技术联盟校、组办了深山区联盟校赛课活动，与手拉手学校捆绑式发展……

学校文化建设是一项周期长、见效慢的复杂的系统工程，需要我们实践和思考的问题还很多，我们要时刻拥有"以文化浸润学校"的理念，把文化建设和学校的所有工作融为一体，在不断地研究中使全体教职工达到认同并践行，让文化建设促进学校的内涵发展。

➡ 李烈校长点评：

来到斋堂中心小学，有两个词最能表达我的感受，那就是感动和钦佩。

感动于什么呢？感动于赵建华校长和他率领的这支教师队伍扎根深山默默坚守，同时能带出一所如此让人眼睛一亮的，令人钦佩的精致小学。几年前，赵校长刚到学校时，学生有180多人。后来学生人数越来越少，很多都迁到山下，只剩130多人。有一年仅招收了9个学生。当赵校长和书记谈到这个情况的时候，斋堂小学会是怎样的前景，可想而知。当时，我边开玩笑边安慰道："大势所趋，不可逆转，换个角度想也是好事。都下山了，这里就没有这所学校了，因为我们不可逆转，所以没有必要在这感慨。实在不行，将来这个地方就改做一个经典的大食堂，配合旅游。"

虽说学校越来越萎缩是大趋势，但当进到校门，无论是所看到的景，还是所看到的人，让人感受到的状态，却与前面提到的人数越来越少形成了一个极大的反差。反差之大，让我非常感动。他们并没有因为学校可能的发展趋势，就随波逐流，大环境什么样我就跟着什么样，也没有被动、无奈地等待，而是依然在奋力、在作为。这个奋力作为体现的是目中有人，心中有爱。在门头沟区政府对深山区学校所提供的支持帮助下，斋堂小学没有放弃为孩子们创造一个最好的、力所能及提供的教育、成长、被滋养的环境。整个校园的环境带着一份情，带着一份爱，带着一份特别的精心。孩子们的状态，都是一副副被滋养得不一般的模样。不得不说，斋堂小学，是我看到过的所有山村学校里最为感动的一所，这个感动就是这两个反差。

另外一个词，就是钦佩。在这所学校，无论是已来学校六年的赵校长，还是学校的教师，一天24小时几乎都在学校。不是仅仅因为路途遥远回不了家，而是因为放心不下住宿的学生。所以，只要学校有学生，教师和校长的心就一直提着。他们在全身心地为孩子们着想，尽自己最大的努力去做这份良心活。所以，在我感动的同时，由衷地表示钦佩。我不曾有过这种经历，我也很难想象出，换作是我，抛家舍业的在外边一待数年，自己能否做到。就拿赵校长来讲，在斋堂小学的六年中，赶上孩子中考，后又面临高考。孩子的关键时刻，做父亲的却不能陪伴在孩子身边。当我问及孩子怎么样时，他的声音有一点变声、变调。有时，忠孝就是这般难以两全。心里难受也好，或者深知对不住家庭也好，都是人之常情。但愧疚过后，赵校长清楚他的职责，他依然要回到自己的岗位上。既然已做出了牺牲，在岗位上他就更要好好地干，才对得住这份牺牲。这是一个正向的思维，一种正能量的表现。所以从这个角度来讲，我由衷地说，我很钦佩。不仅仅是赵建华和他的书记，更是他们这支队伍。这支教师队伍，的确值得骄傲。

在斋堂中心小学，"目中有人，心中有爱"还体现在环境和活动上。"目中有人，心中有爱"并不是空话，其载体首先是环境与人。斋堂小学的校园环境都是为孩子营造的，为孩子服务的。打造的活动更是如此。斋堂小学地处深山，孩子们没有出过大山，见识少，视野也小，几乎没有什么成功体验，甚至见到什么都觉得很新鲜，自信无从说起。如果教师们只是口头上教导孩子们要阳光，要自信，也是毫无帮助，所以斋堂小学想出了利用大山的资源，开展各式各样丰富多彩的活动，来增加孩子们的自信。通过这些活动，通过这种平台，斋堂小学的孩子们取得了非常好的成绩，竟然有好几项取得全国的名次，甚至还有拿第一的。谈何容易。这背后，没有日积月累的、非同一般的培养和滋养是不可能的。

六年来，学校在赵校长的指导下一点一点在改变，他付出的心血和智慧可想而知。我能感受到赵校长的学习力，他的站位、思想格局，有很多可圈可点和令人感慨和敬佩的地方。他善于学习，善于思考，善于实践，在关注学风、教风、校风及教师文化、课程文化、课堂文化等的同时，极力提炼系统的校园文化。这一点，也是极为突出的。

基于对斋堂小学的了解，我想提出两个建议，希冀有所帮助。

第一个建议，当学校还没有一个核心的、逻辑关系非常清楚的大系统摆出来之前，校园文化不要着急面面俱到地都提，选取最核心、最根本的即可。比如斋堂小学的学生活动抓得特别好，此时重在抓什么？抓内涵。内涵又应抓什么？抓课堂。这才是提炼出的最根本、最核心的东西。比如说：学知求真、传古求新，就抓这几个词，因为你这里边多次提到了求真、求知，然后你又提到了这边的古镇文化，你提炼出九个有历史、有特色的东西，那我们就是传古。但你不能光传播、继承，更有求新，所以传古求新，那么要对仗一点说，特别突出求真，求真是我们要培养的一种素质。还得学知，学知求真，然后传古求新，然后无论是课堂还是办学思想，无论是我们老师的追求，还是培养学生，我们都按照这个做，做着做着我们可能会体会越来越深刻，慢慢延伸出我们各个方面特点，可能那样逻辑关系就更清晰了。

第二个建议，强抓课堂。教师不用照着具体步骤一步一步去落实，也就是说，教学的方式方法可以相对变化更大一点。这个大一点的变化首先是解放教师，就是不要太关注细节的东西，格局搞得大一点，步子走得大一点，突破得大一点。

当教师在精细地雕琢一节课时，不妨跳出既定的教学设计，从备课的时候就开始思考，抓什么叫开放，什么叫自主？如认识周长。这节课能有一种特别好的思考，就是让学生操作。那怎么操作？是老师带着，问一句，说一点，一点一点地往下操作，还是彻底放开，提出一个问题，或者提两个问题，让学生去操作？数学的操作不同于其他学科的操作，数学的操作是在解决问题，在掌握方法，在感悟。学生根据教师的提问，通过测量、交流、思考、提炼，感悟出了什么叫周长。课上，小组有讨论，全班有交流，我觉得这才是一堂真正自主，以学生为主体，让孩子用数学操作的课。下一步，干脆就抓课堂上怎么能够让学生自主地学习。教师可以将研究的问题大一点，让孩子操作的时间长一点，操作中一定让学生有所感知，然后自己提炼。如此，我们课堂教学的模式将会有个彻底的变化。

感悟： （下文中"斋小"为斋堂中心小学的简写）

办出山区精致学校。一上午斋堂中心小学的研修活动，以李烈校长的"钦佩与感动"作结。教育效果都写在师生的脸上，看不出斋小的孩子胆怯、羞涩，也看不出教师的无助、漠然。师生良好的精神状态反映了这是一所充满发展生机的学校。与建华校长共事三年，他好学善思，有自己的教育思考，并试图将先进教育理念本土化。拥有独特本土文化资源是我们办学的优势。"传古求新，学知求真"凝练了学校今后的办学方向。李烈校长是植根于教育实践的教育家，从来不拘泥于一些模式与套路。关于学校文化建设的提议很值得我们反思，两种模式都可以，不拘一格。她每次念念不忘的是课堂，如何让课堂真正成为生本课堂，让"自主、互动、开放"的课堂文化真正落实在教师的骨髓中，成为他们的自觉，值得我们每个人思考。记得在黑山小学的课堂上，李校长提出就解决生成问题，不完成下面的任务要比完成更精彩！

宋茂盛

生长在门头沟却从未来到过斋堂中心小学，怀揣着期待跟随李校长工作室一行领导走进斋小，感慨万千……

整洁干净的校园文化，文明有礼的师生员工，使人倍感亲切！赵校长扎根深山六余载，将斋堂中心小学这所山区学校办的有规则、有特色，初来斋小印象了得！

赵校长是我的老领导，在我做老师的时候他是大峪二小的教学主任，他善思、勤恳，工作有思路，扎扎实实。如今看斋堂中心小学，可以感受到他一直秉承着自己严谨、求实、创造的做事风格，心无旁骛地办着当地百姓满意的教育。给孩子们搭建尽可能多地展示平台，为教师创造各种展示的机会，让全体教职员工能心系斋小，以校为家。全校师生的精神风貌印证了赵校长引领方向的正确，诠释着斋堂中心小学是山村小学的一面旗帜！

本次学习受益良多，让我明确了做教育要有付出精神，要有大格局！是的，从教之路必须要不断学习，不断放大自己的格局，格局大了，路就宽了……

白立荣

今天走进我的母校，感慨万千。一是感到斋堂中心小学在建华校长的领导下，小校不"小"：虽然学校规模确实小，学生人数也少，但是能彰显出大爱、大视野、大格局。山区学校不"山"：虽然地处深山区，但是育人环境雅致，师生状态充满活力。二是感到我们工作室在李校长的指引下，聚焦核心。李校长的教育思想和教育理念深深影响着大家，虽然我们理解地还不深不透，但是大家都在努力践行。醍醐灌顶：每次听李校长点评指导，总有新收获新思考，尤其是每次李校长提出的建议，既帮助我们看到真问题，更能给予我们对症下药的良方，给启发，促思考。三是感到工作室在各级领导高度重视下，众志成城：无论是陈主任、白主任、杨科长的每次参与，还是秘书长的精心安排，都在同心协力，不忘初心。厚积薄发：大家都在脚踏实地追随李校长，抓住每一次学习机会，一点点进步。

任全霞

今天，斋堂中心小学抓住时机让孩子充分展示。对于仅一百多名学生的学校来说，学生演员从幼儿园中班到五、六年级，参与度实在很高。走路还走不稳的幼儿园孩子与大哥哥、大姐姐们同台演出的专注和投入令人感动，深山学校的民族舞让人惊叹。三句半和三字经新编做到现代精神、传统文化和红色基因相结合，思想教育与素质培养相融合。

学校布局体现独具匠心的层次感。植物园内的面积不大，但果树繁多，品种丰富。以班为单位种的花生、韭菜、胡萝卜等长势茂盛。生活中教育，教育中生活的家园、学园味道浓厚。树荫下的石桌上不仅刻着棋盘，还摆放着不怕风吹日晒雨淋的石质棋子，它让学校环境不仅具有观赏性，更具有实在意义。

小杨老师的课就像石桌上的棋盘和石质棋子，质朴、实在。和善美丽的微笑是她最突出特点。从视觉、触觉入手认知周长的过程体现了从具体到抽象的认知规律。赵校长的主题汇报，让我感到我观察到的恰恰就是学校通过核心价值观的引领，带领教职工追求出来的。向赵校长和斋小的老师们致敬。

李烈校长精准深刻的点评把活动推向高潮，既有理念引领又有实践指导，既帮斋小也帮我们把学习体会又拔高了一个层次。

我觉得，今天斋小的展示、李校长的点评以及我个人的收获就是八个字：有滋有味、实实在在。

田俊晓

感受一：致敬建华校长这些山区校长对山区教育的坚守与守望；感受二：感动建华校长的坚韧、执着、不抱怨，主动作为，生动实践；感受三：赞叹充满活力的深山校园，幸福文化润泽生命成就师生幸福。思考一：作为校长，学习力、思考力，应是我们必备的能力；思考二：牢牢记住导师李烈校长所言——课堂才是我们的根本之根本，我们应着力研究；思考三：李烈校长给我们的启发，学校文化抓住本质，突出特色，更具实效！加强学习，学以致用，努力生长，不负关爱我们的领导，不负自己，不负好时光。

谭峰

首先谈感动。借用白主任的一句话——学校在，文化就在，文明就在，是我们教育者肩负的责任。正是由于这份责任，才有了建华校长在斋小的坚守，把小学校办出了大格局；正是由于这份责任，把自己的满腔热情献给了山区的教育，才让孩子们自信、阳光、快乐地成长，让教师在激励中变得更加美丽、智慧。建华校长是我学习的榜样！

其次谈感慨。在专家学者都在大谈学校文化，各学校也在大搞文化建设的今天，李烈校长对学校文化的解读及观点，带给了我们新的思考，学校文化的系统性、核心性、根本性是构建学校文化时必须要思考的。

最后，再次感谢建华校长给我们提供了这次宝贵的学习机会，感谢李校长的精彩点评以及白主任感人至深的讲话，都让人受益匪浅！

杜瑞敏

感谢李校长，感谢教委领导，感谢各位工作室成员，不辞辛劳远赴斋堂中心小学把脉诊断。此次活动既是对斋小近几年工作的总结，也是新时代、新征程的起点。几年的努力让学校的环境、面貌有所改变，学校的硬件得以提升，最为心焦的还是学校如何可持续地内涵发展。常常困扰在心上，不能跳出思维怪圈。今日的活动最大的受益者是斋小和所有山区学校，各位领导的点拨和建议让我深受启发，李校长的点睛之笔更是让我茅塞顿开，小有小的优势，小校也要有大格局。下一步学校将以"学知求真，传古求新"为核心，调整学校的文化体系，以斋堂特有的地域文化完善学校校本课程，积极探索小班化教学，在课堂教学上下功夫，用大问题还学生大空间，侧重学生的自主学习，向真正的开放课堂迈进。

赵建华

领导讲话：（北京市门头沟区教育委员会副主任　白丰莲）

学校在，文化就在、文明就在，感谢山区的教育工作者默默耕耘，甘于奉献。"与智者行必得其智"，在李校长教诲下，今天我也看到工作室成员在不断地转变着、成长着，由被动变主动，其中不断地积极抢麦发言。通过本次诊断，我们思考山区小规模学校办学要扬长避短，切实关注每一个孩子，关注每一个老师，要紧紧抓住课堂教学的提升促进教师专业化发展。

目中有人　心中有爱

——走进北京市门头沟区军庄中心小学

汇报:

探索"智和"教育 提升学校育人品质

张秀明

张校长汇报

北京市门头沟区军庄中心小学始建于1959年10月，目前有一所小学及两所附属幼儿园，共有教学班22个（其中幼儿园9个班），学生572人（其中学前幼儿220人），非京籍学生占36.4%。全校在岗教职工80人（其中幼儿园33人），平均年龄37岁，35岁以下教师28人，占教师总数的35%。区级骨干教师8人，副主任以上领导9人。

2013年任军庄小学校长，我应该说满怀着憧憬与期望，但也是惴惴不安的，原因有三：一是从毕业至今，军庄的发展以及周围人与事的熟悉与了解，这既是有利的一面，也是不利的一面。二是历史的原因，干部教师队伍不稳定，相对比较涣散。第三，办公条件差，并且正在进行人事制度改革。在这种背景情况下，我走上了校长的岗位，学校如何发展？我要做什么？经反复沟通、琢磨，确定学校发展的主要思路——转观念，提精神，研业务，让教师有在家的感觉。

一、建设"公正、人本、睿智亲和"的管理文化，转变干部教师观念

（一）改善师生办公、学习环境，让干部教师学生家长能够体会到学校的温暖

2013-2014年，我们给所有教室安装电扇；给老师配备活动床中午可以稍事休息；

给每个办公室配备按摩器具缓解身体疲劳；安装了过滤器让大家喝上了合格的水；特别是挪走了在紧挨后墙有一层楼高的巨型煤堆。一系列举措，就是想让干部老师们能够感觉到我们的学校虽然很简陋，但是心情是愉悦和温馨的。

2015年，我们拆了在里面工作学习八年之久的两层简易的彩钢板教学楼，在门头沟区政府和教委的领导下抢建两层教学楼，2016年暑假加建第三层，初步完成学校的环境改造，专用教室8个（有音乐、美术、科学、书法、劳技、舞蹈、信息、电子琴），这样就有了老师休息的宿舍。2018年暑假，我们进行了一二层楼校园文化的建设，终于能够让大家感受学校"智和"文化的氛围了。学校办学条件日益改善，育人环境不断优化，教师学生有了温馨的家。

（二）从小事上关心爱护干部教师

坚持"教师有病必访，婚丧大事必访，家中有事必访"的三必须准则，给教师关爱，给患重病的老师自发捐款，甚至一些学生也参与其中。老师们用自己的爱心为患病老师传递了一份生命的热度，点亮了他战胜病魔的信心和勇气，也彰显了军庄小学浓浓的"智和"文化，让生命绽放光彩。

学校的李蕊老师主动申请去"支疆"，她前些日子发微信对我说"校长，学校发的慰问金我已经收到了。收到慰问金的时候，正值我发高烧。屋漏偏逢连夜雨，洛浦县全面停电停水。我被困19层，连沏药都没有热水。我从李玉荣老师那里要了一片安乃近，在屋里昏天黑地睡了一天。人生病的时候特别想家。在这个时候收到学校慰问金，别提有多温暖了。谢谢您！您的支持给予了我援疆的不竭动力；您的关爱给予了我援疆的精神鼓舞。还有一些情况也和您说说，刚一到这儿，我就被任命为洛浦工作队的副书记和一小工作队的领队了。一直以来为工作队、为老师服务着。之所以告诉您，就是想让您知道，我作为一名门头沟人，一名军庄中心小学的老师，我感到很骄傲。"这只是一个很典型的事情，但是这个例子很好地诠释着人与人之间的睿智亲和。

（三）建章立制，树立干部教师的责任意识

广泛征求意见和建议的形式，自下而上不断完善制度，新编《军庄小学校章》《军庄小学教学管理手册》和《军庄小学德育管理手册》，得到干部教师认可，从而使学校的管理逐步形成自主管理、自主发展、自我约束的"公正、人本、睿智亲和"的管理文化。

（四）实施"七个一"管理机制，用机制管理提高干部教师的业务能力

每学期读一本专业书籍，每月撰写一篇案例，每学期汇报一次研究成果，每学年组织开展一次校级或者区级的展示交流，每学期做一次专业性讲座，每学期撰写一篇学术性研究论文，每周分享一篇学习成果。

学校在多年的办学沉淀中逐步形成"公正、高效、亲和"的管理文化。

二、建设"积极、友善、谦和"行为文化，强化责任意识，转变工作态度

（一）教师方面

第一，通过"感动军小人物"评选、"最美瞬间"周报、撰写"责任教育小故事"评选等表彰干部、教师、学生，使教师心有榜样。在"智和"教师评选中，我校评选了卓越智慧之星、最实管理之星、教学改革智利之星、热情服务之星、挑战自我之星、最佳荣誉之星、荣耀创新之星等八个类别的星级教师，有25位教师获得荣誉勋章，我校召开了隆重的表彰会，每周宣传两位老师事迹，并希望老师们在"智和"星级教师的长跑比赛中，比一比，看谁最先得到八个勋章，获得智和金星！那将是对自己工作的最佳肯定！我们还评选"智和教研组""智和部位"，用"和"的思想浸润干部、教师，提升干部、教师的价值追求、对学校的归属、对学生的热爱。

第二，使用"N+N+1"管理策略，第一个N表示多个优点，第二个N表示多个进步点，1表示1个改进点，用"N+N+1"管理策略每天反馈干部教师的工作情况，优点、进步点尽量表扬到人，改进点只说到事，互相学习，互促互进。干部教师都非常注意查看每天的反馈，受到表扬的干劲更足，说到的改进点及时改进，老师们很多行为悄然发生着变化，比如：过去老师生病有事请假后，领导得安排代课，但今年老师们若生病有事大多是把课调好了后再去看病办事，从安排代课到自主调课虽是一个小小行为的转变，却反映出教师的心理转变及工作态度。

第三，做到业务上的搭台，主要精力研究业务。采用"辐射骨干教师、鼓励一般教师、紧盯青年教师"的培养模式，实施教师分层培养，成立"智和"青年教师工作室，通过"课标考核""建立成长档案""课堂诊脉""青年教师推优课"等手段，加快青年教师成长的步伐；借助校内教研组、骨干教师、进校教研员、外聘专家四类资源，提高青年教师工作的指导力度。采用共同体联盟的方式进行课题、项目研究，提

高教师的研究能力。

第四，召开研讨会和积极推送的方式推荐教师参加市区各种赛课或研究课活动，让业务能力稍强的老师有成就感，得到认可，进而影响带动教师们把精力放到研究业务上。2014年，有11人次教师做区级研究课，占专任教师的32.35%，1名教师做市级绿耕教学展示。另外，1名教师获全国创新杯课堂教学评优一等奖，这是学校零的突破。

（二）学生方面

首先，知德促养德，榜样促养德，树立规矩，培养责任意识和担当品质。以落实"韵化儿歌"为切入点，要求韵化儿歌人人会背诵，教育教学各个环节运用韵化儿歌规范行为落实规范，为行为的落实奠定基础。坚持进行寻找最美少年（智和少年）活动，开展"智和少年"评选、表彰、演讲，挖掘每个孩子身上的闪光点，使每个孩子每天都能进步一点点，日积月累全面成长。

其次，以活动促养德，助力学生持续发展，改变家长的观念，赢得家长的支持。开展"军庄小学21天阅读习惯养成"、"亲子共读"、经典阅读，让阅读从学校向家庭延伸，小手拉大手，共同提升文明素养。以"民盟"每月进校园的契机，从科技、传统文化的角度，师生共同交流、学习传统文化、科技教育、非遗物质文化，在学习过程中感受社会对大家的关爱，进而把爱的思想进行了传播。

最后，以打造"足球体育特色"为载体，强身健体。为了培养学生勤健体的习惯，提升学生的身体素质，我们以"全员参与"的理念，以"足球"特色和培养曲棍球特长为载体，以每天一小时阳光体育运动和每月一次全员体育比赛为平台进行体育工作。

利用"踢足球，践行办学理念；借足球，创建校园文化；为足球，建立多效机制"的发展思路开展足球运动，为每个学生每周开设一节足球课普及足球运动强身健体培养兴趣，为有潜力学生开设每周三次足球社团，提高足球技能。在曲棍球运动上，引进学校毕业生、全国优秀裁判员刘瑶组建社团，拓宽学生运动渠道。

阳光体育一小时是我校常年坚持的，它分为两部分，第一部分学生跑圈，第二部分基本技能专项训练，第三部分做广播操。也正是我们的坚持学生的身体素质较之前有明显提升，换季或者冬季请假率降低，体质健康测试成绩明显提高，从区第15名跃居到第3名，每年的学生运动会从区第四名到近三年蝉联第一名，学生男足比赛获得第二名女足获得第三名。2015年被评为北京市体育传统学校，2016年我校被选入北京市"一校一品"体育改革实验校和全国足球特色学校。

聚焦勇担当、勤健体、乐学习、会欣赏的育人目标，开展多样活动，提高活动育人的质量。

三、建设"多元、开放、融合"的课程文化

（一）课程的设置

学校以"多元、开放、融合"的课程文化为定位，构建了三个维度、四个领域的"智和课程"体系，"启智明和"基础课程，培养学生基础能力；"增智促和"拓展课程，提升能力，可持续发展；"通智达和"综合课程，发展学生潜能，个性发展。四个领域是人文与传承、科技与创新、健康与生活、艺术与审美。

（二）课程的实践与探索

1.整体构建阅读课程，增加学生生命的厚度

学校的核心价值"明德启智　同心尚和"，目的之一就是让学生乐于学习，热爱读书。学校采用整体构建阅读课程："40+5×20"晨起经典阅读、"5+1"每周班级共读、语文学科实践活动课程。在持续不断的阅读过程中，养成阅读习惯，提高阅读兴趣，培养阅读能力。

2.开展国博实践特色课程

学校发挥博物馆在学校课程教育、综合实践活动、研究性学习的作用，博物馆资源与学校教育教学有机结合的理念，让学生走进博物馆，更好地了解国情、民情，增进学生对中华民族优秀文化的切身感受，培养学生的社会责任感、创新精神和实践能力。

3.把握学生成长的关键时期开设专项课程

课程设置要为学生认知特点和身心发展规律服务，才能满足学生发展的需要。在学生成长的关键年级开设专项课程是我校课程设置的基本原则。比如：幼儿园大班的"适应课程"、一年级的"入学课程"、六年级的"毕业课程"。

四、建设"有效、互助、和谐"的课堂文化

学校通过打造"四乐"课堂文化，来构建符合学生发展实际又体现学校理念的"有效、互助、和谐"生态课堂，总目标是"四个乐于、一个相信、两个提高"：课堂上学生乐于读书、乐于发言、乐于质疑、乐于合作；教师要相信每一个孩子内在的潜力，给每个孩子创造一个自主探究、动手实践、合作交流的时间和空间；提高孩子的思维、提高学生独立学习的能力，促进每个学生得到不同的发展，教师教得轻松，学生学得快乐。从以下三方面进行实践与探索。

（一）重构教学内容，使教学基于学生的发展特点

基于学生的发展特点，立足语文学科的本质，着眼整个单元的内容，以课标为基点，重构语文课堂设置，整体预习课、"1+1精读课""1+1略读课"、读写结合课、整体回归课、拓展阅读课。每种课型基于阅读，在课本的基础上再进行提炼阅读、拓展阅读、应用阅读。我们尝试研究了"一课带一整本""一课带一作家""一课带一主题""一课带一系列"的学习策略，实现了由课内到课外的立体阅读，语文教研组在研究基础上，总结了前置性阅读，关联式阅读，引领性阅读，兴趣性阅读，延伸性阅读，启发性阅读，递进性阅读等方式。

阅读与语文课程建设相结合，大量阅读内容的增加，让学生增加了知识，开阔了视野，发展了思维，提高了学生的文化品位，激发了学生创造潜能，提升了学生的综合素质。

（二）系统梳理，教师全面掌握课标教材

提高课堂质量，就要站在学生全面发展的角度研究课标、研究教材。我校教师以梳理课标和教材体系为抓手，全面提高课堂质量。目前，语文教研组通过全面学习课标，围绕课标中的每一个内容点进行了一至六年级的纵向梳理，使教师在备课中特别明确要完成的目标；体育组围绕课标的训练内容，梳理出了一至六年级每一节课的游戏训练内容，做到了堂堂有游戏，游戏内容循序渐进。围绕教材，教师纵向梳理知识之间的联系，将独立的内容串成链条，达到知识的融会贯通。

（三）以评促导，促进师生共同成长

学校以"智和"文化为魂，以"评价"为手段促使教师在课堂中自觉践行"四乐"文化，促进师生共同成长。先后修改了两项评价标准，一是智和教研组评价标

准，实现"个人成绩与组内成绩融合""课程与课堂融合""实施与管理融合""教研与反馈融合"的四融合评价体系；一是修改了课堂教学评价标准，将"四乐"课堂文化纳入评价项目，并在各教研组讨论的基础上，制定出相应的评价要点。对"四乐"课堂文化的评价占总成绩的75%，充分利用评价功能引领教师在课堂教学中有效落实"四乐"文化。

五、"智和"文化建设成效

几年来，学生变得阳光、自信、努力、更有荣誉感。在市区级比赛中小有名次，参加了北京市"阅读工程"课本剧展演，赴南京开展研学活动，六一班自主召开《厉害了，我的班》汇报演出，得到家长一致好评。

几年来，我们的老师们积极、友善、谦和、刻苦、努力，工作中协作互助、讲奉献，顾大局。这学期，在全国创新杯课堂教学比赛三人获得一等奖，我校小学和幼儿园在区级三杯评优三次获得优秀组织奖，学校两次被评为书香校园。

在"智和"文化的浸润下，学校整体发展态势良好，但也存在着不足，恳请大家提出宝贵意见！

➡ 李烈校长点评：

军庄中心小学的文化建设给了我深刻的印象，感觉很温暖。我感动于他们的管理文化，尤其其中谈到的心中有爱。这个话不是口号，是在踏踏实实、认认真真地践行，有不少很具体的做法，这些具体的做法成了学校管理一种常态的机制。可以想象，一个老师在这样的团队中，在这样的文化氛围中，无论是生病还是家里有事，或是有大事都能够及时地第一时间得到以校长为首的领导的关照和安慰，会有一种发自内心的归属感，会把学校当家。人的特点就是这样，人类是一个群聚的特殊物种，太多的行为是受情感支配的。所以当我们的老师作为一个活生生的人，有着丰富情感、多种需求的、立体的人，他自身能感受到人与人之间的关系。这样的一种爱，自然的、发自内心的、在特殊时候刻骨铭心的、体会到的那不仅仅是教师自身的动力、自身的智慧，它会迸发、会迁移到其他老师和孩子、人和人之间，所以这一点我是深刻感受到的。由此，也就造就了军庄中心小学这支有精气神，有干劲，积极奋进的教师队伍。

学生表演

军庄中心小学的课程文化非常丰富、丰厚。既充分利用本土资源，又迎合学生们需求。另外在整个课程文化中，为学生搭建了丰富的平台、展台、讲台、舞台。孩子参与的项目多，表演机会也多。如舞台戏剧《兵马俑》，孩子的表演自信且大气，表演脱离了稚嫩，像模像样。当然，这只是最浅层次的表演技术，但对孩子来讲，表演的艺术背后深刻的东西是体验，是学习，是感悟，是成长！尤其是成长中的自信和兴趣。

以此为例，我们可以感受到军庄中心小学的课程，为了孩子们搭建的平台非常多，甚至有些平台是有一定高度的。其实军庄中心小学总共才三百多人，三百多孩子能有如此水平的呈现，我们就可以想象，这中间有多少平台，有多少展台。所以这都是课程的一种呈现，也是课程的效果。如果这所学校三千多人出这样的节目我不奇怪，因为那么多孩子选一个喜欢的戏剧，然后经过训练，层次当然不一样。但是军庄中心小学只有二百多幼儿园的孩子，三百多小学的孩子，合起来才五百多。这样的一所学校，这样的一个水平，可以看到，现象背后很多观点、理念在扎扎实实地，按部就班地实践。所以这一点感受也特别地深刻。

军庄中心小学的智和文化，张秀明校长突出讲的是四个文化：管理文化、课程文化、环境文化和行为文化。这四个方面，对学校而言，方方面面都涉及了。其实，围绕学校核心理念以及学校发展的目标，重点打造几个即可，不一定非要很具体很全。不妨突出提出课堂文化，纳入课程文化也可。对校长而言，更多追求实践和真正体现理念，就足以。

除了这三点突出的体会之外，我再提两点希望：

第一，课堂文化。将课堂文化从课程文化里单拿出来，表示对课程得尤其重视，我很赞同这个观点。课堂文化体现于三点，多元开放、有效、互动互信。其中有一个比较系统的说法，文中提到的"一个……，两个……"，对于"两个提高"，我个人比较关注，一个是思维的提高，一个是孩子独立学习能力的提高。以此延伸到这节课。王老师往台上一站。给人很舒服的感觉，很谦和，像老师。另外这节课的设计有几点非常突出。第一个，王老师从孩子身边熟悉的生活进行情景导入。第二个，王老师非常注重间隔数和棵之间，也就是点和段之间的对比关系。第三个，王老师注重调整孩子在学习过程中错误资源的利用。所以这样的情景，提出这样的问题，孩子的表现很踊跃，非常真实。感觉到孩子非常安全地敢于表达自己的观点。老师在讲课过程中不局促，不紧张，很安全，很自然。有个男孩子把自己的观点讲出来，即使是错的，孩子们很自然地发出一些感叹声。我可以想象得到老师和同学们之间的关系，可以折射出平时的课堂氛围，一定也是安全的、民主的。孩子才会有这样自然状态的呈现。当孩子出现问题、出现错误时，老师不着急，不慌不忙地让孩子去发表意见，去质疑，大胆地互动，交换意见。这样的和谐互助体现得非常突出。

如果从有效的角度来讲，这节课应该掌握的目标，孩子们也都掌握了。所以"有效"是达成的。但是我要提的建议是课堂文化中的三个词，可能要有进一步的思考：如何更充满现代的意识，现代理念的应用。再具体说到这节课，如果三维目标的定位都有了，包括知识上位的思想也有了，即——对应，一段一个间隔，这样的思想也渗透了，最后很直观地发现，最后的端点上没有对应的线段，所以知识上位的数学思想也体现了，如果在设计教案时就定在这，可以说这节课该体现的都体现了。

但这些定位够不够，高度够不够。也就是如何在一节课上凸显对孩子未来的、学科品质的培养、渗透。在这一点上，真正能够体现孩子独立学习的能力，孩子思维能力的培养。在这节课上，课堂文化三个词当中没有这方面的表述。"有效"，可以把这些放到有效里去解读，但"有效"这个词本身缺少一些现代感，缺少高度、深度，所以能在三个词当中，把真正通过课堂学习、学科的素养，尤其学科素养突出体现在我们培养的孩子是为未来服务的话，可能还会出现另外一个词。到底要用什么样的词，怎么表述，可以去思考。所以，我认为这三个词不足以表达我们今天的课堂，更现代、更前卫、更面对孩子的未来而要追求的价值。在这一点上不太够。

拿这节课来讲，如果换成另外一种设计，有一个真实的情景，校园里某一条路，在这条路周边，我们要栽树。要怎么栽？栽多少棵？把真实情境中的问题抛出来，让孩子们去独立地设计，设计之后小组再交流。全班交流之后，一定会出现多种方式方法。可能会出现多少段，就会有多少棵；可能还出现在一排；可能还会有的是在两排，在两排就乘以2；可能有的设计成绕着圈儿栽，各种可能都会设计出来。出来的方案多，方法多，孩子的思考角度就多，价值就大，这个过程中就会出现这样那样的问题。可能对植树问题的规律来讲，恰恰是这节课的症结，是孩子想不到的。没关系，因为孩子做方案的时候可以用点对图的方式画出来，然后就会发现有问题，可能都是在一边栽，或者是两边栽。为什么孩子解决问题能力的方法上、结论上有差距，逐渐地由复杂到简单化，逐渐地化归的思想就出来了。非常现实地要面临的解决的问题。如何用我们已有的知识来解决，如何把一个现实中的有多种因素的复杂的问题，逐渐地把它转化成一个相对规范的问题。这个过程恰恰是提高孩子的思维、孩子的独立、孩子的解决问题的能力。这其中不仅有一一对应思想，还有划归思想、转化归结。复杂转化为简单的，新的问题转化成已学知识能解决的问题。在这样一个过程中，刚才说的两个提高就能实践。但是我们设计的时候没有这个高度，没有大胆地放手，我们提到的这些提高就会有局限性。在这个交流的基础上，然后再突出为什么结论不一样。为什么有的会多一棵，有的会少一棵，然后再像今天课堂上特别直观地运用图进行对比。你说一棵树上面这个点，点与段之间的间隔数前面是有一一对应，但不对应两端都在，所以有一段儿有一棵，从头开始，一个点，一个段，最后发现多一个点。非常直观地把一一对应的思想展示出来，作为植树问题中规范问题的解决方法就找到了。

另外，在这个复杂问题解决过程中，孩子可以慢慢地提高尝试解决问题的能力。不一定非得给20米、100米、400米。可是给他那条路就很长，怎么解决？如果给他400米，五米一点，让他画得画多少个？于是就出现另外一种思考：我们拿20米来研究，20米的规律和400米的规律是一样的，要用这样解决问题的话，这其中的含金量，是孩子真正的思维力。孩子真正的独立解决问题的能力就在其中培养。当然，如果这么上的话，我必须对王老师讲，我们思考一下，不是哪一节课都是完整的课，面面俱到的。我们就是要突破，要尝试。

第二个建议其实跟这节课也有关系，不仅仅是在课堂上。延伸拓展起来说，真正以学生为主体，还是要给孩子平台、空间更大一点。包括校园的文化，楼道的布置，咱们学校是非常用心，非常有特色的。但是，当有一个东西走到极致的时候，可能就会带出另外一个问题：总体感觉太满了，而且基本上固定的东西多。要适当地留白，否则太满的感觉就会缺少自由的空间。因为环境对人的心理和思想熏陶，是非常有价值的，所以再留一点白，让环境活起来。对一些孩子的作品，经常地更换，哪怕孩子作品就是一张纸贴在那里，没关系，今天是你的那一张，明天是我的这一张；今天是我现在的一张，以后换成我未来发展的一张。给孩子的展板，少一些固定、装裱。若不能换动，就可惜了；再设计，就又花一笔钱。所以，这个也需要更突出的，可以实践的。无论是课堂还是活动，还是环境，多一点留白，多一点孩子的作品，经常更换，让墙面活起来！

感悟：

秀明校长是位很用心思，善于学习借鉴的睿智的校长。用她的情商、灵商带动队伍建设，真正做到了"目中有人，心中有爱"。大胆采取开放式办学，国博系列课程、语文主题单元教学、曲棍球及足球运动搞得有声有色。"学校如何发展？我要做什么？"又体现了一个管理者的教育情怀，不简单，不容易！回校后，我又反复思考了李烈校长的两点建议，关于校园文化建设不要过满，要留白，要多展示孩子的作品，特别是多布置一些师生共同创作而且不用花钱做到的理念展示。对于课堂文化的打造，如何融入现代理念对孩子未来品质的培养？值得我们深思。李校长针对植树问题这节课，谈到作为五年级孩子的老师应该培养孩子什么思维品质，需要我们在日常教研中，根据孩子的认知水平增加厚度与深度，真正启迪孩子探索规律，培养比较、归纳、转化的数学思想。

宋茂盛

感受一：第一次走进军庄中心小学，感受到了在秀明校长提出的"智和"教育理念的引领下，安安静静办教育、扎扎实实抓习惯的良好教育氛围，很多教育策略的运用中蕴含着深刻的教育之道，我会抽时间继续学习领会。

感受二：每一次的抢麦发言让人好像回到学生时代，在课堂上争先发言的感觉，大家在智慧的交流碰撞中得到了提升。课堂结束时，李校长就像给我们上课的老师一样，首先对我们每一个人的观点表示肯定，然后高屋建瓴地给予指导，让我们受益匪浅……所以，说过多少遍的感激的话今天还要说：感谢李校长，遇到您真的是我的幸运！感谢白主任及教委领导，建立李校长工作室，真的是高瞻远瞩！感谢秘书长，抢麦发言的举措让人有一种一吐为快的感觉！

杜瑞敏

很荣幸在李烈校长的带领下，走进军庄中心小学进行学习。聆听了一节数学课，被教师与学生和谐的师生关系所打动，感受到王老师时时处处关注于学生的习惯养成，感动于学校干部、教师的教学行为都在为学生成长服务着。有幸聆听张校长的"探索智和教育，提升学校育人品质"的文化理念阐释和探索汇报，主干明确，层次清晰的解读使我对"智和"二字有了深刻的认识和理解。张校长像讲故事一样，举出那么多鲜活的事例，她娓娓道来，饱含深情，可以感受到校长在军小的付出与收获。我们知道，一所学校的特色或者"个性"表现为其差异性的办学理念并进而形成的独特文化氛围，我感觉军庄中心小学做到了。作为一名教学管理者，被张校长的爱校之情和人文关怀感动着，也让我明白了做一名管理者如何从"人"出发，以"人"为本，开展工作。学习仍在进行，今后的学习目标更加明确，结合实际不断反思……

白立荣

走进军庄中心小学，是又一次学习和跟岗培训，收获多多。感受一：张校长在军庄中心小学的几年，从学校的硬件改变、管理规范细致、教师队伍培养、课程建设、课堂以生为本、扎实养成教育等方面做了许多工作，形成了独具特色的军庄中心小学校园文化，反射的是张校的管理智慧、管理理念的落地。从"三必访"看到张校长的目中有人，人文管理。感受二：张校怀着深深的教育情怀，让每一位教师感受到家的文化，一种职业的归属感，充满了亲情。感受三：今天呈现的是张校办学这几年的精华缩影，背后是一支团结睿智的管理团队，一支不断追求有活力的教师队伍，一群朝气蓬勃的学生。祝愿军庄中心小学在张校长的引领下，在教师的不懈努力下越办越好。思考一：正如宋校所说，作为一所学校的管理者，我要做些什么？我能做些什么？思考二：我们的课堂要给学生什么？能给学生什么？怎么给学生？

安知博

今天走进军庄中心小学，学而有思，不虚此行！从课堂上，看到教师在努力践行：勇敢地退，适时地进。看到学生积极学习的状态：良好的习惯、生与生的互动、主动的质疑。看到课堂的样态：师生关系融洽，学习研究氛围浓厚。透过课堂师生表现，深深感受到了学校提倡的教师观和学生观，学校在课堂教学研究与学科育人上的精细化管理！从秀明校长娓娓道来中，看到了学校的巨变，看到了办学的理行合一。校园里的角落无不彰显校长的办学思想。每个小故事背后充分体现着校长目中有人、心中有爱的风范。每一个教育行为都打上了"智和"文化的烙印。透过汇报，深深感受到秀明校长专心致志做教育的情怀与坚韧不拔做教育的品格！从李校长的点评指导中，反思有三：一是在课堂教学上，我们的教师还总是不能做到勇敢地退。从学生为本的高度需要反思，从管理的角度需要反思，从研究的纬度需要反思；二是在育人方面，我们还不能着眼于学生的长远发展考虑。学校有责任高站位引领教师，着眼于学生未来可持续发展，反思我们到底培养什么样的人；三是在校园文化建设过程中，我们也在努力体现学校的文化，与之对接，需要我们再深入反思，校园文化建设为了谁？凸显谁？给谁看？

任全霞

感受——感动，秀明校长是区里小学校长队伍中最年轻的一个，但充满教育的大情怀和大能量，在主持军庄中心小学工作的五年里，带来的是学校翻天覆地的大变化。一是抓硬件建设，小学主楼50多天的翻建，幼儿园分园的新建，创造的是奇迹，彰显的是智慧，挑战的是能力，硬件的建设为学校的发展和师生的成长提供了强有力的保障；二是抓内涵发展，构建了清晰的系统的"智和"文化体系，特别是课程文化很有特色，行为文化注重学生习惯养成和培养，课堂文化着重发力以研究为路径，设定总目标，重构教学内容，进行课堂设置，系统梳理教材，以评促导也很有成效。学校呈现出勃勃的生机，师生在智和文化的滋养下幸福地成长。思考——共勉：1.结合地域特点和资源形成特色课程；2.落实导师李烈校长指出的课堂文化特色要准确界定，回应新时代的新要求，要进一步转变老师们的观念，在生态课堂建设上下真功夫，提高课堂的开放度、深度、广度、厚度，让学生有更大的发展和更多的成长。

谭峰

与秀明校长同时赴任，所面临的情况也是感同身受。五年的艰辛造就了今天精美和谐的军庄中心小学。学校的环境优美典雅，处处赏心悦目，角角落落彰显文化品位；学校的管理由心而发，理念好，落实得更好，提升了教师的幸福指数；学校的课程架构清晰，能紧紧立足地域资源，能放眼校外，在继承传统的基础上面向现代面向未来，尤其是"国博+"学校课程让我很受启发；学校的科研落实的深，落实的细，干部、老师都在研究状态下工作，科研成果显著，教师多才多艺；学校的课堂很是能显出教师在勇敢地退与适时地进，学生的手势、师生的融洽能彰显出生态课堂的核心要义，学校注重学生习惯与能力的培养，三字经式的短语对培养学生的学习和生活等行为简洁、明了、有效。思考：36.4%的借读生对构建多地域的课程融合有着优势；中小学同院办学对课程、习惯、能力的持续性有着优势。

赵建华

翻捡十几年来对军庄中心小学的回忆与了解，品味学校今天变化与成就，体验学校从内而外散发的高雅与端庄，也就感慨了秀明校长在继承的基础上以创新的精神让学校、教师、学生的实惠获得。

近两年参加过几次军庄中心小学的现场会、研讨会，也就不再惊奇于学校的今天与昨天。作为教育的有心人与有情人，秀明曾经从军庄中心小学走了出去，又从外面走了回来。这一去一回，让她的胸襟与眼界，让她的智慧与担当与军庄中心小学的教育实践有了完美的结合。由此，我又感慨于区教委在促进干部成长，推动教育发展中的睿智与独到。

李烈校长今天精彩的点评和两点建议既是为军庄中心小学，也是为工作室成员所在校的深度发展、后续发展把的脉，开的处方。导师的独特视角和见解总让人耳目一新、精神一振。愿今后：

军庄中心小学更好，我们也会更好！秀明校长更好，我们也会更好！

田俊晓

领导讲话：（北京市门头沟区教育委员会副主任　白丰莲）

时隔不到一个月，李校长第二次走进我们门头沟区的学校进行现场指导，让我们感受到李校长对门头沟工作室的厚爱。借此我来谈两点感受。

军庄小学从办学理念、课程的构建、队伍的建设和学生培养等方面在不断地发展和成熟，背后凝聚了所有领导班子同志和老师的心血，这样一所规模的学校，取得的成绩是非常令人振奋的，这是第一点。

第二点，通过今天的课堂和师生的展演，我们看到了学生的变化，孩子们在课堂上努力学习、研究、合作、质疑，变得越来越自信。

最后，我想谈三点希望：

第一，要坚持立德树人，培养德智体美劳全面发展的人才。

第二，关注生态课堂，让我们的办学理念、办学行为落实在课堂上，落实到孩子身上。刚刚李校长对我们的课堂教学提出了特别具体的指导，应该令在场每个同事都非常受益。

第三，精细化管理。希望我们每一所学校都能够依托办学管理标准化工作，从而促进学校内涵式发展。

执两用中

——走进北京八中京西附属小学

汇报：

创新学校管理机制，提升师生实际获得

刘亚丽

一、学校基本情况

北京八中京西附属小学，2015年9月开始办学，占地面积43亩。未来拥有48个教学班，可容纳1920名学生。目前，有一至四年级21个教学班，787名学生。

教职工52人，行政后勤10人，主要由原来的圈门小学和西辛房小学合并而来，圈门小学8人，西辛房小学2人。

一线教师42人。28人来自近四年招聘的新教师，占一线教师66.7%；原圈门小学4人、西辛房小学3人、本区调入6人、海淀区调入1人，占比分别为9.5%、7.1%、14.3%和2.4%。一线教师17人为硕士研究生，占40.5%；区级骨干教师、班主任5人，占11.9%，党员19人，占45.2%。

二、在继承中发展，确立学校文化理念体系

学校继承北京八中"着眼于未来，着力于素质"的办学思想，确定了文化理念体系。以"学贯中西博古今，闻达内外雅未来"为核心价值观，以"博识全课程，雅心育全人"为办学理念，确定了"文化立校、科技兴校、研究助校、人才强校、资源富校"为发展思路，打造"师德高尚、一专多能"的复合型教师队伍，培养"具有中国灵魂世界眼光的博雅学子"，建"市区一流学术区"，创"博雅文化"教育品牌。

培养"师德高尚、一专多能"的复合型教师队伍，是学校近几年人才强校的核心任务。"一专"：指教师任教国家基础性课程教学技能突出，教学成绩优秀。"多能"：一是在班级管理上有方法、有效果；二是有课程开发、课题研究的能力；三是走班课程管理能与外界和谐沟通。

三、在借鉴中创新，推进民主化科学管理

为适应规模化、高品质办学需要，学校依据人员结构和班级每年迅速扩增的现实，借鉴并创新了北京八中"年级主体制"与"项目管理模式"，持续推进"管理中心下移、领导工作下沉、权利范围下放的高站位、低重心、稳落实"的民主化科学管理，提高工作质量与效率，提升师生实际获得。

（一）由"班组团"到"年级主体制"，打造创新型管理团队

2015年9月，学校28名教职员工，一年级3个班95名学生。实行以班主任为班组长，班级4名任课教师为成员的"班组团"管理模式。班组长与班组成员分工协作，共同推进班级建设。在一年级入学课程、家校协同读书工程等方面，取得了良好成效。教师的工作热情、管理意识与能力明显增强，成功孵化了近10名班主任，2名区级骨干班主任应运而生。为实施"年级主体制"打下了良好的基础。

2016年9月，"班组团"升级为"年级主体制"。由中层干部任年级主任，统筹管理年级全面工作。两个年级7个班，学生增加到240人，各项工作落实扎实、有效。老师们的全局意识、协作意识及组织管理能力大幅度提升，形成了年级的责任文化，为学校规模化办学做好了各类管理人才的储备。

2017年9月，学校增至13个班，中层干部转为年级联系主任。年级主任由各年级教师自主申报，述职推选，主持年级全面工作。目前，年级主体制管理日趋完善，各年级主任能独当一面，已然成为年级的"小校长"。尽管学校有52名教职工，21个教学班，学生增加到787人，但各个年级的教育教学日常工作做得井井有条，得到了家长的认可。

从"班组团"走向"年级主体制"近4年的管理机制探索，形成了自我"造血"的人才培养模式，培养了与时俱进的创新型年级管理团队。

（二）推行项目管理制，聚焦核心、务本求实提质量

1.项目组实践研究，聚焦核心提品质

学校依据"一中心二主题三层级四领域"博雅课程体系中的"人文与社会""艺术与审美""科学与技术""运动与健康"四个课程领域，分别成立了实践研究项目组。每个项目组设项目主管领导和项目负责人，采取"项目计划抓落实—实践研究课程化—系列展示综合化—反思提升经验化"四步法推进工作，提升育人品质，成就师

生发展。

（1）"人文与社会"项目组

阅读与环境文化一体化推进。学校打破楼梯、楼道、教室边界，让墙壁成为学生阅读的输出平台。四个楼梯间历史、艺术、文学与科技的中外名人比对，激发学生对名人寻根问源的探索阅读，贯中西、博古今。食堂、班级、年级设有共享书屋，随时登记借阅，让学生时时处处以书为伴。个性化课程，形成了自己的阅读书单，进行个性化探究阅读。

阅读与研学课程深度融合。2018年开展了三次主题研学活动。4月"钱学森研学"初体验；5月"豫见华夏，寻根中原"河南研学深度行；6月"中国影视大乐园"研学，精彩连连。7月份，学校面向区课程共同体介绍了"阅行思"研学实践与反思，得到领导、专家的认可与进一步指导。自此，"阅行思"研学模式广泛应用于各类阅读与实践活动。一年级阅读《故宫里的大怪兽》，在家委会协调下，走进故宫实践探究；二年级阅读《青鸟》后，正在策划年级戏剧；三年级阅读《钱学森》正准备走进钱学森纪念馆；四年级阅读《水浒传》，学科整合性展示也在进行中。

阅读成果引领阅读行为。学生在阅读过程中，不断积累、输出。创作了"故事绘"一套3册、"中草药绘本"一套6册、"传统节日画册"一套6册，并且在"小圭璋"中国原创绘本插画展活动中，进行了全面阅读与展示。"阅读内容画出来、讲出来、演出来"的做法遍布校园每一个角落，进一步激发起全校同学的阅读与创作热情。

（2）"科学与技术"项目组

依据学校《科技教育三年发展规划》，在课程设置上，基础性科学课每周两节连排，个性与拓展科学课程每周至少一小时走班选学，诸如航模、机器人、STEAM、科学特种兵、天文、力翰科学、比特实验、星际航行、科学创想、小院士培养等课程，促进学生全面与个性发展。

三年级的李瑞琰同学，性格内向、不善言谈。在备战北京市金鹏科技论坛答辩的过程中，自行设计的"智能飞机库"，经历"同学质疑、即时解答"的头脑风暴，经过专家的质询与指导，不但他完善了作品，获得北京市金鹏科技论坛一等奖，更重要的是他在这个过程中信心倍增，语言表达自然流畅。

三年级的张芃然同学，一直在"比特实验"课程班学习。刚入学识字零基础，对科学探索的浓厚兴趣，助推他为了弄清不懂的问题，努力阅读科技类书籍，不但识字量倍增，而且发明创作的"心灵桥"还获得市科技创新大赛一等奖，各科学习成绩不断提升。

学生在课堂学习、活动实践和各类比赛中，创新思维得到激发，发现问题，设计方案，演示演讲能力有了不同层次的提升。学校在区级科技示范校的基础上，正行进在市级科技示范校、金鹏科技分团的路上。

（3）"艺术与审美"项目组

每年精心组织开展"秀美书画节""歌咏器乐节"活动。尤其是书画组，加强常态课研究，扎实学生书画基础，以"贝贝美术工作室"为引领，与校园文化建设深度融合，积极营造"博雅书画院"氛围。孩子们的书画作品充满各层楼道，根据不同时期的主题不间断更换新内容。年级为十几个同学举办了个人书画展，始终吸引师生及家长驻足观看，成为校园一道靓丽风景线。

学校开设的"葫芦丝"与"古筝"课，采取两节连排的形式学习，音乐组一边扎实进行课堂教学实践研究，一边组建民乐团，努力做好"普及+提高"。在区"器乐节"比赛中，虽然只获得了二等奖，但对于三、四年级的孩子来说，已是难能可贵。去年10月份，古筝乐团的孩子们登上了中山音乐堂，以新民乐的形式奏响了最动听的音乐华章，古筝乐团这朵稚嫩的花朵正在悄然绽放。

（4）"运动与健康"项目组

每年积极开展"快乐体育节"，每月开展体质健康赛，每周两次多彩体育自选课程，每天体育锻炼一小时扎实落位，助力学生发展运动特长，呈现了"八小学子能文能武"个性发展势态。

2017年，学校依托"小足球踢起来"项目，开展全员足球活动，在2018年门头沟区足球比赛中，获得乙组第三名。今年，获得区级乙组冠军。

学校还积极承办市区各项竞赛活动，北京市花样跳绳比赛，门头沟区象棋比赛以及区冬运会比赛，区小足球比赛，让师生开阔眼界。全员体育，全员健身的浓厚氛围，让学校自然而然成为区级足球特色校、体育人才培养基地。

2.教科研一体化，务本求实提质量

目前，学校市区立项课题25项。立项课题人数占全体教职工的48.1%。学校采取"围绕核心、重点引领、融合推进"的方式，在"北京市遨游计划"项目统领下，对所有课题、项目进行一体化管理与实践研究。

2017年，学校召开了"提升课程建设品质遨游实验校区级研讨会"，同年10月，召开了"中华优秀传统文化教育实施路径的探索与实践"区级研讨会，得到专家和领导的认可。学校课程成果也屡屡获奖，薛凤仙老师代表我区参加了市教科院组织的成果交流；"昆虫组合"课程团队参加了全国绘本现场会"课程开发心路历程"的畅谈；《主题实践课程的开发与实施》一文编入北京市干训教材。老师们研发的176学时的三级课程电子学材，更是极大丰富了学习资源。

3."五慧"课堂评价，扎实落实生态课堂建设

在推进以"五慧"评价引领学生多感官、全身心参与学习的全过程中，注重备课预设"五慧"评价；注重课堂上贯穿"五慧"评价；注重与手拉手学校同课异构，在比较中深化"五慧"课堂评价；注重课堂听课中突出"五慧"评价（通过"乐评课"软件对接课堂评价表，老师们熟练在手机终端上评课）。随着研究的深入，"五慧"生态课堂会更具活力与实效。

项目式管理，不仅提升了教师的研究意识与能力，更促进了教师的专业成长与多能发展。

四、评价激励制，有效促进教师快速成长

学校出台《八小教学工作手册》，明确"备、讲、批、辅、调、评、研、习"等教学常规要求和考评标准，引领广大教师扎实常态工作。近四年来，青年教师快速成长，共有60多人次承担市区级研究课。北京市两届启航杯比赛，5名教师获市一等奖。学校创新实行"双骨干评选管理制"，任课教师既可以参评基础性课程骨干，也可以同时成为个性化课程骨干，进一步激发了老师们自觉钻研业务、自主发展的激情，有力推动了"一专多能"复合型教师队伍建设，教学质量也稳步提升。

"小树初长成，生机盎然，正是根深叶茂时"，八中京西附小这所新建校，虽然年轻，在办学实践中也还有很多地方不够完善，但却充满生机与活力，正在向着区域一流学术区的目标迈进。

➲ 李烈校长点评：

首先，我认为李慧超教师的个人素质特别好，无论是教态、亲和力、语言，还是与学生的心理距离，都把握得非常好！后生可畏，前途无量。

其次，李慧超老师做到了目中有人，尊重学生。这堂课处处体现出了李老师对学生的尊重，无论是问题的设计、操作的环节，还有对学生问题的追问，包括让孩子独立去尝试时，给予的时间，都充分体现了学生的主体地位，这就是老师对学生的一种真正的尊重。

李烈校长课堂点评、讲解

第三，这节课内容设计与实施，层次清晰，重点突出，教学效果非常不错。尤其是突出了"鸡兔同笼"问题要培养学生数学思维方法与数学学科素养的上位思想。不是落在具体的解法上，而是更加注重思考与建模，更加注重问题解决的多样性。在问题解决的过程中，大部分时间用在过程上，让学生去理解，去假设，既超越了知识的本身，聚焦于数学的思维方法，又通过过程的关注，提升了孩子的数学建模能力。对于刚入职一年的新教师，能够把这节课落实下来，非常不容易。

接下来我们共同探讨一下"鸡兔同笼"问题值得研究和思考的东西是什么？李慧超老师在这节课中运用了列表、画图、列式三种方法解决问题，这三种方法之间是什么关系？列表方法容易但太麻烦，列式的方法简单但又太抽象，不好理解，相比之下，李老师觉得画图的方法比较好。

其实我个人认为画图恰恰没必要，为什么呢？首先，四年级的孩子不是低年级的孩子，从孩子的年龄特点来讲，画图不教都会，有些过于简单。列表，也就是枚举法，一个一个列出来去寻找规律相对来说比较可取。我们遇到问题最习惯采取的方法就是枚举法，这是所有人都可以上手的方法。枚举法应该是让学生掌握的普遍适用的解决问题的方法。

在枚举的过程中，渗透的是假设的思维方式。上课伊始，可以直接进入课题，解决问题的方法不是三种方法并列，而是应该侧重于枚举法。列表和列式是什么关系？都是假设，只不过是形式不同，但它们是相通的。世界上很多事物都有不同之处，而我们要找的是它们之间的相通之处，更重要的是能找到事物之间的联系。枚举法从小数字开始，一步步举例，到大数字就开始跳着举例去发现其中的规律。多一只兔子，就少两只脚，举例的过程中就有思考，多少只鸡换成多少只兔子？

可以说枚举法是最基本、最普遍的方法，人人都应该会的。用枚举法发现规律，举例子，道理懂了，算式也就顺其自然地出现了，孩子的理解是有基础的，就能明白列式与列表之间的关系，否则孩子就是死记硬背。所以我认为这节课的授课重点是枚举法，这样这节课就特别完整。枚举法是非常具体直观的方法，从枚举到列式，就是实现从直观到抽象，这就做到了结合数学思维本质和孩子思维特点来挖掘这节课。

执两用中

头一次走进八中京西附小（以下简称"八小"），有几点特别突出的感受，有厚度，也有热度。

厚度的表现是全方位的，同时也表现在单位时间内效益高。全方位即在很短的时间里取得了丰硕的成果。无论是在学校的管理机制、德育课题，还是在八礼四仪行为习惯养成教育等方面，那么短的时间，成果是非常全面而丰满的。从时间成本效率角度讲，在不到四年的时间，有如此全方位丰满的成果，很了不得，有厚度。

有热度，充分体现于校长目中有人。在教师管理机制方面，突出的是"三下"，即管理重心下移，工作下沉，权力下放。校长作为学校最高领导，高站位，低重心，稳落实。能够感受到，学校管理的特点是给予老师们广阔的平台，于是老师们的参与度变大，这可能是八小短时间内有如此丰厚成果的重要原因。不是以校长为主带着老师去做，而是搭建更多的平台，给老师们充足的自主权。老师们成为学校建设与发展、为学生服务的主体，创造出很多有价值的策略、方法，收获成果颇丰。在这一过程中，教师们有很多智慧创新的东西可以释放；在这一过程中，教师们一定也收获满满，收获成长、收获发展，同时也收获自身的生命价值，这是有温度的工程，目中有人，有教师群体。

另一个目中有人的维度是目中有学生。八小到处都有学生的展板，所有墙面，展板都是活的，可以随时更换，展示的东西都是学生的作品。学生可以借此进行深度参与，展开深度思考，展示的又有他的得意作品，这是真正为孩子搭建的平台，不是单一的展示，孩子参与之后收获的是满满的学习过程。孩子的成长是需要讲台、舞台、展台、擂台的，让学生充分参与。参与过程就是学习过程，不仅仅是获取知识，同时学生的长项、特点、天赋、收获等可以被强化。这个过程是全方位的成长与发展。因此，热度指的是目中有人，有老师，有学生，他们是主体，学校搭建平台，创造机会

| 学校管理中的道与术 |
——北京市门头沟区李烈校长工作室活动纪实

李烈校长聆听学生介绍

和条件，让师生去参与，去成长，去体验。

其次是稳落实。学校落地的东西多，做得很实。就行为习惯的培养讲，既有共性的东西，又有个性创新的东西，不是简单的一些词汇，而是扎扎实实、具体细致落地。学校充分利用各种适合儿童年龄特点的方式，如绘本、教材、活动、舞蹈等，以非常具体的措施让养成教育落地，落地就会产生效果。因此，我们在课堂看到，八小的孩子们都很大气，很自信，这是行为习惯养成落地的自然呈现。由此我也感受到，门头沟孩子气质涵养的变化，与城区中心的孩子没有差别，反而比有些城区学校的孩子更大气，更自然。随着区域经济的发展，区域对教育的重视，教育投入也逐渐加大，于是诞生了一支支专业的校长与教师队伍。在门头沟的小学我看到了一批优秀的校长和出色的学校，受到冲击的同时也很感动。

参观完八小，我提出一点建议，仅供讨论与参考，即"执两用中"。执起两端方知中间所在，"执"为掌握，"中"指客观规律，处理任何事情要掌握客观规律，即适度。中国传统文化中，传统生肖两两一对，猴鸡为一对，猴机智灵活，鸡守时恒定，定时打鸣，恒定与灵活在一起，暗喻要执中，既有原则又要灵活。

在八小我看到的不是问题，在此处我讲的"执两用中"是希望，希望学校的墙壁留白多一点，否则有压抑之感。古语道：满者损之机，天之道，极则满，盈则损。学校的管理机制的"三下"，重心下移，权力下放，工作下沉，使教师们有足够的平台，学生有丰富的活动，但此处也应适当留白。老师们的心气心力是有限的，静的时候要多一些。刘亚丽校长激励老师们鼓足干劲，到了一定时候，除了激励之外，更应考虑教师们的持续发展，从抓术放道，到抓道放术，道术并抓，通过术再悟道，再进一步激发术，创生术，这是学校阶段性任务完成后需要思考的东西。建议并不意味着学校现在就做，而是希望八小作为一所新建校，充分抓住契机实现快速发展后，要适当转换发展策略，"执两用中"，进而实现学校的可持续的、健康长足的发展！

100

感悟：（下文中"八小"为北京八中京西附属小学的简称）

记得李校长在一次会议上谈到了教育要有厚度、热度，并且还讲了长度、宽度、深度。我的理解是对教育真谛的追求应是无止境的，教育的魅力又是无穷的。要塌下心来扎扎实实做教育。既要与时俱进跟上时代的步伐，为新时代培养需要的人才，又要回归人的成长规律，循序渐进。回到学校以后，我一直在思考李校长的讲话，八中附小四年的办学经历以及呈现的效果与李校长的"厚度、热度"及"执两用中"的内在联系。八小许多成功的经验都值得我们借鉴学习，我们各个学校也都呈现了各美其美。那么，在厚度、热度的基础上，如何增加长度、宽度与深度，在办学的任何阶段都有留白？因此，我又回到了那两个特别熟悉的词"人""规律"，到底培养什么样的人？如何尊重人的成长规律？如何尊重人性的差异？值得我们大家时时反思，细细品味。从八小的四年工作经历的汇报当中，我们看到学校非常注重培养立体的人、完整的人；注重对孩子爱家乡、爱祖国、看世界的教育，体现了办学理念的落地。知博的课题是基于学校现状，700多名学生，一二年级近500人，大批的青年教师的加入，缺乏育人经验，生源层次的多元化，家长的素质参差不齐等问题提出来的。因此，对学生习惯的培养确实很有必要。建议，一是对"八礼四仪"要进一步完善举证，要做到既解决现实问题，也要着眼于对孩子六年乃至三十年的培养的策略；二是能够制定出"八礼四仪"的实施手册，把它作为一个研究成果固化下来。

宋茂盛

品味校长的成长故事，探索人才成长规律，也是激发自己成长的方法。4月25日，随李烈校长工作室再次走进八中京西附小。同每次来一样的感觉，又有新变化，又有新感叹，又有新震撼。

亚丽校长是个有故事的校长，她在用自己的生命孕育附小教育。印象中的她40岁当校长时，格外珍惜做校长的机会。以情和毅力把当时已经边缘化的"圈小"改造得生机勃勃。遗憾的是随着区域布局调整，"圈小"已经从门头沟区地图上消失了。

大概在四十七八岁的时候，她受命筹建附小。于是，两年的筹建、三年多的办校历程，由无到有，由有到强，生生地在白纸上绘出了一所令人惊艳的新学校，而且社会声誉这么好！在筹建学校的过程中，在学校的工地上，她经历了人生的唯一一次骨折。然而，即使在病床上，她也没有耽误对工程质量的监控。我觉得，她是把附小当成生命来孕育。

我们的教委实在是智慧，他有足够巧的方法催生干部快速成长。于是，亚丽校长在圈小和附小工作之间的一个小教科长经历，使得她能够从大处着眼，进行高起点的谋划；从小处着手，在细节上精雕细刻、深耕细作。于是门头沟的梧桐苑放飞出一只美丽的教育凤凰。

校长成功的本因是什么？我想，应该是人生追求、视角格局，还有经历吧。

是回到反思的第一句话的时候了：品味校长的成长故事，探索人才成长规律，也是激发自己成长的方法。

李烈校长实在是教育大家！当我还沉浸在对附小的痴迷、欣赏和感叹当中的时候，李校长已经对这所学校下一步的走向、可能的问题及发展策略进行了前瞻性的思考。这个思考被归因到儒家传统文化和哲学认知当中。于是，实践和理论的关节被打通了。执两用中，把握好度；满招损，谦受益；原则性与灵活性的统一等等从李校长的言谈中出来，更加有了生命感觉和温度。于是，茅塞顿开！我站在了一个更高的领域俯视教育和教育管理、俯视学校发展。

田俊晓

在八中附小的半日学习，受益匪浅。学校办学理念体系非常清晰，办学思路明晰。主要突出优势：一是民主科学管理落地有效。年级主体制的管理机制探索，既充分凸显了教师的主体作用，也培养了与时俱进的管理团队。项目管理制实践，既充分凸显了雅心育全人理念的扎实落地，也促进了复合型教师队伍的锤炼；二是教师学生发展效果显著。特色课程的开发设置、教育科研的推进、特色教室和育人环境的建设、五慧课堂评价、丰富的教育资源，多维度、广角度、全方位促进教师的发展和学生的成长。在学校科技兴校发展思路的引领下，小学生行为养成教育的策略研究，基于解决学校真问题，解决问题的顶层设计紧紧围绕学校培养目标，具体探索路径举措多，实实在在落地。建议：

学校提出创"博雅文化"教育品牌，可在品牌的创建与实践方面进一步总结梳理实践。

听李校长的点评，如醍醐灌顶，每每都有新的收获，触发自己对工作的反思，对作为管理者的反思，对生而为人的反思。深切感受到我们做教育，既要守住教育规律的底线，更要在万事万物的规律中去审视我们的教育，反思我们如何做教育。执两用中的观点，给了我们如何做教育的启示，还需好好琢磨，学以致用。

任全霞

跟岗学习一年多，一次又一次聆听着李校长的点评指导，聆听各位校长对各校办学的抢麦发言，对我个人而言是培训、是学习，也一步一步地提升了我一个中层干部对教育和办教育的理解和认识。

对比一年前工作室刚刚成立时李校长在大会上的精彩发言和如今结合每所学校实际李校长给出的具体点评，我深刻地感受到这位教育大家对教育有着这样独特、鲜明、深刻、广博的思考与认识……

八小半天的学习让我们耳目一新，李校长的点评有如雪中送炭，在八小最需营养之际给予营养，她提出的"执两用中""抓道放术"的教育思想及细致入微的解读，让我们深受启发，而我也不由得结合自己日常工作浮想开来……是啊！执起两端才能找到中间，才能把握好"适度"，才能依据规律使事情处理得适度。听李校的点评理解了抓术、抓个案、抓例子等进一步激发术，李校长每一句话包含着极深的道理，要想进步，必须牢记心里，仔细揣摩、实践、理解从而提升。

参加李校长工作室，越来越深刻地感受到学习使人进步。感恩人生有这么好的机会走进这个大家庭。今后工作理论要与实际联系，将听到的、感受到的都运用于自己工作中，不枉负领导的一片厚爱。

白立荣

感谢跟岗学习让我们走进身边的好学校——八中京西附小，我们虽然都同处新南城，但走进去，深入了解学习的机会还真不多。建校近四年的年轻学校用四年的时间成为学生喜欢、家长满意、社会认可和赞誉的优质校，成为门头沟教育的新名片，这让我们钦佩、欣喜，而探寻成功的办学实践经验，更是我们管理者该思考的。

思考一：好校长是成功办学的关键。深深的教育情怀，先进的办学思想，学校发展的规划能力，课程建构能力以及过人的胆识和干事的魄力，脚踏实地的实践精神都是好校长必备的素质，这些亚丽校长都具备。思考二：好团队是成功办学的保障。干部教师对办学思想的认同，以及工作中不折不扣的执行力是办学理念落地见效的关键。一群有责任心有理想有追求的干部教师团队，与学校发展同呼吸共命运，他们贡献自己的智慧，实现自己的价值，成就了学校，学校也成就了他们。思考三：管理机制、课程建设、教育教学研究是在学校工作中显得尤为重要。我们要因校制宜，因人而异，要学会用研究的路径解决自己的问题。感谢八中附小为我们提供鲜活的学习观摩的案例，然而收获最大的还是每次观摩学习同伴们的智慧碰撞和观点分享，特别是导师李烈校长的高位引领，总是一语点醒梦中人，让我们拨开云雾见天日，让我们学会发现，学会思考，学会更好地做管理。我们应该记住李烈校长的那些观点、那些教育哲学、那些金句：心中有爱，目中有人；适度就是最好的；关注教师的心智模式；把问题作为案例；学会讲故事；放大教师的优点；环境文化要留白；学会搭台，展台、讲台、舞台、平台；持经达变，守正出奇；执两用中；教育要有厚度、热度，要有广度、宽度和深度……愿这些教育观点、教育哲学能内化于心指引我们更好地进行教育实践。

很荣幸，李校长工作室第一次走进学员中层，就来到八中京西附小。这两天，一直在思考，作为一名见证八中京西附小成长的中层管理者，试图回答为什么八中京西附小在这短短四年不到的时间，取得了这些成绩，得到了社会的认可。

八中京西附小今天的发展，离不开每一位现在的，或已经调离、退休的教职员工的辛勤付出；离不开每一位学生的努力，在各种平台的精彩表现；离不开每一位家长对学校的信任，各项工作的支持、帮助；尤其离不开刘亚丽校长在学校方方面面倾注的心血。刘校长自觉的学习力影响着每一个八小人，教委的科长任职经历，执着的教育情怀，身上肩负的责任与使命，推动着只有学习，更新，不断思考与学校实际工作的对接。有了这些顶层的设计，才有学校一步一步地有序的发展。刘校长有效的指导力，理念有了，但谁来落实，依靠的是中层干部和一线教师；怎么落实，分层指导，中层在任务完成时要明白目标，为什么做这样的事，达到什么教育效果，实现的途径和策略，尤其是方案制定的具体化。落实教师的指导则在开阔视野、创新方法上，给予教师沟通、理解的基础上，以欣赏和鼓励的方式进行。刘校长扎实的践行力，对我们中层说得最多的工作要求就是抓好落实。每项工作，在关注结果的同时，更注重过程。还有就是谋划固然重要，但是一定要把事情和工作先做起来。当然还有很多，反观自身，自己在八中京西附小的发展中贡献了多少，还需要努力做好哪些，不仅是我，其实是每一个八小人对未来的思考。

一年来在李校长工作室的学习，除了上一次的一年收获发言和这次走进，我多数的活动都是参与者，而这两次却是实实在在的亲历者。有两点突出的体会，一是活动促工作的系统梳理，我们走着走着，要不时停一停，整理一下我们为什么要出发。二是被动变主动的有效方法就是任务驱动，所有工作让每个人都变成主角的时候，工作效能会提高很多。

李校长的"执两用中"和"慎用评价"的点评，把中国与西方哲学深入浅出地与学校工作结合来讲，是期望，是祝福，是对八小的厚爱。感谢李校长，感谢工作室各位领导的指导！

安知博

领导讲话：（北京市门头沟区教育委员会副主任　白丰莲）

北京八中京西附小于2015年建校，在短短的四年时间里发展成为门头沟区的一所优质校。这其中，一是学校突出教师与学生"双主体"。绝大多数教师为近几年新入职的年轻教师，学校从专业发展的角度，积极为这些年轻教师的成长搭建平台，创造机会。老师们在市、区级教学基本功比赛中成绩名列前茅。二是注重学生的培养，在养成教育落实、落细方面颇具实效，个性发展等方面做出了自己的特色，培养了阳光自信、大气文雅的学生。三是民主化管理使师生均有实际获得，年级主体制管理、项目式管理模式的开展使得人尽其才，从而令干部教师成长迅速。

顺木之天　以致其性

——走进北京市门头沟区大峪第二小学

汇报:

在发展中创新　不断提升办学品质

刘洋

尊敬的李烈校长、尊敬的各位领导、各位老师,大家上午好!

我是大峪二小的德育主任刘洋,首先代表校长对各位专家领导的莅临指导表示热烈的欢迎和衷心的感谢。

我将从以下几方面对学校整体工作进行介绍。

一、学校基本情况

北京市门头沟区大峪第二小学地处北京市门头沟中心地带,于1954年建校,是一所具有64年文化底蕴的老校。目前,学校有小学和附属幼儿园两个校址,小学现有学生1582名,教学班40个,教职工113人,其中高级职称21人、中级职称66人,市级学科带头人2人,市级骨干教师3名,区级骨干教师19名,区级骨干班主任5人。北京市紫金杯优秀班主任特等奖3人、北京市紫金杯优秀班主任一等奖9人、北京市学生喜爱的班主任2人。

近年来,学校硬件设施逐步改造,校园面积的扩大、校舍的完善、学校逐渐向现代化建校发展。多年的积淀,学校形成了良好的发展环境、人文环境,形成了稳定、和谐、无私奉献、永争第一的校园文化和共同发展的荣誉感。

二、理念梳理,引领方向

从建校到现在,经过十三任校长引领教职工的共同努力,大峪二小已经发展成为门头沟区乃至北京市的优质学校。多年来,学校发展思路清晰,目标明确。五六十年代——倡导发扬无私奉献的精神;七十年代——加强双基教学和"两操一课";八十年代——"五育并举,全面发展";九十年代——"以学生发展为本——尊重每一个学生的人格,立足每一个学生的差异,挖掘每一个学生的潜力,发展每一个学生的整体"；二十一世纪初——"为学生全面可持续发展奠基"。

近两年，大峪二小在继承中发展，发展中创新，在侯勇校长引领下梳理了学校的核心办学理念，明确了"做有修养受人尊敬的人"为学校核心教育价值观，确立了以"智慧阅读"为核心的智慧教育为办学特色，并以此引领学校整体工作向前发展，用阅读开启学生智慧，促进全面发展，不断提升师生综合素养，提升学校办学品质。

三、课程梳理，丰富途径

课程是学校育人的核心价值体现和依托。目前学校共为学生开设了45门课程。其中基础课程18门，拓展课程27门。

首先，学校按照国家课程的设置要求开齐所有课程开足课时，保证国家课程的落实。同时，按照教委要求保证地方课程的落实，并不断引领教师探索研究与国家课程融合的方法和途径。

其次，结合学校的办学特色，结合北京市综合实践活动课程的要求，学校还为孩子们开设了足球、围棋、葫芦丝、篮球、太平鼓、舞蹈、阅读与欣赏以及以冬奥为主题的综合实践等课程，积极探索课程融合育人的方法与途径。努力打造以冬奥主题课程和阅读与欣赏课程为龙头的学校精品课程。

这其中冬奥主题课程的实施，从引领学生搜集资料、整理资料、展示资料、运用资料入手培养学生自主学习，终身学习的能力。2018年5月16日我校举办了"相约冰雪 相约2022"冬奥主题课程探索与实践论坛，展示了冬奥主题课程实施成果，提升了教育品质，实现了学校的育人目标。为进一步深入推进冬奥课程，2018年10月9日至12日，大峪二小五六年级学生到中体奥冰壶运动中心进行《冬奥主题课程》体验，并与奥运冠军面对面，学习他们不屈不挠的拼搏精神；2018年12月22日，大峪二小冰壶队代表门头沟区参加"北京市第三届中小学生冬季运动会"荣获冰壶比赛小学组冠军、冰壶投营比赛小学组季军。冬奥主题课程有效提升了学生的核心素养，使学生整体综合素养得到了提高，撬动了教与学方式的变革，提升了教师的实际获得感，探索了课程学习的模式。

在课程实施的同时，学校还为孩子们开设了50余个社团，作为学生课程开设的补充，极大地丰富了学生的在校生活，提升学生的综合素养。尤其是学校的管乐团、合唱团以及舞蹈、健美操、足球、科技、太平鼓非遗项目等精品社团，多次在市区的竞赛中获奖和展演。北京市第二十一届艺术节，我区中小学及高中校参加展演获奖十个，我校就占三个。2018年7月，管乐团还应邀去美国进行了文化交流。孩子们在课程的滋养下，幸福地成长着。

四、课堂梳理，生态高效

课堂是立德树人，培育和践行社会主义核心价值观，为学生传授知识，培养能力的主渠道。在教委生态课堂理念的引领下，学校提出打造充满智慧，充满生机与活力的课堂文化建设总目标。

为打造智慧课堂，学校通过讲解核心办学理念；学习智慧课堂的理念；规范教研组活动、围绕智慧课堂进行研究；开展智慧课堂研究课等措施，让课堂充满智慧、生机和活力。

1. 以课堂智慧三分钟和两个习惯的落实为抓手，打造智慧课堂。在学校"让课堂充满智慧，充满生机和活力"的课堂主导理念的引领下，我校制定了《大峪二小课堂学习习惯培养标准》《大峪二小课堂学科素养培养标准》，并以两个标准的落实为抓手，在课堂教学中实施，促进教与学方式的转变。同时充分利用课堂"智慧三分钟"，加强学生基础知识的训练，为学生搭建展示自我的平台。教师以课堂"智慧3分钟"与"2个标准"为抓手，在课堂上培养着学生的行为习惯和学科素养。

2. 师带徒结对活动为"智慧课堂"建设助力。2018年9月，学校举办了"师徒结对活动"，通过师徒结对发展，发挥骨干教师专业指导和引领作用，促进学校"智慧课堂"建设。本学期，通过师徒互听课，课后研讨评课等活动，为师徒帮教提供许多交流的平台，全校共有29对师徒，58位教师参与结对活动。师带徒结对活动为促进学校课堂建设起到了重要的推动作用。

3.成立"校长青檬工作坊"，推动青年教师的智慧课堂建设。在师带徒结对活动助力之下，12月17日，以侯校长为引领的"大峪二小校长青檬工作坊"正式成立并举办了揭牌仪式。本学期通过青檬工作坊开展的阅读课、常态课、复习课等活动，让青年教师了解智慧课堂、智慧阅读，打好基本功，进一步加快青年教师成长步伐。

4.骨干引领，青年展示。2018年10月和12月，我校分别举办"打造充满智慧、充满生机与活力的课堂"研究之一暨骨干教师引领展示课活动；研究之二暨青年教师课堂展示交流活动。本次16名区级以上骨干教师的展示引领课都进行了精心的准备，突显了骨干教师的研究智慧，为全校教师的智慧课堂的打造做了示范；19位青年教师进行了课堂教学展示，20余位骨干师傅参与了徒弟备课的过程指导和现场说课，83位教师参加了听课活动。学校搭建平台，让骨干教师做引领，让青年教师做展示，大家互学共进，共同研究"智慧课堂"建设，推动课堂教学改革向前发展。

5.成立特级教师、骨干教师工作室，召开拜师会，为青年教师认师傅，做好帮带工作，促进青年教师成长。

6.规范教研组活动，做到定时、定点、定内容。每学期进行优秀教研组评选和交流，倡导和谐与研究，打造良好的教研氛围，把校本教研做到实处。

围绕着课堂教学这一学生教育的主渠道，学校不断引领教师研究课堂，打造充满智慧，充满生机与活力的课堂文化，使课堂、学生都发生了质的变化。

学校也先后被评为"全国精神文明建设工作先进单位""北京市艺术教育特色校""北京市科技教育示范校""北京市教育科研先进单位""人民满意的十佳单位"等荣誉称号。

当然，学校在办学实践中还有很多地方不够完善，恳请各位专家领导多提宝贵意见。

➡ 李烈校长点评：

走进大峪二小，我最突出的感受，概括起来是三个词：两气、两度、两主。

两气——勇气和大气

勇气主要来自大峪二小拿出来的课和此前我们走进任何一所学校拿的课都不一样，不仅学科不一样，课型也不一样。此前我走进学校，大家都体谅我是教数学的，展示数学课，所以我听完课，点评信手拈来。今天恰恰拿的是语文课，拿的还是一般见不到的课型的语文课，

李校长点评中

这对我是考验、挑战。但换个角度却是一种非常特别的学习资源。从我外行人的角度来看，特别突出感受到的是改革的力度和勇气。大峪二小拿出的课不叫主题课，叫语文课，但实际上又是有主题。这课型不但超越了语文学科，超越了语文教材，而且从形式上和方式方法上都成立，都有改变，所以勇气可嘉，给人眼睛一亮的感觉。

第二个气是大气，大气有源于学校改革的勇气，更有来自我感受到的、看到的孩子的自信。无论是我们一进校门看到的孩子的太平鼓表演，还是他们动听的歌声，以及在这两节课上孩子侃侃而谈展示出的优秀的语言表达能力。六年级的大编剧，五年级以江南为主题的吟诵吟唱，孩子们呈现出来的举手投足之间的气质和优秀的语言表达能力，都汇集在这样一个词上——大气。由此可以想象得到，如果孩子有那么多展示和学习的平台，语文课用这样的形式，一节课表现出来的是日常的培养。久而久之，我们能想象到，如果这些平台提供给孩子们，孩子们有非常多的机会去参与、表演、表达，他怎能不具备这样一种大气的气质。

所以第一个突出点"两气"：一是来自学校的勇气，二是来自学校培养的孩子的大气。

两度——深度和广度

第二个是"两度"，一个指的是深度，一个指的是广度。我很吃惊，六年级的孩子敢用大编剧的形式。从介绍大编剧取材的背景，我们得知孩子们对鲁迅的文章有一系列的学习。我们知道，时代不一样，鲁迅的写作风格就不一样，他抨击的东西非常多，如何去理解是关键。但是我觉得似乎没完全结合时代背景，在深度上下功夫，而应该在另一个方面拓展，比如聪明人代表的是什么，傻子代表的是什么，奴才代表哪个群体。抓住这些最根本、主流的观点之后，突出在如何改变、表演、表达，进入一种角色，进入一种情境。如果真的是结合时代背景往下延伸，可能反而不适宜，也是这个年龄段的孩子没有办法理解的。我们不说这种理解方法剑走偏锋，但是从这个角度去研究，随着年龄增长，孩子们对鲁迅的经典的文章一定会有越来越深刻的思想方面的理解和认识。

还有一个度是广度。大编剧的孩子们用这样一种形式来呈现各自的理解，通过改编，通过相互之间交流再去评，这就已经远超出仅是学习一篇文章的要求了，所以这方面是广度。另外像五年级诗词主题课也如此，围绕这个主题收集相关的诗词，还有这些诗词带来的典故。另外，在形式上家长走进课堂，充分利用家长的资源等，这多种形式，尤其突出的是在方式方法上的广度，我觉得也超出一般我们所讲的语文学科的范畴。

两主——主线和主体

第三个是"两主"：一个主线，一个主体。今天总结大峪二小，无论课堂，还是三个方面的主管，他们的汇报其实特别突出一条主线——阅读。起名智慧阅读，智慧是否解释清楚，内涵是否明确，下一步可以再接着研究。但是无论是我们听到的，还是我们看到的，他们都是围绕阅读这条主线展开的。课题的研究非常鲜明，而且主线当中融进了德育。杜瑞敏校长介绍的校本课程，突出与德育结合；白立荣主任谈的班本课程，是更加具体、落地的东西，各有特色。他们从不同的角度，但都是围绕阅读这条主线展开的。而且特别突出的是，以这条主线把学校方方面面工作都带起来了。阅读是一个抓手，它改变的是学生的学习方式，改变的是学生的精神面貌。

主体是指学生的主体性。学生的主体参与非常突出，无论是这两节课中我们看到的，还是文章里的、材料中的和我们分享的都非常突出。因为老师为学生搭建了很多平台，所以学生的参与度，参与的深度和广度给我们的一个特别突出的感觉：学生的主体性体现得比较突出。

加法减法的关系

我想提一个建议：加法减法的关系。融了那么多东西，在课题研究中一定要阐述减了什么。其实总体来讲，整个课题研究中还是挺落地的，定时间、定内容、定人员、定方式都有，但是那么大量的内容融进去，减什么呢？比如说今天看到这两节五年级和六年级的语文课，如果语文课拿来讲这个，那么语文的课本内容怎么处理？如果不改变，肯定加不进去。所以当有加的时候，一定带来的是原有的教科书上内容的变化，是分类了？有取有舍了？有精讲的？有一带而过的？肯定有相应的方式方法做了减法。如果我们去一课一课讲，每一课方方面面都要兼顾到，都得落地，都得落实一点，就加不进去。所以谈加了什么怎么做，一定同时也要提减了什么，否则可能有很多东西只是我们理想中的状态，但真正操作起来难以真正地实现我们追求的价值。"顺木之天，以致其性"，出自柳宗元的一篇文章，习近平总书记在一次座谈会上也引用了这句话。有次校长工作室活动谈到的"正本泽根，持经达变"，都是这个意思：顺应树木生长的规律。顺木之天，"天"是规律。"天"就是持经达变的"经"，所以

"顺木之天"，就是顺应树木生长的规律。"以致其性"，是要达到能够符合事物或者树木自由自在地成长的本性。"以致其性"才能达到事物本性的一种发展成长。所以从这个角度来讲，加法减法必然会有一种矛盾：如果顾此失彼，研究一个方面，不考虑另一个方面，可能就会偏离规律，即使拿出来的"术"常常也是短命的，或者违背我们所说的一个"道"。

只加不减，违背规律。孩子的时间精力有限，老师也如此。因此，"顺木之天以致其性"，其实跟"正本泽根，持经达变""术因道而生，道由术而显"意思是一样的：一定尊重我们教育的规律，尊重孩子的认知规律，尊重孩子学习的规律，尊重孩子成长发展的规律，系统地思考这些问题，不能只抓住其中一点过于放大，那会出问题。所以建议：这个课题做下去，在这一方面要重点研究，希望在这个课题结题的时候能拿出来，有加有减的加减适中，执两用中。

培养学生高阶思维

第二个建议，在培养孩子们的高阶思维上下功夫。无论课程怎么设置？教育怎么改革？我们一直讲就是人字的一撇一捺，这一撇代表的是人的思维品质，一捺代表德行品质。这一撇，思维品质，代表德智体美劳的"智"。这个"智"是智慧。智慧阅读，其实智慧的核心和根本是什么？是思维品质。随着时代的发展，无论是国际教育的趋势，还是就中国教育而言，越来越突出地表现在思维品质的培养上，除了那些逻辑性的、思辨性的思维品质之外，特别概括地、聚焦地是一个什么样的表述？可以称高阶思维。我认为高阶思维特别突出问题解决，而解决问题当中，高阶思维特别突出的是什么？是事物之间的联系，也就是为什么？它是一种超学科的东西。学科的东西特别突出的是一种逻辑性、系统性。任何一个问题的解决，都不可能用单一学科的知识或思维或素养解决。世间万物，没有任何一个问题，一个学科知识就能解决。所以我们的现状，学科的分裂有它的价值，但缺少的是联系。再结合着我们要面对的任何问题都是不断生成新问题的，都是由孤立的、单个的问题发生联系之后生成的一个新的问题。所以关注联系，这个聚焦点由此就生成了新的问题，怎么解决？项目学习当中特别突出的是，生成了一个问题，或者老师提给孩子们一个问题，而这个问题不是靠一个学科就能解决的。这个问题的解决必然带来的是各个角度，不同维度，不同学科的知识，要解决这个问题，遇到什么我需要什么，我去学什么，我去找什么，用以解决这个问题。所以突出生成一个问题，突出这个问题的解决，形成的、培养的应该就是高阶思维。在智慧阅读当中，在形式上、内容选择上和方式方法上，都超越了语文学科的学习。你们的课题研究，也不是局限在单一的语文学科，它是全融的。在这个基础上能不能再聚焦生成问题和解决问题上，在这个方面再下大力气。可能也有另外一种效果。当我们聚焦在这个问题的时候，它就更加超越了学科的教学。超越学科教学，最重要、最根本的知识能力到底是什么？需要的是什么？也许此时不太需要的内容就浮现出来了，我们在取舍上可能也会多些角度。所以我提的第二个建议是在研究中，教师要在培养孩子们的高阶思维上下功夫。高阶思维的培养，教师先学习，先理解。

感悟：

"顺木之天，以致其性"。今天李校长引用柳宗元的郭橐驼种树"顺木之天，以致其性"这个典故来阐述学校管理中的加减法。郭橐驼了解树木的成长规律，不多作过分的栽培，而是顺应自然的发展，让树木自由生长，顺其自然，这正与庄子所倡导的"无为而治"有异曲同工之意，也与我们当今社会所倡导的和谐共生有着密切的联系。万物生长皆有道，同样的也不排除人。十年树木，百年树人，育人也应像郭橐驼种树一般，顺应自然，尊重孩子成长发展的规律。了解教师，尊重教师成长的规律，不要一味地做加法，负担适度，执两用中，只有这样才能真正让老师感受到职业价值与人生价值的统一，让教师享受职业幸福。杜瑞敏校长与白立荣主任能够紧紧围绕学校阅读工程这条主线开展研究，目的性很强，也很有价值，创设的氛围也浓厚，虽然时间不长但已经有显现的效果。建议认真反思李校长谈到的高阶思维，思维品质是智慧的核心，超越学科教学回归这个一撇一捺的人字上来，或许对于智慧的内涵能有更深入的理解。

宋茂盛

熟悉的学校，深深为它付出过的学校，也是促进我成长的学校。建校65年的历程，造就了学校深厚的文化底蕴，团结协作勇争第一的教师队伍，阳光大气的学生。学校的办学理念在一任任校长的传承与发展中不断完善，不断与时俱进，持续发展的文脉清晰可见。今日再次走进大峪二小，环境变了许多，新面孔也增加了许多，但学校在重视理念文化建设，重视课程的延续与时代脉搏，重视深化课堂教学改革，重视科研兴校的发展思路没有变，且越来越深入。在校长病期，学校的日常工作和大型活动稳定出彩，可看出多年管理文化的深入骨髓。两位同学的课题研究能够围绕学校核心理念创造性的思考且实践，效果明显，具有推广价值。

曾经跟随工作室秘书长三年，已离开六年，正如其所说，感受到秘书长的讲话常引经据典，越来越有导师的味道。这跟他多年追随导师，不断学习，不断更新思维方式有很大的关系，也在告诉我们该如何学习，如何改变。

李校长一直就倡导要尊重教育规律，尊重师生的成长与发展规律，值得我们后面深入的思考与实践。

一个建议，无论是什么形式的课堂，师生的交流，生生的交流，互动中的生成都非常重要。

赵建华

走进大峪二小，短短半日学习，智慧阅读却深入心里，特别是杜校长和白主任能够秉承学校的办学理念，以学校的智慧阅读为核心，都以课题研究的方式，引导德育、教学两个部门合力扎扎实实落实学校的办学理念，从校本、班本两个层面开展阅读研究，充分体现了她们的深入思考与扎实实践。

主题内容很突出：基于学校办学理念，以智慧阅读为引领，阅读主题非常鲜明。主体地位很突出：无论是课前参与、课中学习、课后延伸，都充分体现了以学生为本，充分发挥学生的主体作用，充分展示学生的学习成果。实践创新很凸显：充分体现了在智慧阅读引领下，课程、课堂、评价方面的实践研究，实践探索也体现了对课程内容、教与学方式等方面的创新。同时，也促进了对学生的实践能力和创新精神的培养。家长作用很凸显：充分利用家长资源，家长走进课堂，走近学生，形成家校合作良好机制。建议：两个层面有效整合，做些减法。跟随李校长有感：李校长引用柳宗元所提"顺木之天，以致其性"，引发我们对教育的深入思考，让我更加走近李校长，了解李校长的教育思想和教育情怀。思考之一：万事万物都有其发展规律，教育发展和人的发展也不例外，我们在思考教育问题的时候，站位一定要在"道"的层面反观，我们一定要善于发现规律、尊重规律、运用规律。思考之二：万事万物都各不相同，各有差异，正如孟子所言：物之不齐，物之情也。我们的教育对象也是如此，我们在思考教育问题的时候，一定要和而不同，彰显"术"之道。我们要承认差异，尊重差异，因材施教，扬长避短。

任全霞

大峪二小是门头沟的优质品牌学校，半日的学习，我们看到了学校的优质，管理的优质，教师队伍的优质和学生的优质。学校在继承中发展，以智慧教育为引领，以智慧阅读工作为载体带动整体工作向前发展。智慧阅读的研究，从两个不同的方面呈现了学校全面深入的实施情况。每次聆听导师李校长的点评，都有很深的感受，之后呢？自问，还要悟，怎么悟，就是要进一步的学习。道，是自然运行的规律，也是人修身养性之本。术，是人遵行自然规律的做事方式，也是人的驾驭之道、进取之道。教育既要遵循学生的认知规律，成长规律，也要尊重每个个体的个性发展规律。教育也要尊重教师的成长规律，关注教师的心智模式，开阔思维模式。查找资料，学习到知识的认知过程分成记忆、理解、应用、分析、评价和创造六个方面。其中记忆、理解、应用被称为低阶思维，分析、评价、创造被称为高阶思维。高阶思维是指发生在较高认知水平层次上的心智活动或认知能力。未来教育的核心就是培养学生高阶思维，要培养高阶思维的学生，就要有高阶思维的教师，高阶思维的管理者。任重而道远，需要学习、实践的地方还有很多很多！

安知博

今天在大峪二小的半日学习收获满满，总体感受是：惊艳，震撼。点赞充满活力的学校，办学理念明确，办学特色突出；点赞两位工作室领导，科研能力强，主题突出，措施有效，效果明显；点赞教师，充满智慧，勇于探索，执行力强；点赞学生，阳光大气，多才多艺，快乐成长！思考一：要深入领会李烈校长引用柳宗元的"顺木之天，以致其性"。育人和种树一样，要遵循人才成长的规律，不可急功近利，操之过急，拔苗助长，要创造宽松适合的环境，给学生更大的空间，更多的机会，促进学生更好地成长。思考二：水满则溢，月盈则亏，教育不要一味地做加法，要执两用中，适度的就是最好的。我们需要在教育管理中，教育实践中践行！

谭峰

领导讲话：（北京市门头沟区教育委员会副主任　白丰莲）

扎扎实实用研究的方式发现、解决学校的问题；希望所有学校持续做好校园阅读工作，更要做好亲子阅读工作，希望干部教师以身作则热爱阅读，养成阅读习惯，作腹有诗书气自华的教师。再次感谢李校长对门头沟的情怀，关注工作室每一位学员的成长，指导每一所学校的发展。

汉迪S型曲线

——走进北京第二实验小学永定分校

汇报：

守正出新　且思且行

谭峰

谭校长汇报

我于2017年8月受组织委派到实验二小永定分校主持工作，接过了宋茂盛校长手中的接力棒，继续引领学校的发展，时至今日已经整整两年了。这所学校历经风雨已经走过了一个多世纪，在历任校长的苦心经营下，在不同历史时期完成了为党育人，为国育才的任务，不同时期彰显出不同的办学特色，特别是和实验二小总校合作办学之后，学校发展踏上了快车道，从普通的农村校华丽转身成为学生喜欢，家长认可，社会赞誉的区域内优质校。这所学校凝聚着李烈校长和历任校长的许多人的心血，寄托着领导们的厚望和百姓们的期许，如何让学校好中更好强中更强，我肩上担负的是沉甸甸的使命和责任。初来这所学校我做的不是改变，而是了解、融入、尊重，默默寻找学校新的生长点。

一、把握一种总基调

学校的发展始终把握稳中求进的总基调，努力做到在继承中发展，在发展中创新。

二、对学校的发展进行再认识

实验二小永定分校是一所历史悠久，与时求新，不断生长的创新型学校。

学校近十几年教育实践和发展，很好地诠释了借势发力，与时求新。我们要深化改变即超越，突破即创新的认识，让与时求新成为学校发展的动力。

三、明确根本任务，办学思路

做到两个落实：

一是落实立德树人的根本任务，全面实施素质教育，培养德、智、体、美、劳全面发展的社会主义建设者和接班人，五育并举，育全人。

二是落实区教委和学校的"十三五"时期教育改革和发展规划。

做到两个坚持：

一是坚持特色、绿色、开放、优质的发展理念。

二是坚持以爱为核心，价值引领，文化立校，促进学校内涵可持续发展。

四、形成文化体系（凝心 聚力）

1.弘扬传统，传承精神。采访在世的历任校长和老教师。

2.梳理文化，形成体系。著名教育家苏霍姆林斯基说：没有爱就没有教育。爱是教育的源泉，正因为心中有爱，所以会有创造的喜悦，正因为有创造的喜悦，所以对教育、对学生更加充满爱的情感。真正的教育，正是这种爱与创造永无止境的良性循环。

3.秉承理念，诠释内涵。学校秉承总校"以爱育爱，双主体育人的理念"提出了爱为源，人为本的理念，在爱的教育氛围中，以人为本，尊重、关心、理解和信任每一个人，关注每一个个体的生命。将办学理念进行诠释，爱是教育之源，关心人的成长与进步，爱是成长之源，成就人的发展与价值。人为本，关注生命，明德立人；关注成长，博学立志；关注发展，溯源立新。形成学校八大文化，爱铸魂，服务于人的党建文化；爱凝心，慧眼识人的管理文化；爱蓄美，以景化人的环境文化；爱启智，求真做人的课程文化；爱立教，赏识育人的课堂文化；爱导行，正己达人的教师文化；爱养德，知行立人的学生文化；爱聚力，携手树人的家长文化，并编辑印制了《学校的文化体系手册》。

4.成果展示，增强自信。举办建校110周年育人成果展示，为师生搭建展示的平台，为学校发展树立自信。

五、注重理念落地（求实　求真）

加强环境建设：两年内我们完成了操场改造，地下活动空间建设；完成主楼地胶更换，篮球馆改造；广播系统、计算机教室、科学、劳动教室升级改造；新建创客教室，科技长廊；虚拟演播室雏鹰电视台；党建活动阵地及教师、学生文化展示墙等。硬件环境为教育教学的开展提供保障。

探索善治管理：进一步完善法制+元治+自治的善治管理体系，强化法制，元治，坚持依法办学，完成首批义教学校达标现场评估。加大自治，充分授权，发挥级部教师主体作用和智慧，鼓励团队合作。

注重队伍建设：教师是学校发展的关键，聘用年轻的干部，教师，清理长休教师，转岗个别教师，做到人岗匹配，德能匹配，激发队伍的活力。走近教师，读懂教师，服务教师，加强师德建设，每月评选爱之星，每学期评选感动校园人物，每学年评选卓越团队。实施翔云分层培养教师计划，成立语文教师工作坊，教师共同体，开展校本研究和跨区域的教研和国际交流活动，促进教师专业成长。

优化课程设置：课程是育人的载体，2013年学校参与邀游实验项目，拥有了课程设置的自主权。学校构建了一体两翼三级六类的课程体系，近两年在课程实施的基础上，我们审视课程实施中的问题，采取夯实基础课程，规范拓展课程，优化提升课程，深化主题课程的策略实现追求实效，打造精品，突出特色的课程建设目标。形成了科技、昆曲、冰雪和京外研学等特色品牌课程。

科技课程为学生插上腾飞的翅膀。学校秉持"让每个孩子都精彩"的核心价值理念，以STEM教育理念促进科技教育创新，以争创金鹏科技团为目标，统筹推进"一核多元、七位一体"发展布局，努力培养"大气、博爱、儒雅、自信"的未来科技创新人才。学校健全管理组织机构，规范管理制度，加大经费投入，配备雄厚的师资，投资建设设备齐全的场地，利用市级专家的人力资源和校内外的资源，开展主题突出、丰富多彩的活动，创建了特色突出的廊道文化，开展课题研究，编制了五年级

《信息科学技术》教学用书，三四六年级的也在编制中。开设了年级科技主题课程，建设电子信息院，对学生进行星级评价，激发学生学习兴趣，各种媒体广泛进行宣传，产生积极的社会影响，学校摘得电子与信息金鹏科技团的金字招牌。

作为北京市艺术特色校，学校开设了舞蹈、民乐、管乐、书画、合唱、戏曲等多个门类的艺术课程。艺术教育在孩子心中种下美的种子。参与高参小项目，与北方昆曲剧院合作，开设昆曲课程，采取普及加提升的课程设置方式，实行双导师制，昆曲在学校落地生根，开花结果。课程浸润，激发兴趣；行当多样，体验提升；课程开发，提升品质；观摩演出，开阔视野。学生参加区戏曲节、中国戏曲节、长安大剧院演出，参加校园之夜课本原创剧大赛，点击率达20万人次，学校举办了自己的昆曲专场演出，学生获"国戏杯"比赛二等奖。孩子们在参与中体验，在体验中收获，在收获中成长。

体育是集团校的文化符号，学校重视体育工作为学生的幸福成长奠基。开设了武术、跆拳道、足球、篮球等拓展课程，开设了乒乓球、体质特需、花样跳绳等十余种提升课程。充分利用家长资源和社会资源在五年级开设冰雪课程，2018年学校获区冰雪运动会冠军，市冰雪运动会第五名，学校被评为冰雪示范校。

大地是课堂，行走皆研学。边行边学，且行且学，在行中学，在行中研，自古就是一条重要的学习途径。作为区域内最早组织学生研学的学校，我们在毕业年级组织到山东，苏杭进行研学；作为北京市涉台基地校，我们已经组织五批学生到台湾研学，同时接待姊妹校中山小学到校参访，孩子们同吃、同住、同学、同玩，促进两岸儿童的交流，加深了情感。今年五月我们又成功组织了赴香港的研学活动，开阔了孩子们的视野，促进了学生综合能力的提升。

深化主题课程，结合"永定河"文化构建主题课程，将丰厚的地域资源文化与学校课程相结合，将中国学生发展核心素养融入其中，力图实现文化知识学习和促进学生更好学习以及热爱家乡，深植爱国情感的三中心目标。学校成立课程建设小组，聘请了北京市课程专家和永定河文化专家进行指导，完成了项目申报和课程整体架构和课程内容的梳理。

提高课堂实效。课堂是育人的主阵地和渠道，课程最终要落位在课堂中实施，李烈校长多次强调领导要把精力放在课堂教学上，要聚精会神地抓课堂。为了提升校长们的研究能力，工作室申报了市级规划课题，学员们都申报了子课题，于是我们把关注点放在了课堂上特别是国家课程的实施上，因为国家课程是我们的本和根，于是我们申报"爱+"课堂文化探索与实践研究专题，同时申报了市级规划课题获得审批立项，力图通过课题研究路径使课堂文化落地。

由于受时间所限，简单把自己的一些思考和近两年的办学情况和专家领导们进行汇报。希望导师和专家们为学校的发展诊断，把脉，我们一定努力加以改进，促进学校更好的发展。搭建思想与行动桥梁，探索独属的实践智慧，需日积月累，深耕细作，少一些华而不实的夸大，清净、质朴、耕耘属于自己的苗圃。

➔ 李烈校长点评：

实验二小永定分校给我既熟悉又陌生的一个感觉。

首先我想说，我们感谢谭校长和实验二小永定分校提供的这样一个平台，给我们学习的机会，有很多感受，有很多收获，他们做了非常精心的准备，又呈现非常常态的这些活动。

从2006年合作挂牌至今，我见证了永定分校的整个发展，尤其是这十几年跨越式的发展。当年签约挂牌时，学校还是一个大厂房，后来我们跟着一块设计，到建设和基建，再到后续的文化建设，一点一点地将学校从无到有。今天，又一次走进永定分校，感觉变化很大，有很多新气象。实验二小永定分校十几年的发展，三任校长呈现出来的无论是硬件还是课程，还是梳理的办学理念，以及形成落地的一种体系，已越来越完善。从理念体系到课程建设，到整体的学校的文化，方方面面都涉及，都非常有特色，有理论又有实践。当永定分校积淀了100多年的文化和历史，才有了学校跨越式的发展，但是到了今天，从某种意义上讲，学校呈现了一种瓶颈状态。

难的是什么？难的是理念转变，尤其是理念转变之后的落地实践。而实践层面上最难的又是什么？对于学校而言，理念落地最难的是课堂教学。理念大家都会谈，都可以谈，有的甚至谈得比较具体。能有这种认识，能有这种理念就不容易了。永定分校聚焦课堂，从课堂角度来讲，课程很难上，各个层次的都有。再说课堂，课堂理念也有，课堂的文化也有，但真正在课堂上呈现出来，就没那么容易了。所以，这是一个瓶颈，这是一个难题，后续更应该关注，要抓的是内涵发展，而内涵发展，应继续狠抓课堂，好好研究课堂的文化，课堂的教学。

这两天咱们门头沟工作室，我们群里边一直在谈我在成都会上谈到的汉迪S型曲线，那个曲线是个躺着的S，意思就是说任何一个事物的发展都有初始、发展、壮大、辉煌，之后就该回落了。如何始终在辉煌上，就应该当发展壮大走向辉煌还没到顶峰时，恰当地找到一个A点，在这个点上就要开始思考下一步重点要做什么了。借着第一个曲线还在往上走，就开始思考下一个曲线，此时的这一点就成了下一个曲线的起始。当第一条曲线峰值到最高峰时，下一个曲线的初始思考基本已经完成了。所以当第一个曲线开始回落往下走时，第二个曲线已经开始往上走了，这样就接着一个高峰、一个高峰上去，呈现出来的就应该是瓶颈的突破，会不断地呈现新的探索、新的提升、新的发展。所以，我建议永定分校应该聚焦的重点思考的是课堂教学。如果说生本、对话、求真、累加四个词的课堂文化，还沿用的话，这四个词到底怎么理解？

永定分校的语数两节课体现了很多优点，包括老师们素质非常高，师生之间关系的平等，还有整节课带着孩子去感悟、去体悟。数学素养的培养，应该有思维的深刻性、敏锐性，也就是敏捷。但这种敏捷该如何在不丢掉学科本身素养的同时让学生去体会呢？比如曲变直，除了让学生真正理解周长的含义之外，还渗透了数学的思想及如何把生活中的具体问题转化成数学问题。学生通过操作，通过体验，把问题解决，但在他的思维强度，一节课的坡度、力度，训练孩子思维的敏捷性上，可能还有很大的空间可以研究。

语文课我外行，虽然外行，但有时候也有另外的可能，毕竟学科教学有相通的地方。因此从学科相通的角度讲，就像语文课，我觉得里面也有非常多的可圈可点的地方：比如，老师的素质非常好，学生的状态也很不错。尤其是抓诗眼"悲"，悲壮、悲憾、悲愤、悲情等，都非常好。但从另一个角度，从外行角度讲，在对古诗词学习的方法上，还有整体的感悟上，个性的品读理解上还有很大的研究空间。老师初读古诗词时，是为了解决其中的生字或不太懂的词，在介绍完时代背景和作者本人的背景后再读时，更多的是对背景的知识的了解。第三次读时，应该在理解上就会有更多个性化的理解，是出画面也好，勾勒情景也好，抑或是积攒感情也好，应该更加突出比较大块的、整体的、个性化的去评，这个空间给得不够，整体感不强，有些支离破碎。老师要讲清楚"悲"的四个方面，"悲憾、悲痛、悲愤、悲壮"，就得带着学生一段一段去理解，起码四个层次。这些是共性的，但个性的呢？现在诗词的学习，理解诗意大概就行，更多的应该是个性化地品味、感悟，再由此加以拓展。因此，古诗词学习的方式方法上可以大胆地去尝试、去改革，也会有很大的空间。

当然，我举的例子可能本身就不妥当，但我觉得整体感悟和掌握方法的个性化，应该是今天不仅仅是诗词，可能是整个阅读应该遵循的一些原则性的东西。这些东西如果在课堂上成为主流，体现出来的可能就不是我们特别熟悉的或者以往的课堂模式。

因此从优质教育内涵发展的角度上看，更多关注的应该是什么？对我们操作层面的教育人来讲，更多落地的是有了理念之后，要用什么方式方法。就方式方法的改变上，是不是可以作为永定分校项目聚焦上的重点研究的一个问题，也就是下一个S型曲线，也就是聚焦课堂，突破以往熟悉的轻车熟路的方式方法，包括项目学习、主题学习等等，所以我更希望的是将来有机会能够听到或看到永定分校能够在课堂文化落地的突破性的一些具体做法。

感悟：

时隔两年我再次走进实验二小永定分校这所再熟悉不过的学校。当李烈校长在回忆永定分校近十多年的发展历程时，我的脑海中不时浮现出一张张画面。我是2009年8月到的这所学校，当时还是一片平地。在教师节前后，我随何主任去总校拜访李校长，也就从那时开始正式结识、追随、讨教、感悟李烈校长。亲其师才能信其道，一路走来，我觉得实验二小永定分校的这一阶段发展史，恰恰是我做校长的成长史，也就是李校长提到的学习力与感悟力的提升。李校长本身就是很好的资源，但要如何发挥资源的优势？

我的体会，一是要善于借势，在新楼即将竣工，迟迟不能交付使用时，我及时向李校长汇报（教委也知道情况），李校长问明原因后直接与主管区长联系沟通得以解决。当学校想建地下停车场，又怕不批准时，我又向李校长汇报，李校长同与会的政协主席、常务副区长、教委主任沟通，想法很快变成了现实。其实每次问题解决过程我都要感悟李校长解决问题的思维方式，慢慢就变成自己解决问题的能力。二是细微之处彰显目中有人。当看到学校门口是油漆路面时，李校长非常生气地说，"怎么把马路修到我学校了，那是孩子走的地方，不是过车的地方"；当看到楼梯扶手的三角铁立柱时，她又停下来，"能不能用原木包裹一下，否则碰伤孩子"；"讲台边角、洗手间的洗手池边太锋利"；"楼道铺的卷材连接处不平，容易绊倒学生"；"男生小便池太高，国旗杆应放跑道外"，一幕幕，一次次……

如今永定分校已经跨入了新的发展阶段，如何突破发展的瓶颈，李校长又及时地开出了一剂良方：深耕课堂，深入理解感悟生本对话求真累加的课堂文化，不但要形似，更要神似。以此作为学校新的发展起点。祝福永定分校越办越好！

宋茂盛

回想九年前的后天，就是实验二小永定分校迁入新校的落成典礼日，至今回忆起来，一切还是历历在目。六年后再次走进这所校园，依然爱意浓浓，情意浓浓。半天的活动充实丰满，丰富的课程传统又现代，为育人目标的实现搭建了优质的平台；生本、对话、求真、累加的课堂文化得到了深入的细化，眼随声动关注发言人已成为学生的自觉；师生的阳光、自信、大气已浸入骨髓。任职两年的教师功底扎实，老教师沉稳细致。毛教授所讲的爱是要用心的，既要顶天也要立地，值得深思，没有爱就没有教育，爱要由心而发，才能爱的彻底、爱的全面，爱需要表达更需要用实际行动让它进入师生的内心，内化于心才能外显于形，所有美好教育愿景都要依靠真正落地才能实现。

李校长今天直指我们所有学校的痛点，也是一个学校内涵发展的关键点，理念的落实，最难在课堂，回想一年前工作室走进斋堂中心小学，当时李校长对课堂教学的指导我至今时刻记在心里，其也成了我后来申报子课题的根本出发点，也是今后很长一个时期内我的主要抓手。今天我是第一次现场听到李校长讲汉迪S型曲线，教育要尊重规律，但也需要可持续发展，我到斋堂小学已第七个年头，未来学校怎么发展，该如何把握好规律，做好提前筹划，不断寻找学校的增长点，是我今后在工作中需要进行深度思考的。

赵建华

工作室的学习真是充实而又丰富，上周刚跟随李校长从美丽的蓉城归来，本周五又走进谭峰校长的实验二小永定分校，成都之行"百年名校的文化传承与教育创新"看到的是成都乃至全国的百年名校的教育，今天看到的是我们自己的，本区的百年名校的教育。

　　感受一：追本溯源。实验二小永定分校辉煌的今天归功于历任校长的坚守。李校长的真诚帮助与指导，宋校长的创新发展，谭校长的继承与再发展，以及所有实验二小永定分校人的付出与努力，才有学校文化、课程建设、家校共育等方面的成就，才有华丽的转身，成为门头沟南城的优质校。感受二：问题导向。学校发展到高位，如何向前走？正如李校长讲到的汉迪S型曲线，在恰当的A点的时候就开始新的曲线，这个新的发展点是什么？谭校长和实验二小永定分校教育人抓住学校教育的根本——课堂教学，以"爱+"课堂文化的研究与实践推动课堂改革。感受三：师本研究。李校长说过：没有教师质量的提升，就很难有教育质量的提高；没有教师的主动发展，就很难有学生的主动发展；没有教师的教育创造，就很难有学生的创造精神。还记得第一次到通州跟岗学习，李校长评数学课时说到：教学的开口有多大，学生的收获就有多大；学习内容是从生活中来到生活中去。这些课堂教学理念教师不仅要懂，还要懂得如何实践，才能实现真正的课堂实效，甚至高效。祝福实验二小永定分校"爱+"课堂文化研究与实践促进学校更好地发展！

安知博

　　10月18日，我们跟随李校长走进实验二小永定分校，有三点学习体会：一是感受到一个学校的发展需要一代又一代校长在继承中发展，在发展中创新。宋校长一任经过几年的努力，抓住机遇，带领学校实现了跨越式发展，从学校文化、课程建设、家校共育等方面创新发展，为学校的未来发展奠定了坚实的基础。谭校长接任后，不到两年时间，在继承中发展，把学校再发展的历史使命扛在肩上，深挖学校文化的教育内涵，不断深入思考，促进学校全方位的发展。实践证明，继承让学校的发展之路更坚实，创新让学校的发展之路更超越。二是感悟学校的发展，校长的学习力和感悟力至关重要。宋校长的成长是我们身边最好的例子。他跟随李校长11年，一直在不断地学习，不断地感悟，成就了学校的发展和他个人的成长。这也启发着我们，向李校长学习什么，怎么学习，相信在跟随的路上，我们的学习力会不断提升。三是坚定了学校的发展最终要体现在课堂上。李校长无论走进哪所学校，最关注的是课堂，关注着课堂的孩子和老师。如何让学校理念、课堂文化在课堂落地，如何在课堂上落实立德树人，如何在课堂上培养学生的思维发展，这永远是我们研究的课题。

感谢谭校长为我们提供学习观摩。祝福实验二小永定分校越办越好！

任全霞

走进实验二小永定分校的半日学习带给我更多的是感动。感动于谭校长办学思路清晰，"爱为源、人为本"理念下的学校整体架构完善，学校各项工作在继承中发展、在发展中创新，就像谭校长在发言中谈到的，作为校长的那份使命与责任，让她能够做到守正出新，且行且思，不断创造学校新的辉煌。感动于学校的教师、学生。无论是在课堂还是在楼道，每一位教师、每一名学生都显得那么自信、大气、阳光，让人如沐春风。

感动于李校长的高位引领。她再次提出了"S型曲线"的管理原理。也就是任何一个事件都有初始、发展、壮大，然后走向辉煌之后会回落，会走向衰败，为了摆脱这样的一种宿命，就应该在走向辉煌当中，也就是一个恰当的A点的时候就开始新的曲线，思考下一步该怎么做，实际上就是借助S型曲线还在上升、走向辉煌，还没有到辉煌之巅的时候开始有下一步的思考，未雨绸缪。通过今天的活动让我对这一原理有了更加深刻的理解。

相信有了李校长今天的高位引领，实验二小永定分校在谭校长的带领下会走得更好，走得更远。

杜瑞敏

一、感受今昔对比的翻天覆地

从2000年开始，我在督学室乃至到教育党校工作14年，其间因为工作原因很多次走进原永定中心小学（现实验二小永定分校）。先后与艾如民、马留芬和宋茂盛校长结为好朋友，14年后我调到三家店小学，又与同仁谭峰校长成为李烈校长工作室同学。19年的时间，亲眼看见永定中心小学从破烂平房到简易二层楼再到今天的实验二小永定分校的"高大上"；目睹学生从过去的怯怯懦懦到今天的多才多艺和阳光自信以及课堂上的"满堂灌"到今天课堂上的师生和谐……

永定中心小学优美而华丽的转身，潇洒地蜕变成为实验二小永定分校。历任校长以大度、大气、坚定和执着继承发展，用爱托举起了学校教育的过去、现在和未来。

二、感受理论实践的落地生根

翻看学校资料袋里的各类文化小册子和会议手册，品味学校的文化体系和实践成果，感到他们在扎实地做教育，在用心经营学校。从听的数学和语文课上我品味到学校办学理念和生本思想的具体化。尤其翻阅到资料汇编中《"爱+"课堂文化的研究与实践——实验二小永定分校打造课堂文化的本土实践》让我眼前一亮，我感受到文章和课堂教学展示互相印证谭校长和她的团队真的在踏踏实实探索、研究和实践课堂文化。更为可贵的是文章中出现了很多既熟悉又新鲜的内容，"勇敢地退、适时地进""贯口手势、辅助交流""眼睛跟着声音走"等等。说熟悉，是因为在正泽学校，在李校长的悉心指点中，我们逐渐在接受。说新鲜，是因为，李校长的指导，已经在实验二小永定分校落地、生根、发芽、结果。

从同学关系上讲：谭校长是我学习的榜样。

三、感受李烈校长的指点迷津

参加工作室活动这么多次，李校长的这次发言最仓促、最简短，还想多听听，但是戛然而止了。才20分钟！但是，就这20分钟，李校长以她过人的睿智，对实验二小永定分校瓶颈问题作出了精确的诊断，她再一次引用汉迪S型曲线对事业的发展规律进行解读，从两节课、从学生社团和才艺展示等方面启迪我们应该如何运筹帷幄，掌握发展节奏，把每一步做细做实，才能跳出学校发展周期率，突破发展瓶颈，脱离高原期，让学校稳定持续上升。

我发现，李校长的每一次发言都具有极强的针对性。在基础薄弱校，她总能发现学校更多的优势，带给学校振奋和希望；在优质校，她总能适度降温，引导、推动学校向更高层次迈进。

田俊晓

今天又一次走进实验二小永定分校，学校有了变化，学校在继承中发展。谭峰校长用一种使命与责任秉承初心，落实为党育人、为国育才，守正出新，且思且行，对学校的发展能够再认识、再思考、再推进，利用建校百年的契机凝心聚力创佳绩。

有两点思考：一是运用人性管理策略处理好个性与共性、个别与整体的关系，能够学会放下校长的权威感，学会理解教师及人的复杂性，学会将"以爱育爱"理念用恰当的方式方法落地，提升教师的生命价值感、团队归属感；二是破解瓶颈问题是学校发展的关键。今天李校长再一次运用汉迪S型曲线给出了答案、开出了药方，启迪校长们分析学校发展的趋势，抓住关键点，借势、借力、发力，采取变革措施，保证拥有足够的时间、资源和动力渡过起初的探索和挣扎的过程。

张秀明

实验二小永定分校十几年的快速发展和蜕变凝聚了李烈校长、宋茂盛校长的智慧和心血，让学校保持活力和旺盛生命力，可持续发展是我的使命责任。感谢工作室导师李校长和小伙伴们走进学校，让我们把近两年的工作进行了梳理、回顾和反思，欣喜在学校发展举步维艰的爬坡关键期，李校长的诊断把脉，开具良方。聚焦课堂，深耕细研，是我们的着力点和生长点，要想有所突破，我想我们首先是抓教师队伍，更新教师们的教育观念，把体现课堂的开放度，学生的主体性，注重学生的思维培养作为目标，行为跟进，同时以课题研究为路径，提高认知，寻求良策。庆幸能和李烈校长结缘，幸福做李烈校长的学生，让我们追随导师学做人、学做事，提升管理智慧，幸福成长。

谭峰

领导讲话：（中共北京市门头沟区教工委副书记　侯凤兰）

今天要特别感谢李烈校长为门头沟教育发展倾注的心血和智慧，实验二小永定分校发展到现在，离不开李校长的亲自呵护和关怀。希望参与活动的老师们，紧跟李烈校长的步伐，既学习管理艺术，又学习人格魅力，共同让门头沟教育的明天更美好！

五育并举　重在课堂

——走进北京市门头沟区大峪第一小学

汇报：

"定峰"课程建设　提升育人品质
高瑞红

北京市门头沟区大峪第一小学始建于1914年，是一所百年老校（下辖一所幼儿园）。学校占地面积22700平方米，建筑面积15840平方米。学校现有28个教学班，学生1086人，教师85人，特级教师1人，市级骨干教师1人，区级骨干教师18人。

多年来，学校坚持"理念引领，文化育人"的办学宗旨，在"和则日新"的办学理念引领下，不断探索学校发展新路径，使学校从规范管理走向个性化发展，如今迈向文化发展的新时代，打造京西具有影响力的优质名校。理念是学校发展的指明灯，如何将理念在实践层面有效落位？学校从百年老校的历史继承中，结合独特的地理位置，挖掘丰富的地域文化内涵，以管理为路径，通过打造"定峰为始，日高日新"的课程文化、"定河为源，日进日明"的育人文化、"修德修能"的团队文化、"育和家园"的环境文化，使学校文化建设在各个层面落实，形成全校共同的价值追求，促进学校变革发展。今天主要向大家介绍学校是如何推进课程文化建设的。

一、整体构建"定峰"课程体系，发挥课程育人价值

学校坐落于定都峰下，相传明朝大军师刘伯温站在山顶定下北京城的位置，这座山因此取名"定都峰"。学校"定峰为始，日高日新"的课程理念，源于学校独特的地理位置、百年老校深厚的文化底蕴。我们思考诸多因素与学校育人目标和课程建设之间的联系，感悟到学生进步与发展不是就像登山一样吗？攀登的过程就是身心和、学思和、志趣和的过程。"定峰为始"预示着学生小学六年的学习从最基础开始，让每一个学生迈好人生的第一步，让学生拥有向上攀登的学习目标与人生格局；"日高日新"体现人生的每一天都是一个不断发展的状态，好比登山一样，每登高一步，就有进步和变化；"定峰为始，日高日新"的课程理念体现在学校教育的始终，就是让学生在层层递进的课程之峰中获得最好的发展。

学校基于以上思考，围绕"和则日新"的办学理念，对学校课程设置进行顶层设

计并整体规划，构建了"定峰"课程体系，从低到高，依次为"基础课程、发展课程、实践课程、特色课程"四类课程，分别按照身心和、学思和、志趣和三个成长领域一对一开发。

学校通过"定峰"课程的实施，最大化地满足学生发展的需求，提升学生综合素养，培养日新学子；最有效地提高教师的课程设计与实施能力，造就一支专业化的教师队伍，成为具有较强的课程执行力的日新教师；最高效地打造学校课程特色，提升学校办学质量，促进学生发展，创办京西具有影响力的优质名校。

二、创新课程综合化实施途径，提高课程育人实效

学校采取"基础课程校本化实施、发展课程特色化实施、实践课程综合化实施、特色课程分级实施"方式，推进"定峰"课程的建设。

（一）基础课程校本化实施

学校通过教材梳理研究、课堂教学变革、主题式学科整合，促进基础课程校本化实施。

1.教材梳理研究

我们对小学阶段语文、数学、英语教材进行知识点梳理，在此基础上，进行了目标及教学策略梳理。例如：语文学科开展基于不同文体的纵向梳理，形成小学阶段古诗、童话、记叙文学习能力序列；数学学科开展数学基本思想方法的梳理，对小学阶段抽象、推理和建模三类数学思想进行全面细化，使教师在教学中渗透数学思想方法，有效促进学生学科素养的形成；英语学科进行教材中口语交际内容的梳理。通过教材梳理，引领教师全方位把握课堂教学的重难点，有效实施课堂教学策略。

2.课堂教学变革

为了使课堂成为学生发展的活力之根、动力之源，学校开展了"变教为学，以学促思"教学方式变革研究，构建了"3D"动态课堂。"3D"是英文"three-dimensional"的简称，中文指三维，即立体的空间维度。我校的"3D"课堂蕴含两层含义：一是源于"3D"三维立体本意，指教师、学生、教学资源三者间有效融合的动态、立体课堂；二是"3D"表示动态课堂中的"三动"，即：主动、互动、灵动。"D"表示"动"的拼音首写字母。"3D"动态课堂努力呈现的是：以"主动、互动、

灵动"为课堂名片，以"乐于思考、善于表达、有效互动"为研究切入点，创建自主愉悦、充满活力的课堂氛围，生成"三思、三互、四有"的课堂样态，形成教学相长，教学合一的动态、立体课堂，促进学生核心素养的发展。

三思：善思　会思　深思

三互：互助　互辩　互赏

四有：有序　有效　有情　有趣

为了推进"3D"动态课堂研究，学校申报了北京市"十三五"科学规划课题《基于生态课堂理念下小学"3D"动态课堂的研究》，并成功立项。研究中，我们以课题为引领，采取"评价导航、课例推进、交流分享"的方式，改进教师教学行为和学生的学习样态，强化学生实际获得。

（1）评价标准导航

为准确把握研究方向，学校以课堂文化核心要素"和谐、善教、乐学"为导向制定课堂评价标准，以"和谐、善教、乐学"为一级指标，以"主动、互动、灵动"为二级指标，包含16个评价要素的"3D"课堂教学评价标准，引领教师教学行为的转变，为课堂教学方式变革和课堂文化建设指明方向。

（2）课例研究推进

学校采取"课例展示+带着主题听评课"的形式，以"课堂实践–课堂观察–课后反思"为研究策略，通过市区骨干教师引领、教研组课堂教学展示，促进"3D"课堂教学研究，提高教师课堂教学能力。

（3）论坛交流分享

学校从干部、教研组、教师三个层面开展论坛交流，通过干部对"3D"课堂理念及实施路径的专题培训，教研组对课堂教学现状的诊断，教师对"3D"课堂研究策略的交流与分享，带领教师以科研的态度和视角，明晰"3D"课堂概念，梳理、提升研究策略，固化研究成果，逐步推进"3D"课堂研究走向深入。

3.主题式学科整合

学校打破泾渭分明的学科界限，以主题、问题、概念、基本学习内容等连接不同学科，开展学科内、学科间整合研究。如：语文学科开展文体教学主题单元整合研究，探索出"文体精读一篇带多篇或一本书"主题单元整合有效策略，形成单元主题阅读学生能力培养序列，引导学生从课内走向课外；学科间整合研究，采取"学科本位–综合渗透、主题贯通–多科融入"的策略，使学生建立系统的思维方式，理解知识之间的关联度。

基础课程校本化研究，打牢了学生文化基础，提高了学生整体认知，强化了学生实际获得。

（二）发展课程特色化实施

发展课程包括校本阅读必修、校本选修和社团课程，其中，学校重点推进了校本阅读必修课程的实施。通过构建阅读课程框架、规划阅读课程设置、深化阅读课程研究、开展阅读实践活动，促进学生深度阅读，提升阅读素养。学校构建了以国学诵读和主题阅读为主线，以阅读活动为实践体验的阅读课程框架；采用长短课结合的方式进行课程设置；课程实施中，更关注学生的阅读过程、阅读方法与收获，如，通过读书导引单，进行整本书阅读的导读与交流，将整本书阅读不再浮于表面，做到了有指导、有落实；阅读实践活动，落实"晨诵、午读、暮读"一日三读常态阅读，助力学生阅读习惯养成；学生课前2分钟说书，分享阅读心得；结合名著阅读，走进颐和园、大观园、老舍故居，开展"四大名著"和老舍作品情景阅读实践；读书节年年推新，开展丰富多彩的主题阅读活动：好书推荐、作家进校园、红领巾书市、课本剧展演、经典诵读、读书演讲、讲故事比赛、书签设计赛、成语挑战赛、校园朗读者展示，场场皆精彩。学生读讲经典，读写美文，用经典文化滋养心灵，享读书之乐，达悦读之新。

（三）实践课程综合化实施

学校采取"学科+"实施路径、学段式研究策略，从基于学科的"学科+"和跨学科的"学科+"两种方式，开展实践研究。

1.基于学科的"学科+"

从"学科+学科实践"和"学科+学科拓展"两种方式开展研究。

"学科+学科实践"：以教材为依托，从教材中选择与学生生活紧密相关的内容，在各学科开展主题实践课例研究。

"学科+学科拓展"：选取学科教学与学校主题活动联系紧密的内容，如：与英语节、艺术节、科技节、体育节、读书节等主题活动相结合，开展主题实践研究。

2.跨学科的"学科+"

从"学科+校外研学""学科+跨学科主题课程"两种方式开展研究。

"学科+校外研学"：以培养学生综合能力为主线，综合各学科内容进行设计，重学科间融合与资源整合，充分利用社会优势资源，采取学段式研究策略，走进博物馆、科技馆、纪念馆、名人故居、外省研学实践教育基地，开展主题实践活动。

"学科+跨学科主题课程"：我们整合各学科内容，统筹学科实践活动学时，采取"校内实施与校外实施相结合、课内与课外相结合、必修与选修课程相结合、校本教研员带动与学科教师参与相结合"的综合化实施方式，通过典型引路，分层分类推进。例如，"舌尖上的老北京"美食文化主题课程研究，经过选题与分析，我们从"美食与人文、美食与生活、美食与艺术"三个领域开展研究，带领学生经历了"实践准备、实践探究、整理归纳、总结提升"四个阶段，学生在主题研究中，经历了运用多学科知识、多种手段解决问题的全过程，体会到学科知识与生活的联系，培养了学生不断发现问题、提出问题、分析问题、解决问题的能力。

（四）特色课程分级实施

依据我校传统文化课程设置，按"国学课程、主体课程、融合课程、主题课程、主题实践"这五大类课程由浅入深分级实施，分学段有序推进传统文化教育。实施中，利用每天晨诵10分钟微时段，在1-6年级开设了国学诵读课程；依托《中华优秀传统文化》教材，在1-6年级设置每周一节传统文化课；以我校传统文化课程工作室为研究机制，开展全学科传统文化融合课研究；以传统文化主题梳理为内容，采取教师自选主题、年级大课形式，分年级开展主题教学研究；发挥社会实践的重要作用，从"主题探寻、主题阅读、主题实践作业"三条途径，开展"老北京传统文化"主题实践、"四大名著"情景阅读、"假期生活我做主"主题实践作业研究。

三、彰显课程建设成效　提升课程育人品质

"定峰"课程的构建与实施，给学生提供了丰富的资源，拓宽了学生自主发展的空间，多样化学习方式使每个学生在合作探究中彰显自信，使每一位学生获得了全面发展的机会；课程的综合化实施，激活了教师的课程领导力和教学创造力，教师成了课程的建设者、课堂变革的探究者，获得了专业持续发展的动力。"定峰"课程在不断地构建、实践、提升中日趋完善，"定峰为始、日高日新"的课程文化在师生心中落地生根。

→ 李烈校长点评：

今天我的第一个感受是，大峪一小有他们非常独有的特色，这个特色就是以学生为本的课程建设托起的全面发展。第二个突出的感觉是，我们看的东西很多，但每个东西折射出来的那种感觉让我觉得他们有一个非常优秀的校长，带着一支非常优秀的团队，不断地进取，就像他们所谈的"定峰"课程。高瑞红校长在这个学校当16年校长，带领着一群有一种研究学习状态的教师。

《中国学生发展核心素养》将核心素养分为文化基础、社会参与、自主发展三大方面。文化基础有两个维度：人文底蕴和科学精神。从这两个维度上看，课程的整个设计安排是很契合的。课程一开始有个情境创设，这是在教学中，无论哪个学科，尤其针对小学教育教学，非常凸显的一点。

从小学数学课来讲，孩子们要学习的东西一定是有情境的，有用的，有需要的。尽管开始的引入很时尚，且不说合适不合适，是不是太牵强，是不是有点戴帽子，但思路是很不错的。紧接着第二个环节，引导孩子观察发现，然后第三个环节往下走，再印证、再尝试等等。这个思路体现的是什么呢？就人文素养来讲，就是课标里的那三个维度。

那么科学精神又指什么？科学精神我想应该谈的是思维方式，谈的是方式方法，谈的是探究精神，也就是一种高阶思维的东西。所以从这两个维度上讲，就课程整体的设计安排绝对是吻合的。后续我翻看了孩子的教材，老师在课程最后又特别渗透了函数思想，这个内容的变与不变与商不变吻合在一起。这种适时的渗透，我觉得也非常好。

另外，关于核心素养里谈到的第二个方面就是自主发展，其中特别谈到了学会学习。学会学习凸显的是孩子的探究，孩子对这些方法的掌握，孩子的一种主动的学习精神，我觉得课程的整体设计，包括老师整体的实施，总体来讲还是非常符合的。

如果要提点建议的话，我认为在合适的时候，老师应该退下来充分地让孩子去思考、去发现，去探究、去验证。

如创设情景。其实可以适时结合实际生活。比如说6个桃子分给3只猴子，猴子嫌太少了。60个桃子，分给30个猴子，还嫌少。不如试试6000只桃子分给3000个猴子，这回满意了，大家都乐了。老师可以把这组数写在黑板上，让孩子自己去探究。我相信探究过程中孩子会发现结果没什么可高兴的，跟最初是一样的。

如果经常设计这样的环节，让孩子观察，让孩子来说，老师只是从旁帮他梳理，将来孩子再遇到这种情况，他们会立刻知道聚焦的是什么？而观察的角度一定不是单一的，它一定不会只是一个方向。慢慢地，孩子就具备了这样的思考、这样的思维。

情境的问题解决了，那么从中发现了什么？就这么几个式子，就敢说是规律吗？不敢。通过观察发现规律不敢立刻下结论，这就是规律。怎么办？应该再尝试再出点题，尝试了更多题后就可以概括了。孩子们可以概括地把其中规律提炼出来。所以，提炼概括这也是数学学科要培养的素养，也是思维品质。

"规律"概括出来了之后，真的就是规律了吗？还不是。孩子们可以再举几个例子，然后观察发现规律。在其中，老师其实给的是大环境，如果老师话很多，孩子的思维就断断续续的，就不是一个完整的科学思考和解决问题的过程。

走访众多学校，我突出的一个感受是，整体上讲，门头沟区的小学教育，高水平且各具特色。

在跟其他省市及北京各区校长们座谈时，都问到一个共同的话题——"一校一品"，校校有特色。那到底什么叫特色？比如说管乐团特别好，或者开设领域的课程，算不算特色？我做了一辈子小学教育，却始终没有在应该叫什么，用哪个名词上好好地去思考、研究。因为，我觉得特色是有层次的。

比如一个学校，某一个课程，甚至某一个社团，无论是源于学校的历史，源于地域的文化，还是源于什么？或者源于校长对此项目特别重视，做得风生水起，有滋有味，形成了一种特色。某一个方面的特色，某一类课程的特色，就可以是特色。但另一个情况，如果一所学校真的是落实国家的教育方向，按德智体美劳五育并举，整体教育质量特别高，方方面面都特别落地，非常有效。它有没有特色？我觉得它也是特色，它的特色就是高质量，全人发展的，也是我们追求的。某一局部的特色，从某种意义上讲，它本身既承载着文化，又有价值追求，但从另一个角度讲，它可能也是一种抓手。最终的落脚点还是我们国家教育方针的落地，是全面发展。特色是有不同层次的。如果学校想全面开花，但当下又离目标比较远，那就考虑从某一个角度入手，抓一个作为载体，作为突破口，以此去思考、去实践。如果学校正好由于地域有特殊的文化，或者有特殊的历史、特殊的来源，那就应该抓住这一点，形成学校的一个品牌，以此带动最终落点，也就是全面发展。如果学校历史悠久，一直是所不错的名校，那这时就该更加聚焦全面发展。

另一个层次全人发展，承担的是另外一个任务。针对社会，针对当前全人发展的实践中存在着普遍的弱项，或者说空白比较大的地方，学校去研发它，是一种改革性的、引领性的突破。在这个过程中，既发展了自己的学校，也能同时起着带动引领的作用，那不就更好吗？所以，这个层次也是不一样的，因人而异、因校而异，因地域而异。

学校有好理念，就算自主研发出一套特别系统特别好的课程，没有人去实施也不行，更何况课程建设研发者本身就是实施者，实施者本身就是研发者，就是靠着教师们这支团队在研发，实践中不断完善，它是一个过程。所以，我非常突出的另一感觉就是一个成长型的、爱学习思考的校长带着一支和她一样的教师团队，特别值得我们去关注、去学习。

另外，对大峪一小来说，值得继续去思考的，即在做课堂教学的同时，不妨也可以研究当中认为薄弱的地方。今天这个课堂上呈现出来的，我想如果我们继续往下研究，能够真正让老师勇敢地退，真正形成一种文化，大家普遍的都能退下来，你一定会感觉到有另一片天地。因此，希望大峪一小在以后的活动中更多地通过课堂的引领，带动整个学校的教师队伍，培养一支学习型、研究型、创新型的教师队伍。

感悟：（下文中"一小"为大峪一小的简称）

今天工作室走进大峪一小，作为一所老牌的窗口校，学校正在焕发着新的生机。充分利用良好的硬件条件全方位发挥着育人功能，丰富的课程体现了全人发展的理念。特别是研究型的教师队伍，心无旁骛地研究教学。师生的良好精神状态，体现着优质教育的氛围。李校长特别谈到了特色教育发展的层次性。五育并举，全人发展的高质量本身就是办学特色的一个层面。在全人发展的基础上，追求某一方面的优势也是特色发展。而绝不是为了特色发展而盲目追求某一方面，而丢掉全人教育。在谈到学校今后发展的方向时，她再次谈到了深耕课堂，已经不是一次谈这个问题。我们的育人目标一定是通过课堂的主渠道达成。而不仅仅是靠繁多的课程和活动。教师要勇敢地退下来，把时间空间留给孩子，实质是培养的孩子高阶思维。记得在黑小时，李校长说过，教师退下来解决新生成的问题，即使没有完成教学任务，也是节好课。退下来后，适时地进，真正的达成教学相长。今天还有一点感悟，就是工作室校长们的踊跃。思维的广度，深度，高度。很好地体现了工作室的话语体系。

宋茂盛

跟随工作室走进我区优质校大峪一小，通过参观校园、观摩课堂和学生特色活动，聆听高校长汇报，让我感受到了学校办学的生机活力，办学特色与成效，带给自己感动和思考。

思考一：校长是学校发展的灵魂，好校长就是一所好学校。好校长一定是有心有力的，有心即挚爱自己的教育事业，有自己的信念和追求，有强烈的责任感和事业心，有更高的成就动机，不靠教育而生存，而是为教育而生存的人。有力即有教育教学经历经验，熟悉教育教学规律，有系统、先进和独特的办学思想，并努力将办学思想转化成教育实践。思考二：教师是学校发展的关键。校长作为学校的管理者，应首先把人的因素作为最重要的管理内容纳入自己的视野，激发教师专业发展的内驱力，点燃教师的激情，培养出一支师德师能双强的研究型队伍。思考三：课程是育人载体，课堂是育人主渠道。我们应构建以育人目标为指向的课程体系，探索实施路径让课程落地。更重要的是聚焦课堂，深耕课堂，转变教育观念，尊重信任学生，变革学习方式提升学生综合素养。特别是听了导师李校长的点拨和引领使我对教育特色有了更清晰的认识，学校的项目特色是特色，但更高层面的特色一定是五育并举下的全面发展。我想一所学校的办学品质在没有达到一定高度时可能会通过特色项目、特色活动作为突破，但一定谨慎不惜代价，警惕破坏学校教育生态，造成难以修复的局面，应点上突破同时兼顾其他工作的开展。庆幸我校十几年来一直得到李校长的指导引领，使学校沿着正确的方向走在正确的发展道路上，让我们继续学习、领悟、践行李校长的教育思想和哲学，促进自己更快成长，促进学校更好发展。

谭峰

跟随工作室走进大峪一小，我曾经工作了十七年的学校，一地一墙、一草一木、一楼一梯处处彰显着学校"和则日新"的核心理念。由内而外彰显着百年老校的沉稳与底蕴，更有与时俱进、创新发展的生机与活力。通过李校长对学校特色的诠释，反观高校长的办学实践，引发几点思考：

好学校的特色需要坚守什么？一所学校能够历经百年，学校核心文化传承发展，学校特色凸显，一定是坚守了教育价值的追求。大峪一小在办学过程中，一直主张面向全体学生，促进学生全面个性发展。学校的这一教育思想，让更多的学生受益匪浅，让更多教师专业成长，让学校在不断发展。我想，作为基础教育的小学阶段，更应该把握这个阶段教育的基础性，把培养德智体美劳全面发展的学生作为我们必须要坚守的教育价值。"全人教育"应该成为好学校的最大特色。

"全人教育"的课程如何建构？学校课程集中体现了学校教育价值的取向，面向"全人教育"，丰富多元的课程是必然选择。大峪一小的"定峰"课程体系，体现了整体性、基础性、发展性、差异性，基于育人目标，立足统整思考，兼顾了全面发展和个性发展的关系，课程多元化彰显了"全人教育"。

"全人教育"如何落地？深耕课堂是李校长反复嘱咐我们的。课堂是学生成长的生命场。大峪一小的课堂实践也给我们提供了很好的范例，如：紧紧围绕课堂教学，通过诸多举措开展课堂教学研究。从五环节教学模式的探索到"3D"课堂的探索，与时俱进，深耕课堂。

"全人教育"应该成为我们共同的教育价值追求，在李校长的带领下，学校办学不断与时俱进，创新发展。

任全霞

优质的百年老校，新址新气象。走进大峪一小，一步一景，处处皆是文化的韵味，体现了学校"文化育人"的办学宗旨。师生阳光儒雅，学校的"定峰"课程从设计到落地很值得借鉴，多年一直善于研究的教师队伍铸就了学校的高质量持续发展。李校长从核心素养的高度对课堂的点评，是在启发我们课堂要有大格局，课堂要紧跟时代大环境，思维品质远比成绩分数重要，思维过程远比学到知识重要，自主学习自主发展是孩子适应未来社会所必需的素养之一，我们应在此方面提高站位，加深研究，课堂是实现全人教育的最重要的途径，课堂是学校落实全人教育的最有力的体现。学校的发展更应该是基于全人发展的理念，一所学校需要有特色，但特色不是衡量一个学校发展的根本标准。李校长今天给我们指明了特色与全人发展之间的关系，特色是有层次的，某一个项目可以作为某个阶段的抓手，向特色项目发展，有了特色项目也不代表学校就具备了特色，最终要指向全人发展。思考我的学校，距离高质量的终极目标还很遥远，下一阶段时期内应明确一个抓手，学校虽小亦可聚力攻坚一点，求得突破。

赵建华

2019年11月8日，跟随工作室走进大峪一小。大峪一小是一座百年历史老校，改建后的校园大气、典雅，处处彰显人文气息。清晨走进学校，观摩和欣赏了学校的特色课程，孩子们在课程体验中彰显出的自信是真实的，给人以温暖。聆听了曹晓玲老师的数学课《商不变的性质》能够深切感受到作为门头沟的一所窗口学校，大峪一小在课堂教学中一直勇于探究、不断进步；感受到学校教研团队的潜心研究；感受到高校长将办学理念根植于课堂的作为。课后有幸聆听李烈校长的一席精彩点评，收获颇丰！李校长站在核心素养其文化基础这一视角，从人文素养、科学精神两个维度引领大家分析课堂，在充分肯定课堂一些教学设计的同时也提出建议。李校长告诉我们，课堂教学要创设适合学生且能让学生喜欢的情境，要引人入胜，引领学生在情境中发现、观察、聚焦数量之间的关系，相信孩子一定都会，课堂上经常这样培养就可以让学生逐渐形成这样的思维品质和思考习惯。数学课堂的思维品质和科学精神要通过反复练习、验证，在抽象概括中总结出规律，要通过不断讲道理的方法去培养和训练，孩子一系列的思考是培养思维品质、科学精神的过程。听李校长一席话有如醍醐灌顶，站在教学管理干部的角度看课堂，我们应该始终不渝地从学生核心素养培养的视角出发，更新理念，准确地理解和认知核心素养并引领教师落实于课堂实践。这几日反复回忆，随时翻看当日所记的笔记，也在不断地理解李校长的课堂教学理念及她传递的方式方法，收获颇丰！

白立荣

从三小到一小，"九九归一"

从2018年5月9日到2019年11月8日，一月不多，一天不少。一年半时间，李校长走进了工作室成员所在的九所学校，做到了"一个都没有少"。

2018年5月9日那个春光明媚的日子，李校长率先走进我们三家店小学。她用"现代"一词评价了赵明振老师的数学课，对三小的发展思路给予肯定，教导我们在追求教育的本质及规律上下功夫，根据学校实际构建适合学校发展的课程体系等等。于是我们增强了自信，更明晰了不足与方向。

此后，李校长对各校"一校一评"。于是，九所学校，校校增自信、知不足、明方向。而我们同伴间也在李校长的"一校一品"中引用的"执两用中、汉迪S型曲线"等理论的引导下，逐渐走向对教育的更深刻认识与理解。

2019年11月8日，在大峪一小，李校长在个性化的肯定和指导之中，引申出学校特色和核心素养两个大问题。看似不经意，实则独具匠心。

一年半，从三小到一小，风尘仆仆、不辞辛苦，足迹踏遍九所学校，从宏观引领到微观指导，最后又回到宏观引领，这不是"九九归一"么。

大峪一小的厚实与瓷实

厚实：2000年，我第一次走进大峪一小时，老高校长还在任，小高校长还是一个秀美的小姑娘，2019年的11月8日那个秀美的小姑娘已经是帅气袭人、精明干练的区域名校长。此外，大峪一小优质的土壤还孕育出在座的如教委白主任、任校长。高端大气的校园环境和学校文化处处体现出"和则日新"的理念，游走其间，厚实与现代并存，清心脱俗、高端大气，处处的确洋溢的是老牌窗口校的范儿。

瓷实：2007年，有幸陪同高校长去内蒙古卡拉沁旗送教，路上高校长谈到全校教师正在进行小学生"70+80首古诗通关"活动，在我眼里，这是很大的胆识与举措，它使每个老师都"下水"给学生当榜样、作表率。再后来，大峪一小的学生跳蚤市场让我惊叹，这是实在的素质培养。"定峰"课程的顶层设计基于学校的地域特点和实际，基于学生素质培养。一节短短的数学课体现了一小教师的钻研精神、探究思想及关注学生实际获得，都体现出学校稳重、实在的校风与教风。

期待一小的窗口校效应更强劲，尤其是在对城乡接合部薄弱校的帮扶上。

田俊晓

时代的车轮滚滚，大峪第一小学定峰教育的脚步也从未停歇，主要体现在以下三个方面。

一是处处彰显着学校的大气与活力。这一点源于在高校长的带领下，恰当运用了汉迪S型曲线的原理，也就是在学校走向辉煌的过程中，借助学校走向辉煌的各种力量，把课程、课堂作为新的A点，开始新的研究，使学校走向了新的辉煌，让一所百年老校永葆青春活力。

二是学校理念的扎实落地。对于学校而言，理念是无形的精神力量，像血脉一样存在于每个教师的心灵深处，引领着思维和行为。一小的理念没有停留在思考和文字上，而是扎实地落实在课程的升级、课堂的改革和教师发展的具体举措中，真正做到了理念引领实践，这是一所学校发展的内在驱动力。

三是课程的扎实落地。课程是学校发展和学校改革最为核心的支柱，抓住这个核心所在，落实在课堂上，是学校发展动力的不竭之源。

祝愿高校长带领她的团队走得更好、走得更远。

这次活动最大收获是：记得第一次活动时秘书长告诉我们，跟李校长一定要学习她的思维方式、话语体系及教育思想。仔细琢磨了李校长两次点评的内容，她点评的高度、深度、语言结构、表达方式等很多方面都是我学习的地方，还需要反复研读、深入思考，内化于心，促进自己不断成长。

杜瑞敏

带着梦想、带着思考、带着憧憬，高瑞红校长在一小的沃土上耕耘着、实践着，她实现了作为校长的梦想，完成了校长的价值追求。十年前，曾在大峪一小挂职锻炼，就让我感受到一小干部教师严谨的工作作风、扎实的课堂教学、浓厚的研究氛围。高校长那会就在说，她经常与他的儿子探讨中学的教育。如果现在用一小发展来看，作为校长要清楚学校现在在汉迪S型曲线的哪个点上，能想明白学校会发展到哪个点上。大峪一小在规划，有目标，学校发展、课程建设等方面效果明显。他们带着一份责任，传承了一种精神，追求的一种信念，寄托着一种情绪情感，践行着和则日新的办学理念，使学校文化建设在各个层面落实，形成全校共同的价值追求，促进学校变革发展，成为门头沟区一流的好学校。一个好校长，成就一所好学校。

特别欣赏大峪一小的研究氛围、研究能力、研究状态。曹晓玲老师孜孜不倦的与李校长探讨课堂教学，而且追着李校长在探讨。虽然这只是一个点，是偶然发生的，但我觉得偶然中体现着必然，诠释了大峪一小和则日新办学理念，不断进取，追求革新。

有一点思考：未来的社会是什么样，需要什么样的人才呢？传统教育模式以打造"类似的人"为目标，显然已经不适合未来的社会。那我们学校作为孩子学习的主要场所，我们就必须建设适合未来时代的学习模式、学习方式，甚至是思想、理念、思维去培养适合未来社会的人，那就得解放孩子的思维，更新学习方式，让孩子掌握自主学习的能力，对自我发展有目标，让孩子学会控制自己的未来，深耕课堂，势在必行。

张秀明

领导讲话：（北京市门头沟区教委副主任　白丰莲）

今天再次参加工作室的活动，感觉特别亲切。工作室成立一年半来，李校长走进了工作室成员的每一所学校，对每所学校的文化建设、课程建设、课堂教学、德育研究、课题研究等各方面都进行把脉与诊断，对每一所学校都给予充分肯定，给了我们很大的自信。我看到了学员们在这个过程中思维方式的转变、教育格局的转变和教育气质的转变。同时，李校长对每一所学校都指出了不足，给出了非常有针对性的建议，让学校明确了今后的发展方向。

今天参加大峪一小的活动，感受到了优美的环境、丰富的课程、多样的平台，学校关注每一个孩子的全面发展和个性发展，关注孩子的身心健康，这背后折射出来的是学校先进的办学理念和精细化管理，以及一支团结奋发向上的干部教师队伍和一位不断追求完美的校长。

李校长在点评中说，门头沟区小学教育都是高水平的教育，我也特别感动。这是李校长对我们的肯定也是期望。在点评中，李校长对于学校的特色，给予清晰明了的阐释，我深受启发，学校的特色到底是什么？特色的指向是什么？落位在哪儿？我觉得要聚焦于全人教育、全人发展。同时，我们要敢于针对教育当中存在的弱项、难点，去突破、去带动、去引领。

知行合一，以爱育爱

价值引领　正己泽人

——正泽跟岗

李烈校长在不同学段、不同学科"一课一研"的点评发言：

一年级语文

爱因斯坦有一句名言，大概意思是成功等于勤奋加方法，以及少说空话。

对于青年教师来说，勤奋努力自然不用多说，青年教师思维活跃，头脑灵活，方式方法也不少。少说空话更多体现在练兵上，练兵就是磨课。教师们在一起磨课，有特级教师、老专家、带头人班主任，人人都非常优秀。有如此好的条件，磨课应该作为教师常态工作中、自我成长中不可或缺的一部分。磨课不一定指有任务再磨，有小教室空着，教学条件都具备，教师就可以带着学生去上课。一是熟悉场地，但这是次要的，更重要的是，教室的设备可以记录教师的每一节课、每一个环节中非常亮的和非常囧的部分。课后，教师可以就课堂实录自行研究、反思，在自我的反观中去提升、去完善。另外，此举可以借机培养学生的大课堂观念。如果总是在一个地方上课，环境过于闭塞，就难以培养学生的视野和见识，显得拘谨，不够大气。经常换地方上课，突破单一的教室环境，有利于形成大课堂观念。每一位老师每个学期都应该主动安排几次磨课，大家一起备课，一起听课，一起评课。就算人数不齐也没有关系，跨年级的老师也可以请过来，聚集人气。

提到语文教学的方法，我算是个门外汉。就方法而言，我有一些自己的看法。首先就是心态稳定，青年教师特别容易出现的一个问题就是把握不好节奏，要么上得快，要么上得慢，有时丢失课堂重点，有时又导致拖堂。因为缺乏经验，心态不稳，一有人来听课就会紧张，就达不到最佳状态，这很正常。我也一样，即使已经教书二十多年了，但有人听我课时候，我依然是不吃早餐的，因为我紧张，吃不下。等我上完课，胃口就特别好，吃得特别香。所以，要在多人听课时依旧保持平常心，平时的心态就要非常好。这就得靠平日的练兵，经历得多了，也就无所谓了，也就正常了。

针对青年教师容易出现的问题，我有两个建议：其一就是在时间的安排上要结合课程的环节与目标。最好把时间定下来，但也不是走极端，定死了几分几秒，超过就不行，要更多地关注课堂生成。如果课堂生成了有价值的东西，就可能会出现非常精彩的好课，没必要非得拘泥于教案。好的课堂生成离不开老师随机应变的判断、分析与处理。对于青年教师来讲，在还不会走时，别急着跑，先老老实实地按教案走。在设计教案时，时间要和过程目标紧密结合。根据过程目标把时间定具体，比如某一环节需要十分钟，为什么需要十分钟？十分钟的价值追求是什么？这十分钟的过程目标是什么？如果仅仅把这十分钟当作一个时间单位，教学生认读声母韵母，给它们排排队，未必用得了十分钟。时间和过程目标不结合着定，肯定会出问题，青年教师就很难把握课堂。如果只是简单的复习，用不了十分钟，也不能放松自己，否则就是无效课堂，该落实的落实不下去。所以在备课的时候，教师要考虑过程目标与时间。这个过程需要十分钟，可以。但用这十分钟干什么，心里要非常清楚，在布置任务前也要说清楚。分三类，再排队，那是按什么标准排队的呢？这样排好在哪里？学生们要互相讲一讲，给全班学生交流的机会。所以，十分钟的任务是有层次的。一是找，二是排，排的过程中还得分工，这样过程目标明确，而过程目标又和时间拴在一起，有质又有量，有问题梯度，有思维力度。

再一个角度，语文学科本身虽然没有太多纵深发展的可能性，再深一点，可能就超标了，但可以尝试拓宽，切不可在讲备课里有思考问题的部分，但是上课时却讲丢了。为什么这么重要的部分会讲丢了？说明还是不够突出，不够重视。目标一丢，劳动无效，就是在浪费孩子们的时间。当孩子们在排序的时候，老师应该问他们为什么这么排，而不是说对不对，因为这个排序不存在对不对，只存在好不好，合适不合适。合适就是朗朗上口，容易记忆，符合记忆规律，所以排序时打破了原来学的顺序。有顺序就是有规律，有规律就好记忆，孩子才能有效掌握。所以，过程目标和此过程中给定的时间，相辅相成。教师设计教案时，在预设当中就应该把目标与时间抓准了。如遇突发特殊情况也不可怕，教师可以有目的地延长这个环节的时间，把后面某个环节甩掉。但如果一紧张就把关键环节丢了，课堂效果就会大打折扣。说到课堂有效性，就得给学生充分地练习时间，当教师把时间浪费在前面价值不大的环节时，就会挤占后面练习的时间。在练习环节，有的孩子回答时心中没底儿，怯生生的，教师应该充分利用这些问题，让孩子们多练练，把教学目标真正落实下去，光说给孩子听，基本等于无效。因此，对于青年教师的成长，学校应该针对他们容易出现问题的地方研究哪些方法更有效。

三年级语文

和谐的师生关系是教学效果的有力保证。这是教师应该格外注意的。因为我们面对的是学生，活生生的、有情感的学生。教师的一堂课设计得再专业、再吸引人，但师生关系不和谐，课堂效果都会大打折扣。当学生特别喜欢你，会放大的教育成效，当学生不喜欢你，就会减弱你的课堂成效。因此，师生关系应该是研究教学或者说教育成果必须要重视的部分。

回到教师身上，课堂上遇突发状况需要教师的机智应对。课堂前部分，教师和同学们一起交流如何编童话，如何编得新奇，如何编得有趣，到了后部分教师突然一找补之前的错误，恰恰突出了授课的主题——"编"，修改符号也自然而然地得到了运用，弥补的时机也非常对，自然而然，非常机智。对此，我有个小妙招。教师平时在课堂上难免会出现错漏的情况。此时，让孩子们帮着弥补是最好的。教师平时要养成学生敢于纠正老师错误的习惯，如若教师一出错，孩子们马上就会发觉，并提醒老师改正错误。这样的处理，非常自然。如果错误非常醒目，学生却发现不了，说明教师的教学对学生没意义；如果学生发现了老师的错误却不敢指出，这说明教师的教育是不真实的。所以，教师要告诉学生，老师出错很正常，当老师出现错误，需要你们来补救，平时老师跟你们关系那么好，老师出错的时候反而不说话了，就让老师一直这么错着，对吗？潜移默化地，师生之间就会形成默契。

其次，如果课文中的童话的结局可以传递美好的情感，自然最好，但不美好的结局也可以引起学生的惋惜、思考，从反面讲更是一种深刻的影响，也是一种教育。如《豌豆公主的故事》，如何传递小道理？或者如何传递一种美好的情感？真正的公主皮肤如此娇嫩，多层被褥下的一粒豌豆都可以感受到；公主的身份得到了确认后和王子顺利结婚。如果被学生问道："这个故事美好在哪里？"该如何回答？童话的爱体现在不同的角度，有的是幸福，有的是亲情，有的是情感，安徒生的这篇童话表现的就是幸福。豌豆公主受到的呵护就是一种幸福。除此之外，教师可以从作者的角度思考这个问题，还可以从什么角度看待这个问题呢？值得教师思考。

再次，对二年级的学生来说，童话教学的第一节课能把六要素写出来就可以了，把故事说清楚，这是保底。更多的学生应该在写的过程中去体会童话的想象，焕发他们的想象力，还得把情节写清楚，写得有趣。学生在选人物时就已经开始了他的想象，每个人的结局也会与众不同，但故事的经过更应该丰厚。教师在指导上更应该注意详略，突出故事的经过，通过经过才能够反过来印证起因和结果。比如教师说黑板跑了，那黑板跑出去后会有什么样的遭遇？又会有什么不一样的体会？它是怎么回来的？被抓回来了？还是自己主动回来的？又或者是谁把它送回来的？如此一拓展，情节就会变得跌宕起伏，黑板在这个过程中会获得很深的感受，也可能会涉及它的主人，双方通过一系列的经历，最后悟到了一个小道理，这样的道理才深刻。如果黑板跑掉后直接被抓了回来，直接认错，那么想象力和蕴含其中的小道理就很难凸显出来。因此，从这个角度讲，六要素还应再突出一下中间的经过。

最后，当教师研究的问题是真实的问题，且几乎没有现成的经验可借鉴的时候，那么教师研究的突破点就是针对学生的真问题，在学科素养上还有什么地方可以再突破一些。三年级第一学期的学生学习编童话，类似的课很少，研究课本更少，教师能选这样的课去研究是非常有勇气的。教师一上来，不是给出时间、人物、地点，让孩子们在框子里面编故事，而是一上来就放开。发言的孩子要讲什么老师都不知道，所有这一切完完全全是现场生成，放得越大，挑战越大，遇到新问题对老师的驾驭能力的考验就越大。即使教师在上课的过程中会有这样那样处理不到位的地方，但做到了真正尊重孩子，尊重真实问题。换个角度想，这样做能锻炼什么呢？上一节课，教师就必须抓住这节课要落实的目标，抓住最本质的东西。可能备课备得越具体，放的空间就越小，教师越容易按着教案一步一步走，根本不知道孩子要说什么。这时，教师就要琢磨应该抓住的是什么，而不应该被一些具体的环节所束缚。暴露问题多是因为肯放大，真正尊重学生，真正抓这节课最本质的属性，而在这一过程中出现的问题恰恰需要教师做进一步的研究，这是宝贵的资源。就这一点，我特别欣赏，也是特别支持的地方。教师可以继续按此研究下去，不要因为研究过程中出现把控不住的情况就暂停，要坚持。但同时不要走极端，虽然放得大，研究却要细，要具体，研究各式各样的可能性。要有聚焦的意识，备课要细致具体，上课要收放自如，收放兼有，抓住本质，就一定会提高得更快。

三年级数学

课堂上，学生需要有一个到一定时候进行倾听、交流、判断，再自我提升、自我完善的过程。想象一下，如果学生在课堂上，遇到问题知道用自己已有的知识、方法、经验去解决，并进行同伴交流、对比、分析、判断再提升。之后再干什么？此时，一定要重新回归自己，审视自己最初的想法，什么地方待完善？什么地方该否定？什么地方该坚持？这个"回归"重要，这是非常重要的学习方法，是教师在以往的教学过程当中常常忽略的，但在课上很好地体现了出来。同时，教师在课堂上把隐性的东西显性化了。尤其是数学课，要培养孩子的概括能力、抽象能力、逻辑思维能力等等。这些能力如何培养？什么时候培养？如果这样一个环节，教师提出来，学生却不知道，那他永远会在这一节课上有欠缺，所以到一定的环节的时候，教师会有自然状态，会有不同个性化的做法，有比较突出的对比、研究，有归纳、整理、概括、提升。同样这是一种思维的方式，一种学习的方法。这个观点非常好，我赞同。

课堂上教师要研究孩子的真问题。教师在一节课的实施中，可以尊重学生真正的想法，基于学生的最原始的状态进行梳理，给了学生足够的时间、足够的尊重，呈现出很多亮点。放得大，给老师的挑战就大，不能因为现在还驾驭不了，还处理不好就不去做、不去放。所以真正地尊重孩子，就是尊重孩子最原始、最真实的做法，然后去梳理。这一点上，尽管提升的空间还很大，但是意识必须坚持。

教师在处理课程上呈现的亮点，值得学习。

第一，面对学生对123数字表的质疑，老师很快就听明白了，并帮助他进行了表述。当这个学生再站起来回答问题时，他充满了感激。

第二，教师特别突出的是对待第三个发言的孩子。孩子呈现的是结构，你让他呈现的是过程，虽然有些地方颜色不齐，箭头儿也不直，但是我认为是最漂亮的，它突出的就是过程。当他画线段的时候，这体现出的思维都是有序的。这里呈现的特别好，所以老师在这节课上是很有亮点的。

同时，也需注意几个问题。

第一个是目标，教师只提了两个词：有趣、符号。一节课的目标就两点，远远不够。这节课的教学目标是什么？教师先说的是知识性的，这是一维的，二维三维呢？都没有。教师不能一说起课来，就剩一维了。这是个问题。

第二个问题，教师讲的第一维目标，即知识目标突出落在有序上，又关注了孩子的真问题，但为什么孩子在总结的时候，却做不到有序，又不突出。为什么不突出？因为每个问题的处理层次基本是平的，包括没有出现的无序的状态，或者说不是完全有序。教师特别举了一个别的班同学的例子。为什么举这个例子？在这个时候，举这个例子，依然还是跟最初处理每个孩子的做法一样。这就是为什么孩子在应该概括总结的时候却不突出，对于第一个孩子讲的，处理得很好。但后面教师只注重了表达方式，即符号上的不同。没太注意思维的有序，每个题的强化，落点落的不集中，否则应该水到渠成。还有教师没有出字母。是无所谓吗？虽然文字是符号、数字是符号、线段是符号、字母也是符号，但符号的抽象程度是不同的，所以在此未提及有些遗憾。另外，在课的最后进行概括总结的时候不够突出。说明前面聚焦得不够，尊重了最原始的，缺乏一层层地剥开，而是直指最后的目标。

第三个问题，我认为黑板上板书的东西，我很欣赏画线的地方，有数字的地方，孩子处理得很好。想一想，这个时候怎么能够突出更精准的、更核心的东西。另一个问题，当教师退下来后也不能顾此失彼。关注了真问题，尊重了学生，但数学学科本身的素养培养不能丢掉。数学课上有一个叫思维敏捷性的训练，和尊重学生是一个矛盾。当老师太缓慢，处理思维的含量太低时，孩子的思维，敏捷性如何培养？所以该慢的时候的真问题，是要深入思考的。除此之外的问题，不能拖沓。如果拖沓，孩子的思维就会缓慢，不仅心态上慢了，思维上也慢了，敏捷性就没办法培养。所以该快的时候得快，该慢的时候得慢，有快有慢，才有质，也就是思维的密度。思维含量不够的时候就叫拖沓，这在数学课是大忌，孩子思维敏捷性的培养就出不来。从这个角度谈，如果教师处理到位的话，质就显现出来了，思维的深度就有了。这个时候如果没有照顾到敏捷性，只照顾到深度，同样可以。但整个过程只是关注了孩子的真问题，但有些所谓的真问题太个性化。对更多的孩子来讲，属于时间的浪费。比如，孩子用了多少数学学科的词汇。再如当孩子质疑问题的时候，教师得肯定质疑的孩子。教师不能只站在被质疑孩子的立场上，更要关注孩子质疑的问题本身是否有价值。当孩子能提出一个有价值的问题时，这个价值就大于问题解决。所以教师若只关注了问题，缺少了关注质疑本身，建议教师要重新看录像，梳理一下哪些质疑问题是有价值的。这样去研究，教师什么时候进，什么时候退，什么时候大胆地放，什么时候收，难度越大，驾驭的东西、生成的东西越多。教师既然敢放，放完之后在最关键的地方又敢进，该有爆发力的时候要有爆发力，节奏该快的时候要快。是非常有研究价值的。

二年级英语

宇老师才工作一年零两个月，且2017年教一年级的时候，他主要教的是自然拼读，教材是不一样的。在这种情况下，全组一块磨课，拿出一节课，是非常好的。我特别满意的是宇老师的状态，尤其是前半截的状态：一个大男孩和二年级的孩子们一块学英语，就是一个大男孩带着一些小孩子在那一块玩儿。那个情景、场面，只要相融在一起就非常有特点。其实，不要求教师的教案很有特点，很有内容，课上做到面面俱到，问题处理又非常完美，如果真那样的话，我要打个问号，我觉得可能不真实，或者有安排不妥当的。否则对一个刚工作一年多的小老师，面对二年级的孩子，上了非常多的有深度的内容，且上得面面俱到，一般来讲，都会有所质疑。所以在我看来，宇老师的课我是挺满意的。因为追求成长，包括有些地方没上出来，有些地方很沉闷，这都是正常的，都是宝贵的资源。如果没有这些体验，太过于顺利了，都上得非常漂亮，反而麻烦，因为教师的体验是不完整、不真实的。所以从这个角度来讲，没有什么可以觉得太遗憾的，也没有什么觉得对不住大家或觉得委屈的，这都是非常正常的。教师更应该看重的是整个过程中自己的成长、收获，尤其是此收获来自自己亲身的体验。成功的也好，失败的也好，体验更为宝贵。

课堂上，当教师有一个很执着的想法，多次试讲后，如果都没有一个理想的效果，可能要打开一点思路去思考。比如真实的情境，对二年级7岁的孩子来讲，真实的情境是什么？给一个社区，两张图片，这就是真实的情景了吗？整个设计从一开始就进入社区，这是真实的情境，接着是学生熟悉的词，他们熟悉的人物或者职业，老师、学生也好，医生、厨师也好，整体是不错的，但到后部分教师增加了新内容，出现了飞行员、消防员等，同样是情境，为什么没能让孩子感兴趣，是什么原因？每个教师都有自己的节奏，这点我赞同，但不是所有的孩子的兴奋点都源于老师的节奏。其实不妨倒过来想一下，什么样的教师，什么样的情况，什么样的方式容易抓住学生？抓住学生了，学生就容易跟着走，就有兴趣了，注意力就会集中，就会关注，关注了他就进去了，进去以后可能就是一个内在联系的情境或者一个学科内在的魅力在吸引他。但是，当学生根本没关注，根本没什么兴趣的时候，再好的设计都没有意义。什么能把学生的注意力抓住？比如这个老师有突出特点，节奏感特别强，可能这个节奏本身就让人很舒服；或者这个老师该温和时特别温和，该严厉的时候会严厉，学生在这样的老师的课堂上，他不敢走神儿，他的注意力也能集中；还有的老师可能是另一种风格，但是他设计的环节，设计的内容，采取的形式特别吸引人，也能抓住学生。所以，抓住学生的方式不是唯一的，也不是单一的。光有各式各样的形式，就算有歌曲、歌谣，如果歌曲不好听，或者自始至终都是歌曲，也未必就能抓得住学生的注意力。因此，教师要能抓住学生，要让学生注意力集中在自己身上。只有学生关注了，他才能参与进来，有参与体验了，他才能学会，对学会了的东西他才能有进一步的兴趣。

抓住学生的方式方法不是唯一的，也不是单一的，由这个话题说到情境，什么是情境呢？大人理解的情境和孩子眼中的情境也不尽相同。教师自始至终在设计情境，但是单凭两张图片就能一下抓住学生的情境吗？事实上，没出现这样的效果。当一节课上到一半时，学生就已经失去兴趣了，或者这时没抓住学生，从孩子年龄特点上讲，教师设计的情境就得注意一下方式方法了。比如这个时候突然出现了两个孩子，他们穿着消防服，可能一下子又把学生抓住了，这是一个无意注意，教学的转折。再比如穿着飞行员服装的学生拿着一个飞机模型进来了，可能一下子又抓住学生了。这些例子都是在表述情境，但由真人扮演的角色和一张打印出来的图片，吸引学生眼球的情况就大不一样。所以抓情境没问题，但是要结合孩子的年龄特点。大人坐这儿，突然间出了一张图片，会把大人的注意力一下子抓住，但孩子的注意力，尤其是英语较弱的学生，无论教师讲的故事情节，还是图片旁的注释文字，他未必看得懂，也就更没有兴趣了，就走神了。所以，遵循低年级孩子的年龄特点，需要多使用且不只使用歌曲、歌谣等。归根结底，我特别建议使用两条线中的另外一条线——孩子的年龄特点，这也是教师在研究课的时候，特别要重点考虑的。

对于低年级的孩子，如果你的形式本身就能调动他的积极性，吸引他的注意力，年轻老师在这种情况下，他自己也容易兴奋，因为师生的兴奋是相互作用的；反之孩子沉闷了，老师就不知道怎么办了。老师不知道怎么办了，情绪也就下沉了，那对之就是一个负面的影响。对此，我特别想提一个建议，其中还包括一些小的技巧，说是技巧也可以说是真正地让学生成为主体，更能参与的策略、方式、方法。当教师设计的是全班交流时，这时全班注意力都集中在这儿了，孩子们确实是在学习、交流、倾听，那就按照所设计的往下走；如果不是这种情况，怎么办？当然有的老师特别优秀，对策马上就有了，甚至说些什么话就能把班里学生的积极性调动起来，但这样的老师终究得是特别有经验的极少数。一般情况，尤其是缺少经验的老师，我的一个建议就是：当安排全班交流时，找几个孩子到讲台上来说。孩子的注意力不集中，可能是疲惫了，可能是对形式没有兴趣，可能他根本听不懂、跟不上，各种各样原因都可能发生。这个时候，教师就不要再往下继续说了，应该立刻就放，放开孩子们。让他们人人都有参与，都有说话的机会，而且他说的对不对，他不怕，因为这一切都是安全的。教师若让他面对全班去说，他就顾虑了，万一说错了呢，多丢人！所以，让孩子各小组说，小组说完小组之间再互相说，两个人说、四个人说、八个人说，或者教师离开座位找孩子说……一下子气氛就起来了。而且在这个过程中真的是与同伴在学习。有了这个氛围，说的孩子也多了，这个时候再找孩子来说，可能就不一样，这是一个具体的小的技巧与招数。否则的话，孩子越来越压抑，越压抑越不敢张嘴，越不敢张嘴越不会，越不会越想躲着，甚至眼神都躲着老师，就怕此时被老师叫到。当时学生的状态、心理，可想而知。

总结上述两点，课堂要从学生兴奋的角度下手。如果学生的兴趣不在，学生只要一走神，教师的设计再好，效果也不一定理想。另外方法要得当，遇到这样那样的情况怎么办，既是理念又是具体的方法。

一年级体育

讲课的教师已有五年的工作时间，在体育教学方面很突出，上课特点鲜明，师生关系也非常好。

我提的建议是：第一个是规则意识。体育促进学生全面发展。体育承载的不仅有孩子的身体健康，身体素质的培养，更有德育方面的培养，体育活动当中的许多规则恰恰是培养孩子规则意识的机会或者平台。所以，教师在孩子规则意识的培养上还要再突出一些。

比如说接力跑，一年级的孩子刚刚上学两个月，虽不是此时教学目标里有的，但我认为也得关注到。接力跑只有15米，地上画有跑道线。在孩子短跑时提醒孩子不串线、不踩跑道线，踩线就是犯规，这就是培养规则意识。如果孩子在一开始就没有跑道规则的意识，等意识先入为主，习惯了，将来再纠正就很麻烦。所以，在第一次就让孩子形成规则意识。

比如教师纠正孩子的仰面爬行的动作。但在整个实施过程中，好几个男孩子的屁股一直在地面上蹭，可能是累了，若累了就先别练了。教师没有关注到，或者看到了但忘了提醒，孩子们就会模仿第一个孩子用屁股着地的动作爬。既然是仰面爬行，仰面爬行的要素就要体现出来，就不可以屁股着地往前蹭。它既有动作的问题，也有态度的问题、毅力、技术的问题。但教师只在中间叫停了一次，强调了动作。此时，教师应该更严厉地强调："要坚持，要有毅力"，这也是规则，否则这个动作就不叫仰面爬行了。

再比如接力赛的小车，同样是有规则的。有些孩子为了抢速度，前面的同学还没到目的地，后面的同学就先出发了。而这些行为无疑都是教师在潜移默化地惯着孩子不遵守规则。不注重规则，孩子就会认为无所谓，不当回事儿，认为可以不遵守规则。所以，教师应仔细回看录像，找到问题所在，予以纠正。

我特别希望体育老师对一些细节的关注。体育课程承载的有价值的就是规则意识，这个规则给予孩子的是毅力的培养，是规范的规则遵守，它也是从动作功能到毅力的一个保障。

第二个建议，目前，基础体能可以从孩子身上看到非常明显的效果。比如说前庭开发有几种训练的方法，但一定不要只停留在这些方法上。刚刚起步时，这些动作要领一定要清晰明确。谁清晰明确？孩子自己清晰明确，动作一定要做到位，一定要下功夫。而且要持之以恒，越做越出花样，越做越漂亮。

比如孩子做一分钟转板，动作要具体到位。老师说一个口令，说一个标签，孩子应该就知道做哪个动作，而且还应该知道这个动作练的是哪个身体部位。什么动作是练快，什么动作是练脚腕，一定要到这种程度，这样体能的功能和价值追求才能够体现。再如前一分钟老师吹什么哨，或者是有什么命令，学生就前后动。前后动到什么程度？要不断地有目标。孩子可能动得不大，眼看就要转过来了但是还没有到真正转过来的程度，这就是技巧的程度。如果不断地有目标，学生得到的锻炼绝对不一样。接着老师吹另外一种哨，就改成学生左右动，幅度尽可能大。老师再换哨，学生可能换成是360度地转。这样特别有序、到位、有趣、有益。否则的话，只是动作学到位，体育功能不能体现100%，只体现20%，只能说明老师离真正追求功能到位还差很远。因此我说的第二个建议就是体能的训练方法不是教了就可以了，而是要让孩子知其然，更要知其所以然。要让孩子越做越有花样，越做越有兴趣。就像老师教的武术动作，孩子知道气用在哪、练哪根筋、练哪块骨骼、练哪块肌肉，这是行当，是专业。所以，基础训练虽看到了孩子练习的效果，但离到位还很远，因此一定要抠细节。从这个角度来讲，虽然目前的成绩已经很突出，但这只是第一步，应对后续的九步进行研究，越研究价值会越大。

二年级体育

此节课是一年多来孩子体能训练的一个汇总，一个表现形式，同时也是一种练习的方法。如果没有此前各种方法的训练，自然是上不了此内容。这并不是说老师胆大就敢上，是因为老师感受到了孩子的体能状况，觉得他们的弹跳、协调到达了一定程度，足以完成这些内容。正是因为经过一系列的训练，才有了完美的呈现，非常好。尤其是赵峰老师，适应能力很强。刚来学校时，上的是二年级7岁孩子的课。那时他言语晦涩，孩子都听不懂。但短短一年的时间，变样了，让人很舒服。这也体现了一种综合的素质，跟学校整个体育组做研究的水平和层次也分不开的。

其次，我很重视体育，但是个外行。我这个外行对此有一些建议，同时也希望我的心愿，能够一点点地落地开花，甚至结果。

第一个建议，当孩子的基础体能有了一个比较理想的状态之后，老师敢于去尝试，上了连高年级都不敢上的一些内容，实在勇气可嘉，这是对孩子的实际能力有判断，非常好。但当老师有这个勇气，有这个胆量的时候，更要把安全放在首位。把安全放在首位，可以从两个角度讲。

一是老师要非常清楚哪些动作是安全隐患的？哪个环节是容易出问题的？这些一定是老师在课堂上抓住不放的，并且得让所有的孩子都懂得。课上有一个环节，难度明显提高了，教师有问及孩子危险是什么。这个角度很好，但不够到位。这个环节的危险是什么？是会向前栽。那如何解决这个问题呢？怎么让孩子训练时不向前栽呢？此动作本身就是往前冲的，一定容易出现身体向前栽。连孩子都想到这个层面了，该怎么解决呢？这个动作要脚踏，双手撑，同时还有双腿的配合，身体还要往前去，且不说脚底绊不绊，身体往前栽是绝对的，很容易出问题。所以在这个时候，老师一定要特别强调务必抬头，此处务必抬头强调得还不够。课上，老师对提臀的动作标准程度的强调次数远远大于对抬头的提醒。从动作技术上讲，动作标准程度确实是老师需要强调的，但安全比天大，即使老师对孩子的基础有底气，也有挑战的勇气，这是很好的，但切不可在这种时候忽略了安全，或者只把安全放在口头。安全必须落地，技术动作也必须落地。什么地方最容易忽视安全，怎么就保证这个地方不出安全事故，不完全是靠老师在保护。有些地方老师保护过度，目标就实现不了；不保护，又怕出问题。所以，一定要让孩子们懂得，既要让动作更加落地，又要懂得怎么自我保护，这是一个角度。

另一个角度是课堂上的主题教学。组织教学，老师重视了，该注意的地方注意了，该讲的地方讲了。但是如果孩子在课堂上的关键时候有走神的，注意力不集中的，压根没听见老师所说的。这也是隐患！对此，我一直有一个观点，就是体育课上老师应对学生的要求更加严格。"觉得好不好啊！"这类比较温柔的语言在体育课上可以不用。从一定角度上讲，虽然不能把体育课比作战场，比作当兵的兵营，但一定得有别于其他的课，学生要有点战士的意识。体育老师上课的所有语言都是命令，都是口令，有令则行，有禁则止。所以，在体育课上来不得一点点走神儿，来不得一点点松散。我希望体育老师可以就此展开研究，去抓一抓，否则的话就算从技术角度，从教学一条线的角度注意了安全，但孩子有一个走神的，问题没准儿恰恰出在那儿。我特别希望体育老师能有特殊性，能有别于其他老师的方式方法。

第二个建议，就是综合操。综合操也是一种课堂上的准备活动。老师在课上开展这个活动时，一定要通过综合操的每一个动作，对过去所学的一些基础体能有所巩固，甚至在巩固的前提下得以提升。比如横叉、竖叉，如果学生几个月前做成这样，几个月后还是这样，甚至退步了，那就会失去新鲜感，比画比画就过去了。这些动作完全没用吗？也不是，至少起到了热身的作用。但是综合操不是完全靠一些动作，是经过多种体能训练之后，选取一些经典的动作汇聚在一起的。所以最起码能给学生已有体能起到一个巩固的目的。光巩固还不够，一定得有提升。所以二年级了再做这个操，孩子的每一个动作跟过去比都要有提高。我建议老师要关注孩子每个动作的到位程度，而且要及时纠正。另外还要有目标，班级有目标，班里的每一个人都要有目标。经过二年级第一学期综合操的练习，横叉和原来比要到什么程度，纵叉要做到什么程度，退着能走多少步，到什么程度等等。可以来一个目标驱动。每个孩子根据自己的情况，给自己设定几个具体目标，期末的时候，对他的评价依据进行评价，就会有更多一点的个性化和差异性。所以要有一些目标，让他目标达成有成就感，他就有成功的体验。因此，我提出的第二个建议就是综合操的价值到底何在？我想不仅仅是热身，它更有基础体能的进一步提升，也就是说这个环节本身既是呈现一种方式，同时也是一种训练方法。

第三个建议，就是当孩子做得不好，做一个动作要摔倒时，引起其他孩子们哈哈大笑时，即使老师关注到了，也进行了管教，但做得不太到位。其实，其他孩子发出的笑声并不是出于歧视，也不是负面情绪。因为孩子并没有真的摔倒，大家笑只是本能，是很自然发生的。如果真的摔坏了，还有笑声，就有问题了。

这时，其实更重要的不是简单地抑制住笑声的问题。更重要的是要去观察每一个同学的动作，他的动作哪是成功的、漂亮到位的，哪个地方是有问题的，所以他们没成功。应该怎么改进？大家更多的是在观摩，把观摩的动作当资源，帮助判断、分析，给他建议。这样做出了特别漂亮的动作，大家就会情不自禁地鼓掌。真有同学出问题了，"你的腿怎么那么迈""你那踏点太远了"，大家关注的应该是这些方面，而不是一个简单的掌声和笑声。在方法上，也应该让学生学会自我分析、自我完善、自我提升。做一次，有一次收获，有一次提高，知道自己的问题出在哪，下次再做的时候，就格外注意什么地方。不管一个孩子跳了几次，应该看到的是一次比一次好。如果最后一遍跳得还不如前一遍，就要思考、分析。

每一次的练都是在积攒一个宝贵的资源，无论是做者还是观者，都应该关注这些，这样大家都会有收获。所以，我觉得如果能在这个地方对孩子加以引导，可能就是一个高级的有价值的过程，而不是说一个简单的开不开心。

第四个是我的一个疑问，我好奇老师会怎样利用孩子们的手环的监测数据？监测结果的数据处理主要有两个方面。一方面是通过心率的报表，了解整堂课的某些环节是否需要调整。另一方面是对孩子个体的分析，以便更好地适应每一个学生。我希望老师好好利用这些数据，分析数据，调整设计，更好地促进教学。

李烈校长总结发言：

价值引领

谈校长就要谈校长的领导力。首先，校长引领很多时候是一种价值引领。道由心生，人们真正的认同，它才会产生各种不同的方式、方法、战术、策略。理念如何形成共识？不是理念有多新，有多抽象，有多高大上，就一定吸引人。我觉得，校长的理念和老师们的个人价值追求是一致的，学校的共同愿景和每个老师的追求是吻合的，才是吸引人的。学校想办得好，但和老师们的价值不一致，即使学校发展得再好，取得再多的荣誉成绩，老师们会认为只是校长的。当老师们对校长的理念认可的同时，其实是最深层次的动力，他认为就应该这样。所以共同理念，一定是学校愿景和老师个人价值追求相吻合的。

文化的核心是价值，这个价值一定是共识的。有共同价值追求和共同价值取向的人凑到一起，才容易办成事。但这并不是说，你招来的老师就跟你是一致的，那校长的引领在哪呢？其各个学科，都有学科带头人，也是主管，主管本身也都讲课。尽管学校是国有民办，但终究是跳出体制的。教师队伍中有中年的，老年的，这些教师全是高级教师。而且有的是比较早的高级教师，他们在正泽学校的工资待遇和之前在体制内学校相差无几。他们为什么来这？也有年轻的，比如小胡老师，北京师范大学的本科生、硕士研究生，香港中文大学的博士，原北京教育学院的老师，毅然决然辞了大学的教师职位，跳出体制到正泽来。她追求的是什么？不是金钱、地位、名声，他们已经达到了另一个高度——开心地干自己想干的事。他们来正泽是为了有更多的体验、收获。他们看重的是正泽这片沃土，能让他们成长得更快，发展得更好。为什么他们有这个判断？非常重要的是认可正泽的价值追求。这是校长的领导力，是价值引领。

还有一个问题，即使追求再好、再明确，都是束之高阁。真正落地靠什么支撑？就是点点滴滴的事，所以形成共识，除了价值追求、价值取向是一致的，一定得有怎样让成长更快，怎样才是他喜欢干、自己想干的事，这个价值一定是实实在在落地的，是一件件的小事支撑的。

比如说一些细节，拿"学生安全比天大"来说。学校看似高档，但是不适合低年级的孩子用。因为门槛高、台阶多，到处都是见棱见角、方方正正的。孩子天性好动，在动的过程中，就会有许多安全隐患。所以，就有这个理念，安全比天大。学校就应该训练、培养学生的安全意识，通过一些具体的小事去引领，用安全的理念去分析。学生意识到了安全的重要性，学校也就可以放开了。

激发团队智慧

一年级入住之前，工程队做不出石榴树前的座椅，我们就自己画图纸给他们做；座椅的木板有毛茬，我说要包起来，他们说没法包，我就让他们想，要是他自己的孩子坐上会怎么样，夏天肯定扎屁股，扎后背。后来想了很多办法还是包不住，只能拿砂纸一点一点打磨，最后做好了。

这样的例子很多，很多细节校长一个人盯不过来，我们只是举几个例子，帮助老师们分析，讲完之后，我们把所有老师分成几个组，然后排查安全隐患，凑出来好几十条，然后讨论、修正。在这个过程中，学校的那颗海棠树就有了，因为大家都知道，育人和育树是一样的，树也是生命。如果要建工程，树真的碍事，也不能砍树，而是要改设计。设计必须为树让路，这些价值追求校长得有。

又如，教室的所有地方都应该是孩子使用的，为孩子服务的。老师提出教室要摆放书，我说可以，书放哪，怎么装，以孩子为主，又要因地制宜，把主题给了老师，老师就去挑。老师没有办公室，所以教室里要有一张办公桌，就需要选便宜的、占地小的桌子。教室布满孩子的作品，充分让孩子使用……后来花样就更多了，老师们的智慧全出来了。教室地方小，书包柜放不进去，他们就讨论往外放。房檐底下，大小不一样，有的选择柜子，有的选择白色的盒。这些都是老师们去设计的，基本上花钱都不多。我举这个例子，其实我想说什么叫校长的价值引领？价值引领不能灌输，而是真正地落地。通过具体的事，解读这个理念，让大家发自内心的认可。只有老师们真切地感受到了理念的发展和变化，自然而然就胜过了外在的激励。

所以，无论是年长一点的、年轻一点的，还是非常年轻的老师，是相对没有太多外在的钱、名、利的干扰。虽然他们受到很多压力，但他们能深刻地感受到自己的成长和要追求的东西，这也是我办这个学校的追求。我在实验二小做了20年的校长，我想辞了实验二小的职位，我请求了几年，领导说不能离开西城，那我就说再办一所学校。我开始想的是，一至九年，平行4个班，一个班30个以内的孩子，满员就1000人。不是一个全新的试验，不是我们出奇，也不是我们新鲜，就是想针对当下义务教育的真问题，让德智体美劳真正落地，实实在在地在操作层面上进行尝试。

通过学校一年又一年研发出来的实施手册，就是给老师们用的。怎么去用？国务院成立了教材委员会，而我是教材委当中唯一的一个来自基础教育界的。语文、道德与法制还有历史这三门现在是集全国的最高层次的力量去统一编写，统一评审，让咱们去用。所以我们的长项和本质，我们该干的是什么，就是让这个教材去落地、实施。然后怎么用，用什么样的方式、方法，我们要研究的就是这个。就是要吸引一批老师共同做这件事，大家在做事中能感受到成长、发展，这就是价值，是价值体系。

校长评课要目中有人

作为老师，绝大多数是在工作中感受到自身价值，价值在哪呢？主要价值很多，在于他有想法能实现，在于真的看到孩子有变化。所以，对于校长，就要给老师更多的平台，包括评课。校长的评课，跟教研组组员之间的评课就是不能一样，组员之间的评课是就事说事。主管老师的评课就不太一样了，他必须得考虑到先鼓励，再说老师的问题。校长评课，站位就更得高了。很多学科不是我专长，数学我还敢说点，别的学科不是，我必须要恭恭敬敬地去学，语文、体育、英语都如此。因为是超越自己学科的东西，是价值层面的东西。如果你语文教学经验不够，就得多学，无论是跟校内的语文老师学，还是看相关的材料，或看整个小语界的文章，你至少得懂点语文的东西，你才敢说话。敢说话是价值层面的引领，但你又不能说空话，你要能根据你的理解，落地地举例子，这上下一结合，才有用。所以，我在评课时遇到学科方面的，我会以价值引领为最高占位。校长引领，除学科价值引领之外，还有一个必须有的角度，就是一定要因人而异、因组而异。身为校长，更重要的是要唤醒教师团队里每个老师的内在动力。

举个例子，一位青年教师正式讲课比试讲讲得好，但整个一节课下来孩子的状态不如试讲的另一个班。但我说上得很好，我很满意，为什么？这位青年教师，他的压力太大了，加上年级主管老师水平高，特追求完美。我与主管老师强调过多次，"小老师刚工作，你恨不得把他当工作10年教龄的老师对待。我承认有些建议、新意特别好，换作是你去上这节课，会上得特别漂亮，但什么叫好？适合的就是最好的，但是适合我们小老师吗？"我问小老师，你觉得哪不好可以不上。小老师说我觉得他们说得哪都挺好的。小老师感动于主管老师手把手地传授经验，经常带着全组备课到很晚，也从他那学到了很多东西。小老师既感动又有压力。看得出主管老师费了不少心思，他经常说："校长，我不行了，我今儿头发都要立起来了，我着急。"我说，"立什么立！现在是你的问题，自我反思自己，你要求太高，不切实际，如果小老师都能上到你们的程度了，还要你干吗？"

培养青年教师真没那么容易，因为追求完美而付出很多，又担心给青年教师太大压力。有一次去听门头沟区新入职教师的出师课，小老师上去讲课，讲得很漂亮，接着立刻全区展示，还录像。一下子层次就上去了。但是，那节课小老师没有上好，孩子的好状态也没有展现出来。小老师把一节课最亮点的地方上成了最沉闷的地方。刚工作一年零两个月的老师，接触新教材才两个月，这种情况下，小老师的课上得已经很棒了。想想如果是自己工作才一年多，能上到这样吗？起码小老师敢当着那么多人把课上下来，就很不容易。

所以，当校长评课时，应目中有人。这个人是什么年龄段的、有什么特点，你必须考虑进去，还要在该肯定的地方肯定，该闭嘴不说的问题就不说。比如评一位工作了5年的骨干教师同时也是主管老师时，就可直截了当地提些建议。这些建议不仅仅提给他，也提给年级组，为了年级组更好的发展。

因此，校长评课为什么会千变万化？一定是两条线，既有学科价值方面的引领，也要因人而异。你让教师眼中有孩子，你首先眼中要有教师，他是什么样的角色，什么样的经历，什么特点，要切合他的实际。该表扬时就要表扬，该不说时，话到嘴边也得咽回去。你真心实意地给他说了三个问题，足够压垮他。你可能对有的老师三个全说，狠着点说，有的老师你可能就说一条，甚至有的老师一条都不说，你说半条，说完半条还告诉他都正常。这是目中有人的表现。人不是抽象，是具体的，一个实实在在而又各有差异的人。

身为校长，评课时应有这个角度，是很有作用的。老师们如此努力地工作，会特别在意校长认可不认可自己。若得到校长认可，干劲自然就足了。若得不到校长认可，即使再有才，再努力，都会非常失落。所以，我觉得在校长的管理中应目中有人。我们应该盯着他们的优点，去放大，甚至有时候对于缺点，在某一阶段，某一个方面可以忽略。这时的老师会觉得校长看得上他，校长眼中的他是有价值的，这个激励有的时候比你给他物质奖励，效果更好。

另外一方面，对于校长而言，应好好领悟"正本泽根"。什么叫正本？本其实就是价值追求，是一种理念的东西。面对小学生，面对义务教育阶段的学生，"泽根"讲的是毛竹的故事。学校建校初期如同在扎根，我们踏踏实实按这些做，这些理念大家都能接受，又很形象。但我们研究的又是什么？不是嘴边上得，是落地的，就很容易跟大家保持一致。我们保持一致，一起在有价值的事上有规律地做事。

正己泽人

说到校长的领导力，第二个词是正己泽人。"以爱育爱"是我在实验二小做校长20年里建立的一个品牌，本来想着留给实验二小，正泽学校就提"正己泽人"，后来想想得继续发扬一下，尤其正泽学校一部分从实验二小过来的老师对"以爱育爱"的感情很深。之所以用"正己泽人"，按我的解释，超越了"以爱育爱"，不仅有以爱育爱，还超越以爱育爱，既是手段又是目标。按要求教师必须做到四有，但更多的还是教师怎么泽人，怎么去予以学生爱。而"正己泽人"不仅有这个维度，还有另一个维度，就是教师自身的修为和自身的行为。为人师，自己的修为要多一点利他，少一点自我的东西。如果我们自己不提升这些方面的修为，我们自己等于做人做得不是那么堂堂正正，就算在"以爱育爱"方面很有智慧，也算不上一个高尚的人。所以"以爱育爱"只是"正己泽人"的一个维度。

所以，校长即使有价值、追求、理念、思想，也有本事，但在"正己泽人"上很自我，想自己的事比较多，老师也不愿意跟着你。真正愿意跟着校长的，不管是年轻一点的，还是到一定年龄有一定经验的，他们能超越了名利、金钱、地位，高兴地干开心的事，就是对校长本人的认可，因为他们相信只要能做的、能办的，校长一定给办，一定能想得到。如果校长有水平，老师很认可，又能学到东西，但在跟你真正接触中瞧不起你，不愿意追随你，那也不行。所以，如何形成共识，如何带团队，如何有凝聚力，关键就在于两点：第一，正本泽根。校长的教育理念对不对？能顶天还得立地，顶天就是摸着规律了。立地就是一件件具体的事儿得支撑着，它不是空的，也就是价值上的引领。再一个维度就是校长要正己泽人，只有自己身正了，才能育出和自己一样身正的老师，老师才能育出正己泽人的未来的公民，未来的学生。

聚焦课堂

聚焦课堂代表了正泽学校的一个理念。作为校长，价值引领在哪儿？更多的是在课堂。如果把上展示课的青年老师换作学科带头人，给人感觉就会好多，会觉得课上得特漂亮，但这充其量是客套，并不是我想要的，我想要的是这个过程中，对老师而言是一个真正的成长的平台，因为这个做法本身对我们的队伍就是引领，就是价值追求。老师在上展示课时绝不会有作假，为什么有这样的氛围，这样的文化？那么多人听课，老师都是最真实的呈现。如果老师要在孩子面前做点假，那不是误人，而是害人。所以这些都是潜移默化的，也是平时一种氛围、一种文化。

第二个我想非常真实地呈现一下，校本教研怎么改。二年级的孩子练习跳箱合适不合适，可以再研究，但起码有一点是肯定的，敢这么上课，是因为老师觉得孩子的基础体能没问题，所以既把它作为一种呈现的方式，也作为一种训练学习的方法。老师也可能受到某种启发。因为跳箱绝对是高年级的，而且高年级都已经不上了。这些基础体能的训练，对课标的达成绝对只有好处没有坏处。

有一次，赵老师在区里给一年级的孩子上一节市评优课。不少学校的体育老师看完以后特别惊讶，把软垫子立起来，学生跑上垫子，接着两手一撑就跨到了垫子另一边，当场一年级的孩子百分之百都过去了。老师们一看，觉得这个器材挺好的，就询问器材在哪里定的，多少钱买的，好回去跟他们校长汇报。没出一个礼拜，其他学校也做了同样的垫子，但教学生时遇到了大困难，怎么也教不会。因为这真的不是一日之功。

基于问题的课程研发

正泽学校的价值追求是针对当前德智体美劳实施当中存在的问题，研究其如何落地。相对来讲，在体育上能看到一些效果，其他的语文、数学、英语难度会更大。它们不像体育练完8个月就学会了，会兼顾得更多，难度更大一些。

在课程的研发上，正泽学校力求做到所有的学科都有一个突破点，找准一个所存在的问题进行研究，有对学科素养培养的理解，也有对规律的把握。比如美术课研究书画一体；舞蹈是有别于舞蹈的创动课，它不是简单的舞蹈，是在音乐的理解上自己创编动作去舞动，创意舞动，所以简称创动；一年级、二年级会加入对英语拼读方法的研究。总之，各个学科都有重点研究的题目。

这些研究都靠校长是不可能的，老师们自己要形成一些突破。老师们既要对正泽学校学科素养理念的规律有所把握，又得针对学科存在的问题确定研究的重点，也就是我们常说的特色。但教育的特色，跟别的不一样，不是想明白了就有经验，而是得实实在在干了几年后积累下来的。在正泽学校一年级入驻后，所有学科都分别制订了一本实施手册，经过反复修改、审定后，就成了当时一年级教师使用的实践操作标准。

工作室成员感悟：

两天的跟岗学习结束了，共听了六节课，参与了一次全方位的分享培训。尽管早晨出发越走天越亮，晚上回来时越走天越黑；尽管李校长还专门发短信关心我的感冒，"别过来了"。但是，我还是紧紧抓住每一次聆听李校长教诲的机会，这已经是近十年在李校长身边养成的习惯，因为每次我都会有自己独特的收获。这次我也是带着问题探访"正泽"，因为前段时间李校长到门头沟意味深长地讲，做教育时间越久越感受到教师的重要性！再好的校长再好的理念都需要教师付诸于行动。我深深感受到"正泽"是李校长多年教育实践积淀下来的教育智慧与理念。正即执正、养正、为正；泽即水泽、色泽、润泽。"正己泽人，正本泽根"，追求的是真实的课堂，真实的研究，真实的问题。努力培养大气、灵动、睿智、仁爱的正泽人。面对学校发展的现状，我们如何创设这样的研究氛围进行真实而有效的教师培训？让学校的发展愿景与教师的成长愿景紧密结合在一起并形成共识，让教师体验到他的生命价值与职业价值带给自己的幸福与快乐，则是我努力做的事情。

宋茂盛

在工作室学习半年多了，随着李校长及白主任、秘书长等领导现场时时耳提面命、精准点拨，我们自己都能听着拔节的声音。随着学习的深入，探访李烈校长的正泽学校的愿望越来越强烈。11月5日—6日，机会来了，丰收也就来了。

一、感受

两个校区风格不同，但内涵相同。中华民族传统文化的气息随处可感。学校的边边角角，处处凸现人文情怀和对生命的敬重。教师的和善及精益求精，学生的灵动及顽强，教研活动的深入与深刻，让我们得出结论：好校长+好理念+好队伍+好机制=好教育。

二、启示

学习后的反思让我认识到：1.好的教育理念如果不落地生根，转化成教师们的共同愿景，那就只能是墙上的标语和口号。而李校长就是成功地用先进的教育理念和策略把自己的团队凝聚在了一起。并且让大家不断地体验品尝成就的甘甜和快乐。2.无论是教师队伍建设还是学生教育，必须遵循教育规律、人才成长规律。3.校长的胆识来自对教育的深刻认识和深厚积淀，而专业引领能力是教师对校长信服的重要条件。

田俊晓

跟岗学习期盼已久，因学校迎检，跟岗一天，深感遗憾。虽只一天，却能以一看全。因为我们深入到学校最重要的场所——课堂，参加了学校最重要的备讲说评一体化校本研究。

深度学习体会如下：四节课，学科不同，却也相同。一是生本理念高度统一，尤其体育课让我震撼，学校在关乎学生体质健康，培育体育精神方面，顶层设计，既立足学生实际，又着眼于学生长远发展。真心把学生的成长放在首位。二是彰显了学校的课堂文化，李校长的教育思想得以体现。三是师生关系都突出体现了和谐、民主、尊重，正己泽人内化于心，外化于行。校本教研，做真研究，是真正的学习共同体。收获：一是基于问题或现实需要而研究。二是研究立足学生核心素养，纵观小学阶段的知识体系研究教材，高站位。三是在评课过程中李校长倡导的教师观和学生观，老师们能够自觉反观。李校长每次的点评都让我受益匪浅，殊途同归。做目中有人的真教育，总是站在学生立场，学生角度，反观课堂反观教育。总是尊重教师，给予教师鼓励。

李校长以她自身的大气、灵动、睿智、仁爱带领着更多的人，成就着更多的人！跟随李校长一次次学习，让我更加坚定教育的理想信念，不断激励自己前行！

任全霞

两天的正泽学校跟岗学习，收获颇丰！感受如下：

第一，学校的办学理念通过校长的引领深深根植在每一位教职员工心中，通过人的实践与引领落位于课堂，落在学生身上。仅仅两年多，在学生身上看到了大气、睿智、灵动、仁爱。理念的落地如此见效，实在令人钦佩！

第二，教师的团队作战为"生本"课堂赢得了胜利。两天观摩6节课、6组大教研，让我们看到几大学科在学科骨干负责人的领导下，积极教研，锐意进取。每一位"正泽人"都把课堂核心理念树立于心中，践行于课堂之上。每一堂课很好地、努力地体现着教师勇敢地退，适时地进，体现"生本、对话、求真、累加"的课堂文化。这支精英的教师团队，在用他们对教育的热爱与认真履行着他们的教育使命。课堂是培养人才的主阵地，正泽学校"生本"课堂真实地存在着，感慨这支执着、睿智的教师团队成就了每一节有价值的课堂。

第三，基于学生发展的课程设置，体现着李校长的高站位与新思想。体育课程、英语课程，以及以训练、培养学生思维能力的数学课程……无不让我们感叹李校长拥有着着眼于祖国未来发展的眼光，在抓基础、看未来。感受到李校长身上那种伟大的责任感与使命感。感叹着中国大地有如此高瞻远瞩的好校长，在一心一意为祖国培养人才！

最后想说，本次跟岗学习，真的由衷感慨李校长的睿智，她敏锐的洞察力使其在6场点评中分别从不同角度对教师给予了恰当指导。她在时时刻刻关注教师教学行为，分分秒秒关注学生发展动态。是的，一位好校长就是一所好学校！今日深深感受到了！

白立荣

一直期盼探访李烈校长新创办的正泽学校，之所以期盼不仅是因对外宣传的学校颇具神秘色彩，更是因为是李烈校长所创办。建校两年的正泽，有什么新理念？环境是什么样子？课堂是什么样子？又在哪些地方着力……带着期待我们走进了正泽，走近李校长。

感受：一是感叹。学校在极短的时间里完成了硬件建设，设施设备齐全，环境舒适优美，文化气息浓厚，中西文化交融，绝对是独树一帜，金融街上靓丽的风景，看过之后过目不忘，流连忘返。二是感动。感动李校长深深的教育情怀与那份责任担当，解决教育的真问题，办的是真教育。重理念引领，将"以爱育爱"的理念深化为"正本泽根""正己泽人"。理念与教师的价值追求一致，实实在在落在大事小情上，各个细节中，老师们高度认同，记在心上，挂在嘴边，更落实在课堂上与教育工作中；抓队伍建设，形成老中青梯队，注重青年教师培养，青年教师成长迅速；抓课堂教学，突出目中有人，以生为本，遵循规律，探求真知，以组本研究为路径，各学科都有突破点，搞真教研，研真问题，促师生真成长。尤其是重学生科学体能训练，效果显著，令我们大呼过瘾。

让我们将感动和激动化为行动，继续追随李校长学习，加强修为，提升领导力，办朴素本真的教育。

谭峰

实验二小集团校集中视导

——唐山、迁安跟岗

与李烈校长合影

李烈校长发言：

到唐山视导有点久违的感觉，也感慨颇多。从国学展示、活动课程展示、汇报展示、课间操展示到校园参观，从深入课堂听各个学科的课及点评到听熊校长谈她的团队的办学理念以及落地实践策略。时间虽然短，但如此丰富的内容串联起来，无疑是一种冲击、一种震撼，令人心花怒放。

对博杰学校的熊校长，我深受感动和钦佩。基于她的家庭情况，她完全可以不用不辞辛苦地创办一所学校。但在她的心里，她怀着一份对教育的特殊情怀，她不是把办教育当作工作，当作职业，她是当作生命！她的接触面、见识都很广，尤其是到北京实验二小接触后，她感受到教育尤其教育理念很重要。所以，她非常想把实验二小的办学理念和落地的实践能够带到她的家乡唐山来，在唐山办一所学校。然而，办一所学校没那么简单，不是光有理念传递过来就行，一定要见得着、摸得着，还要实实在在感受得到，就得通过具体的学校来呈现。基于这样一种情怀和定位，她才创建了这样一所学校，让我很感动。

从博杰学校建设起，就得到了政府的特别关爱。学校刚建设时，唐山市还有路北区领导对此非常重视。学校的签约和开学典礼，我先后来过几次，也有幸得到了唐山市委书记和市长的接见并一起磋商。他们表示鉴于唐山距离北京近的地域优势，实验二小的教学理念能在唐山落地生根、结果，这和中央提出的京津冀一体化发展正好相吻合。所以，博杰学校除了是熊校长自己的教育情怀之外，也得到了当地两级政府的特别支持，寄予厚望。在这样的背景下，博杰学校不是单一只做好一所学校，而是要通过一所学校对接北京，在当地生根开花，得到辐射。实际上是当地政府和北京实验二小联手打造这样一个学校，以这个学校为源头来带动周边学校。尤其是唐山在京津冀一体化中的定位布局，它的价值就更大。在这种大形势之下，熊校长办好博杰学校，价值和意义不同于一般。

作为一所民办学校，更有它独到值得探索的东西。一所民办学校的模式如何和公办学校互补？如何错位发展？这些探索更有其价值和意义。

民办学校是我国义务教育中必不可少的一部分。义务教育的公办学校实行划片，就近入学，不得随意变更。民办学校恰好能够提供更多选择的渠道，选择的机会。否则清一色都是公办学校，齐步走，一刀切，势必和社会发展不匹配、不吻合，所以民办学校模式的探索意义更大。

通过政府和领导的支持，与熊校长个人情怀的共同结合，成就了一所意义非凡的学校，生根了，已经在开花，这花到底开得有多大，不用着急，争取开得更大。既然是一种探索，很多方面没有现成的可以照章办事的规则，因此路相对比较艰难。民办学校与公办学校不一样，公办学校做什么都相对好办，但民办学校多做一点，可能还要面对好多不同的声音，质疑民办学校如何如何？但是总的来讲，如今在社会大环境、大趋势下，民办教育一定是一支不可忽视的力量，成为公办学校强有力的、不可或缺的补充。

这就是错位发展。公办学校能做的事，民办学校未必花大力气去做；公办学校难以做到的，如公办学校满足不了家长的个性化需求，民办学校却能轻松做到。我国义务教育，全面发展德智体美劳，抓全人发展之根，奠全人发展之基，这一点不能改变。但民办学校相对束缚少，可以先走一步探索公办学校相对薄弱的地方。民办学校的探索无疑都是新问题、新挑战。所以，更要拿出探索实践成果，让孩子成长得更加出色。而且成长实践是既能复制又是补充，两方面功能双双实现，就能更好地发展。

对民办学校来说，教师队伍建设显得尤为重要。在博杰学校，在教师队伍中能感受到一种家文化，这种家文化对老师们包括孩子们提供了多种成长的可能，实际上就是有共同的理念，但又因人而异，根据大家的特征，还可以有不同发展的一种文化。这点给我留下了非常突出的印象。

另外，博杰学校的课程是多元的、立体的、差异化的。除了面广之外，还有不同的层次。有些课程并不是面向全体的，是可以自主选择的，而且选择性也很多。甚至学校还引进社会资源，为孩子们开设课程。如学校从五台山长期聘请老师，教孩子们礼仪及武术。即使是外聘的老师，也是"家"里的一员，也体现了博杰学校"家"文化无处不在。

学生做操

什么叫文化？不同特质、不同方面、不同行为背后彰显的是共同的价值追求，这就是文化。所以，无论是博杰学校的教师还是课程，两方面的建设，都是最有特色也是给人冲击力最大的。在后期的发展中，也希望博杰学校能承担更大的责任，发挥更大的作用。花能开得更大一些，同时，继续探究错位发展这一课题，有好的理念也应在当地辐射开。

第一次到迁安，去过一个规划馆，它的顶层设计很现代，讲解员不但讲得详细，而且让人激动，特别让人感动的是他透露出对迁安的那份爱。后来知道，讲解员是迁安市委书记。很感叹，一个市委书记对整个城市的发展规划，不仅是带着一份情，带着一份智慧，更带着一份少有的胆量、魄力。

再到迁安，已是三年之后。车一进来，我一看水面更大了，水更丰沛了。有水就有一种灵气，这种感觉就不一样。他们为改变迁安，有一种精神、魄力，让我感动。这座城市先后引资建设了数个生态的、可持续发展的项目，使得城市品质大大提升。我不得不为迁安市委书记、市长及迁安的领导有这样一份精神、魄力和远见卓识，甚至面对挑战勇于坚持的作为深深感动。

第一次到迁安六小是8月的暑假。有一个授牌仪式，我印象特别深刻。让我讲话的时候，下边坐着当地领导、教师、学生，各方代表坐得满满的。可能是职业习惯，只要有学生，我就情不自禁眼中只有学生。我冲着学生，一开口就问，"孩子们，早上好！"当时孩子们一句话没说，我就眼对眼地看着他们，等着他们回答。现在想起也很尴尬。孩子们特别认真，特别懂礼貌，但同时也特别紧张，不知道这个时候该怎么办？其实我就想在我问好的时候，他们能特别自觉地发自内心地回我一句。若是换个角度，单独问某一个人，会是什么样？那个人一定会自然地回我"你好"，这是最自然的，最好的，最温暖的。所以，我在问好的时候，不用等谁发号施令，不用大家一齐回答，那样反而显得刻意，不自然。我跟在座的孩子们说咱们自然地问好就行。"我问早上好，你们也说早上好。我说上午好，你们也说上午好。我问你好，你们也说你好。"一教完他们，孩子们的脸上终于放松了下来，笑容也有了。我在一旁乐了，赶紧说重来一遍，"同学们，上午好！"孩子们特别自然，特别温暖地回应我，"李校长，上午好！"虽然有点不整齐，但感觉已经不一样了。

再次在同样的场景下面对三年后的孩子们，他们回答得不仅认真，还很实在。尽管个别孩子还是紧张，不能完全放开，但整体上他们是自信的。那次，我听的是主题研究课。我被那些孩子感染了。他们上去体验，把我拉上，还教我怎么表演。有的时候看课堂、看教育、看学校，其实看什么？就看孩子的状态。孩子的状态更多地表现在哪？表现在脸上，表现在自然流露出的一种表达。不刻意，但是自然的，不知不觉地流露出来地，是最真实，也是最宝贵地，是教育最该关注的。这两件事，让我感受到了三年来迁安六小的变化，学校丰富精彩的可供孩子们选择的课程设置也能感受到孩子们的变化，这就是教育的力量。

从另一个角度感受到迁安六小的变化是它背后的力量——来自各级政府的作为。各级政府对教育的关注，各级政府想方设法在突破在改变，是有效作为的。

不过，我就迁安六小的学校特色、学校办学理念及实践上也有自己的想法。

了解迁安六小整个课程的建设后，第一，我发现学校的课程，如"1234""566""君子文化体系""156""x课程"都标有序号，可见课程设置的用心。这些课程不仅有深入对当地文化、当地特色的思考，更有落地的实践。品种非常多，搭建的平台也很多。孩子们通过这些平台的展示，不断地受到滋养熏陶成长。所以我觉得课程的建设，全方位的参与，孩子有了更多选择的机会，值得我们学习。

第二，迁安六小的赵校长是一位又高又大的北方汉子，外表粗犷，少言寡语，但内秀。和迁安六小给我的方方面面的感受，正好形成了一个反差。陈校长的工作非常细，细在哪？细在内涵上，而且很多事情也亲力亲为。其实，有些事校长要学着放手，适时锻炼老师，要很好地调动起背后的教师队伍，各司其职，才会井然有序。校长是"帅"，有些时候也要当成"将"，要带头做实践，甚至有些事情要做得特别细，但不是永远这么细，而是拿这个很细很小的事当案例，去培养自己的干部、老师。校长不能事无巨细地将所有事都做完，这样就剥夺了老师成长、释放智慧、展示才华的机会。在迁安六小两天的活动安排得井然有序，这就是校长背后的团队在运作。团队运作得好，离不开校长平时的细心培养。

第三，学校更重要、更长久、更要坚持不懈地去研究的还是常态课堂的教学。在课堂教学的研究突破上多下功夫，如此，老师内涵的发展会更快，学校内涵的发展也会在现有的基础上得到很大提高。

第四，凡事都不要太满，要留白，包括环境建设。楼道不宽，可有些留白；墙能白着就让白着，不要有墙就有字，有墙就有画，有墙就有景。中国文化特别讲究适度。凡事要有个度，度一过，就完全是另一种感觉了。所以从孩子角度出发，可以让孩子多互动。学校可以弄一面墙，展示孩子的作品。让墙活起来。同样，课堂、课程设置也可以效仿。

对老师，对学生，给的特别多，选择的机会，想的东西就少了，感觉消化不了，甚至会出现有的地方蜻蜓点水。太满就要溢。就像月亮，只要一圆，等待它的就是缺，而反而不是特别满才好。因此，学校在建设的方方面面上别太满，多点留白，多点空间，多给孩子们一些选择。

工作室成员感悟：

实验二小教育集团两天的视导结束了，这两天的活动内容充实，时间紧凑又赶上酷暑的天气，着实对两所学校是一次很好的锻炼。有两点收获与三点感悟与大家分享：

收获：一是学校的展示越来越精彩，无论学生、教师、家长，也绝少不了校长本人。二是在以爱育爱核心理念下，各校越来越关注挖掘本地区的特色，民族的就是世界的，乐亭大鼓、皮影戏给我留下很深的印象。

感悟：一是学校依靠政府、教委大力扶持与帮助。李校长多次谆谆教诲我们，要辐射带动区域内更多的学校，因为分校与成员校的快速发展离不开各级政府与教委的支持。政府是希望以点带面推动整体发展。李校长的思想带着温度、厚度、高度、长度。是一种大爱与大气，是自然生发而不是强加于你，又体现了教育的多元与包容。二是校长要有思想、有胆识、有情怀。站位要高远，拥有前瞻思维。博杰的熊学恩校长，美丽的外表背后竟有如此情怀，令我折服。2011年初识她，只知道她辞去教育局副局长职务投奔李校长，她是语文特级教师，且已经在北京落户了。几年后又返回家乡办学校，是何等的情怀？六小的赵勇才校长用五年时间打造了这所拥有近5000名学生的新学校。同他们比，我们应该怎样思考？怎样行动？三是要带动一支队伍，没有队伍的支撑与实施，再好的理念也只是文字。如何做到"公立教师私校化、国际化"？真正是一个课题。博杰学校的教师意识明显高于迁安六小，执行力、感悟力明显更强。公立学校教师"铁饭碗"怎么都能端，私立学校不行。私立学校教师出现职业倦怠可能面临离开学校，但公立教师可以不停倦怠。问题即课题，我们是门头沟小学校长的先遣队、排头兵，应有义务、有担当破解这些问题。

宋茂盛

第一次参加北京实验二小教育集团活动，有两点感受：

1.感动并深受触动。博杰学校是个家，校长、教师、学生都是家的成员。走进博杰学校，感受最深的是家文化融入学校的教学生活当中去，既能让老师以更好的工作状态投入到教学当中去，又能让孩子在像家里那种轻松惬意的环境中学习和生活，还能进一步让家长参与到学校的教学生活中来，让家与学校产生紧密的联系，达到"1+1>2"的效果，真正地做到家校合力、家校同频。博杰学校是个家，人人都把博杰学校当成家，在家里诠释着以爱育爱的教育理念，并当成在教育工作中的方法和目标，爱的礼仪、爱的环境、爱的课堂，处处时时散发着爱的气息，在这个家里，孩子是幸福的，家长是幸福的，老师也是幸福的。迁安六小以"传承君子文化，培育人生楷模"的教育理念培育着文质彬彬的现代君子少年，学校文化的建设、课堂教学的展示、课程的安排无不诠释君子文化，努力让教师、学生成为最好的自己。

2.佩服。在短短三五年的时间里，两所学校取得非常明显的教育效果，是思想理念的引领起着决定性作用，校长的教育情怀、干部教师队伍的合力共享是基础。

张秀明

第一次参加实验二小教育集团视导和"大爱杯"活动，回来后像看电影一样，边翻看笔记边看照片，感触很多：两所学校的体制不一样，规模不一样，校长的性别、经历不一样，至此呈现的活动也不尽相同，折射的管理样态也是各有千秋。博杰学校给我感受最深的是常态、精细。常态：学生仅有500余人，课间操的展示可能就是每天学校的常规状态，全体学生参与，教师在班级后一字排开，很正规。课堂常规重视学生习惯的培养，倾听、发现、观察和质疑都得到体现。学校的办学思路清晰，尤其是具体的措施，例如：中层主任的一日工作介绍，抓铁有痕、落地有声。精细：细节一，从报到酒店大堂发放的材料、房间的水果到温馨提示，全部都很温暖。细节二，学校教师全程陪同，讲解，一直到离开。细节三，课程展示活动中家长、学生热情地迎宾，整场活动教师和学生全员参与，有的教师兼任演员和道具等多项工作，有的学生表演多个节目，但整体组织有序，学生和教师大气高雅。

迁安六小给我感受最深的是系统规范。迁安六小以"传承君子文化，培育人生楷模"的教育理念培育着文质彬彬的现代君子少年。校风、教风、学风、课程文化、课堂文化、君子教师、少年的标准，专业教室的各种制度，包括楼道的安全网格化管理，很系统，很规范。自己的思考：一是学校人无我有，人有我特的特色教育，如何挖掘地域文化与学校教育的结合点，形成学校特色，建设成品牌。二是教师队伍建设。熊校长的民办教育之所以能呈现今天的精彩，与每个教师真正把博杰当成自己的家来努力奋斗分不开，这背后有体制内和体制外的区别，但必定有校长的管理智慧。三是职业倦怠。教师有职业倦怠，在活动中有位校长也提到校长的职业倦怠。居安思危，没有发展忧患意识，学校就会停滞不前。学习力的再创新，持续不断的学习研究才能推动学校提升发展。

安知博

　　以爱育爱，双主体育人理念在各分校落地，生根，开花，结果，理念决定行为，先进的思想、智慧的管理、活力的队伍、多元的课程、灵动的课堂、丰富的活动，促使办学品质提升，幸福师生，福祉百姓！震撼，幸福，感动！

谭峰

尊重规律　系统思考

——广州跟岗

与李烈校长合影

李烈校长发言：

　　三年一届的小学校长大会，是我国小学教育领域的盛会，是对三年来小学教育建设与发展的全面总结与梳理。2018年，恰逢改革开放40周年，在全国教育大会上，习近平主席强调了中国教育事业的发展要坚持中国特色社会主义教育发展道路，培养德智体美劳全面发展的社会主义建设者和接班人，并为教育工作的开展提出了6个"下功夫"的具体要求：要在坚定理想信念上下功夫；要在厚植爱国主义情怀上下功夫；要在加强品德修养上下功夫；要在增长知识见识上下功夫；要在培养奋斗精神上下功夫；要在增强综合素质上下功夫。还专门指出学校教育要树立健康第一的教育理念，要全面加强和改进学校美育，要在学生中弘扬劳动精神。这为我国教育事业未来发展指明了方向和目标。在此背景下，全国优秀校长代表齐聚一堂，交流当前的改革经验，探讨小学教育的未来发展，更具时代意义和指导意义。两天的会议中，校长们围绕教师队伍、学生发展、课程建设、课堂教学、学校文化、信息技术等6个方面，开展了热烈的交流与讨论，取得了丰硕的成果。对此，我有三个突出感受。

一、尊重规律，凸显教育本质

规律是事物之间本质的、必然的联系。作为有目的、有组织地培养人的活动，学校教育首先要遵循的就是人的发展规律和认知规律。此次大会的交流讨论就彰显出我国当代小学校长对教育规律和人发展规律的深入认识和大胆实践。对于学生的发展，我们更加关注学生作为一个完整个体的生命价值，进一步认识到学生德智体美劳全面发展的个体意义与社会意义；对于课程的建设，我们更加认识到学生发展的核心素养，不断探索最有利于促进学生全面发展的课程内容与结构；对于课堂教学，我们愈加关注学生主体性的发挥及其情感体验与能力发展，积极尝试激发学生兴趣、培养学生创新与合作能力的教学方法。所有这些探索都是教育本质属性的体现，是真正"培养人"的活动，更是在培养真正的"人"。

其实，在校园中成长的不仅仅是学生，还有学校理念与课程落实的关键人物——老师。对于学生的培养，我们要从人的发展的角度来思考，对于老师，又何尝不是如此？作为生命个体，教师与其他人一样，承担着多样的人生角色，有着基本的生理需要、安全需求、情感和归属需求。然而，作为专业工作者，在满足生存需要的基础上，真正能够激发教师自觉、主动发展的是工作中的价值感和自主权——当老师感受到自身工作的价值，获得内在的成就感和外在的尊重，并能够真正做到专业自主的时候，他们才会体会到自我实现的幸福，才会把教育作为一生的事业，乃至毕生的追求和信仰。此次大会专门设立了"教师队伍建设改革与创新"分论坛，让大家畅所欲言。我们欣喜地看到，越来越多的校长已经认识到价值引领对于教师发展和队伍建设的重要性，正在努力践行着"以人为本"的教师观。很多学校都建立起多样化、可选择的专业发展机制，让教师真正实现专业自主与个性发展，促进教师人生价值与专业价值的统一。

二、聚焦实践，解决现实问题

20世纪80年代以来，我国基础教育的改革本质上是基于社会发展需要和对人的发展规律的不断认识，对原有应试导向的教育体系的整体反思与改进，以使其符合时代要求和个体发展的规律。随着改革的逐渐深入，各种新的理念广为流传并渐入人心，学校里的方方面面都在发生着积极的改变。然而，由于应试教育的长期影响和教育改革的不一致和不系统以及区域发展的不平衡，我们依然能够在现实中看到很多不符合当前教育改革理念的现象：很多学校和老师对考试成绩的重视超出对学生身心健康的关注；德育的落实路径和方式还是较为单一、僵化；体、艺学科的课时受到挤占；劳动教育没有得到应有的重视，学生缺乏劳动精神；课程的丰富性、综合性仍有待加强；教师"独裁式"教学、教学方法单一等等。很多类似的问题并不是因为我们没有先进的理念，而是在于没有做好从理念到实践的转化，没有切实的策略和措施把改革的理念落实在教育教学的实践中。

可喜的是，我们已经认识到这个问题，此次大会的讨论就凸显了对现实的关注和对实践的思考。无论是主旨报告，还是分论坛研讨，大家都纷纷直面办学实践中的真问题，提出有针对性的策略、方法，展示实际效果，分享经验教训。这正是校长专业角色的体现。作为履行学校领导与管理工作职责的专业人员，校长的专业性不是仅仅坐而论道，更重要的是在把握教育规律的基础上将各种理念、理论与学校的办学实践相结合，搭建起思想与行动的桥梁，带领全体教师共同探索学校独属的实践智慧。这个过程不是一蹴而就的，需要沉下心来、一点一滴做出来，并且要经过相当一段时间的实践来检验。因为教育本身就是效果滞后的，需要日积月累、精工细作。要真正做好教育，校长就要拒绝当下社会中的浮躁之风和功利之心，不要"把计划当总结"，少一些华而不实的表演，多一点静待花开的坚守，勇于对外界浮华的滋扰说"不"，敢于坚持教育内在的清静与质朴，带着老师们一起踏踏实实地耕耘属于自己的那块苗圃。

三、系统思考，把握时代脉搏

教育的发展与整个社会的变革息息相关。在以互联、开放、创新为特点的信息化时代，我们对"人"与"人性"的理解在逐渐丰富、变化，社会对人才培养也提出了新的要求，需要更具综合素养、创新精神、个性魅力的人才。这就决定了我们的培养目标、教育方式也要随之发生变化。持续的课程改革与核心素养的提出，从根本上说就是我国面对当前社会变革而在人才培养方式和规格上做出的具体应对。而且，随着我国进入社会主义新时代，经济和社会的快速发展对基础教育的需求和质量提出了更高的要求。习近平主席在全国教育大会上就提出，要努力构建德智体美劳全面培养的教育体系，形成更高水平的人才培养体系。面对这样的时代命题，我们每一位学校领导者更需要站在历史的高度，系统地思考学校教育教学的变革，不仅仅是局部的小修小补，而是在时代大潮的引领下，系统地反思学校办学理念、课程与教学、管理方式等方方面面的问题，推动学校组织的整体优化与系统改进。

在此次大会的讨论中，这种系统变革的思维在两个方面的讨论中尤为突出。一个是关于课程建设的讨论。在讨论中，大家普遍都认识到新时代需要更加融合的课程观。这种融合体现在课程内容与学生生活的日益联结，科目设置更加丰富多元，课程结构更为均衡，科目间知识和学习方式的壁垒不断突破，逐渐超越了教学方法改进而进入到课程的整体变革，更加有利于促进学生的全面发展。另一个是关于信息技术的讨论。信息技术在教育教学中的融合已经成为当前教育改革中的重要一环。借助现代信息技术，我们能够高效地对学生学习进行追踪、分析，及时记录和存储信息，真正实现学习的过程性评价；能够利用对数据的采集和分析，更加灵活准确地为学习者制定和调整个性化的学习方案；能够通过在线学习、交流平台等方式，开展更加便捷和有针对性的学习辅助。

各位教育同仁，新时代已经到来，面对时代的契机与挑战，需要我们每一个教育工作者更多些全局的审视、创新的勇气和清静的坚守。让我们携起手来，为在新时代建设一个德智体美劳全面培养的教育体系而共同努力！

工作室成员感悟：

"七连胜又怎样？我只关心明天几点训练？"这是首钢篮球队教练雅尼斯在球队取得七连胜后的一句话。参加第五届全国校长大会一天半密集的活动，值得我们去消化理解与感悟。做教育时间越长，我越来越感受到李校长经常讲的要有"归零的心态"的重要性。这个"归零"是不断消化吸收感悟提升的"归零"，是尊重规律，守正出新，聚焦实践，在改变中解决新问题的"归零"，而绝不是停滞不前、墨守成规、盲目回到原点的"归零"。三年一届的小学校长大会，基本反映了我国小学当下发展的现状，是落实十九大报告及全国教育大会精神的集中体现。更加清晰了今后教育"为谁培养人""培养什么样的人""怎样培养人"的发展方向。借用李校长的总结讲话，要真正做好教育，校长就要拒绝当下社会中的浮躁之风和功利之心，不要"把计划当总结"，少一些华而不实的表演，多一点静待花开的坚守。带着老师们一起踏踏实实地耕耘属于自己的那块苗圃。要系统地理解"人"与"人性"的基础性、丰富性、社会性。当然这个"人"也包括教师。要关注教师的多样化需求，真正激发教师能够自觉主动发展，促进教师人生价值与专业价值的统一。我参加了教师队伍建设的分论坛，这也是当前我最关注的一个主题。因为学校再好的理念、文化、课程架构都要经过教师去实施完成。一所优质的学校必然要成长出更多的优秀教师。反过来，培养越来越多的优秀教师就能够成就一所好学校。经过碰撞沉淀更加坚定了我管理思维的四个转变：由关注事到关注事背后的人的思维转变，由批评思维到赏识思维，由经验思维到系统思维，由主导性思维到促进性思维。因为思维决定思路，格局决定结局，思维方式决定行为方式。

宋茂盛

北京、广州往返3000多公里，多个主旨报告加经验交流，既有国家现代教育方针的方向性指导，有世界先进教育的成功分享，有面向未来的教育变革与创新，还有不同层面不同视角的教育现状分析，思考与面对。反复寻味李校长的闭幕式发言，最突出的两个词是：变革和系统。

什么变了？学生变了，他们是00后、10后，他们的学习方式、家庭教育等等，都是新时代的，如果我们提供的教育供给没有变，他们会接受吗？教师变了，改革开放40年，现在的教育工作者多数是与改革开放一起成长起来的教师，还有绝大多数是享受着改革开放成果的一代教育工作者，他们的职业观、事业观及价值观在当今是什么呢？作为学校的管理者我们又知道、了解多少呢？全面发展、全面育人、课程育人等种种教育观念、教育理念，我们小学基础教育如何扎根？怎样落地？

面向教育未来的种种变革，我们该怎么办？要系统思考，思考学校的办学体系、课程建设、课堂教学、教师队伍培养、学生发展，发现真问题、研究真问题、解决真问题。要大胆实践，依靠教师、信任教师、发展教师、成就学生，学校不仅仅要让学生成长，更重要的是成长教师，让教师获得幸福感、归属感、成就感！

安知博

参加第五届校长大会，非常感恩工作室给我们创造学习的机会；非常感激李校长带领的小教会给我们提供的主题盛宴；非常感谢同仁们相互帮助合作的友好。

走进第五届校长大会，首先感受到的是本次校长大会是落实党的十九的精神和全国教育大会精神的盛会。李司长紧紧围绕我们为谁培养人和培养什么样的人，特别强调了德育、智育、体育、美育、劳动教育要五育并举。我想作为校长，我们要把培养什么人时刻放在心上，把担当扛在肩上，把落实抓在手上。

其二，敦促我反思领悟教师队伍建设的根本追求。我参加了教师队伍建设论坛，校长们从不同层面和不同角度讲述了教师队伍建设的思考和做法。一些方法一些举措都很好，也值得借鉴。同时，也促使我思考一个问题：在教师队伍建设中我们的根本追求是什么？只有这个问题明确了，方法策略就会应运而生。我想我们既要明确教师是学校教育工作的主体，也要明确教师是一个独立的生命个体，这自然让我想到了李校长提出的：帮助教师实现生命价值和职业价值的内在统一。我想，我将以此作为根本追求，在实践中不断去探索，帮助更多地教师体验生命价值与职业价值的内在统一。

其三，增强了校长的使命感。李校长大会总结发言，让我更加坚定了必须践行"以人为本"的思想；让我更加明确了要不断地学习悟道，才能做到尊重规律，做教育的明白人；让我更加明白了要时时务实，才能发现真问题，系统思考与时偕行。

总之感受到：思想的碰撞非常美，信息的海洋非常宽，学习的收获非常大！

任全霞

以"新时代——小学教育的创新与展望"为主题的第五届中国小学校长大会，带给了我很多极具价值的新理念、新思考。

面对新的教育形势——从教走向学，从知识教育走向能力教育，从单一评价走向综合评价，从传递性走向服务性，从演员走向导演，从前台走向中间，从成绩走向成长，从师育走向自育，从他控走向自控。作为一名教育人，要做到以下几点：

首先，要有大格局。要清楚我们是为谁培养人？培养什么样的人？怎么培养人？在此基础上进行学校的整体架构，才能够做到目标明确、思路清晰，使我们的教育具有时代性、科学性、实效性。

其次，要有大智慧。学校是以德化人、以慧育人、以情感人、以体健人、以境熏人的场所，这是新时代、新形势对教育的新要求，这就需要校长有自我蜕变的精神，就像李烈校长在总结中说的那样：要尊重规律，彰显出对生命的尊重；要聚焦实践，解决现实问题；要系统思考，把握时代的脉搏。

另外，要有责任感与使命感。我参加了"学生发展的改革与创新"这一分论坛的活动，七所学校的校长在发言的过程中都没有念稿子，而是娓娓道来，言语间充满着一种自信，流露出一份真情，这份自信与真情来自他们对教育事业的那份热爱，来自"教育孩子的12年要想着孩子的20年后，教育孩子的12年要想着国家和民族的120年后"的那份使命。

因此，我们时刻都要不忘初心，要在尊重孩子的天性、人性、个性的前提下做教育，促进每一个孩子德智体美劳全面发展。

杜瑞敏

第五届中国小学校长大会是我参加的第一次全国小学校长大会，恰逢改革开放40周年和全国教育大会胜利召开，中外教育家系统的经验介绍和成果分享，对我们小学教育未来的发展提供了宝贵的经验，教育部领导的讲话让我更深刻地理解了全国教育大会的精神，李烈校长的总结更是给我未来的工作指明了方向。

感受一：小学教育的创新培养该从何做起？一是要给学生创设轻松、自由、民主的氛围，要爱护和培养学生的好奇心和求知欲。二是要激发学生的学习兴趣，激发学生的创新兴趣是提高学生创新能力的原动力和基础，没有了兴趣也就谈不上创新了。三是要容许学生犯错，鼓励学生敢于大胆去设想和想象，敢于对同一事物产生质疑，敢于对同一问题的提出新的见解。四是要给学生留足空间，多给学生一些表现的机会，多一些实践操作。五是要正确处理好合作学习与自主学习的关系，合作学习有必要有价值，但也有其弊端，现实中很多的问题还是要靠自己解决，我们的课堂要合理使用好小组合作和自主学习，能独立思考的一定要独立解决。当然培养学生的创新意识和能力绝不仅仅限于以上几点，这只是我的浅显思考。

感受二：正确看待学校信息技术辅助教学的优势与劣势，我参加了第六分论坛的研讨，几位人工智能专家和校长的发言让我感触很深。4.0时代的到来，对我们的教育提出了新的课题，让每个孩子从小都有机会接触人工智能，对学生的兴趣、创新意识、思维空间等会有很大的帮助，智慧校园、智慧课堂的建设也将是未来学校发展的一个方向，宝林路三小的智能课程众选、众研、众施、众评给我的启发很大，西安高新一小的网络环境下作文早起步实践，通过键盘全拼输入提升低年级的汉语拼音拼读、打字能力颇具特色……但我们也要清醒地看到，过多过滥的信息技术进入学校进入课堂也有着很多的弊端，对孩子视力的影响，对孩子书写的影响，对师生独立思考的影响，对人与人交流的影响……所以我们在运用信息技术的时候一定要确认它的辅助地位，不能全全靠它，要正确认识它的价值在哪，用的是否有必要、合适。

赵建华

作为李烈校长工作室的学员有幸参加中国小学校长大会充满幸福和感动，总体感受：此次大会层次高，信息量大，价值大，是一场精神大餐，我们很受启迪，很受触动，不虚此行，收获满满。

感受一：进一步明晰了教育的根本任务，就是坚持立德树人，培养德智体美劳全面发展的学生，我们要五育并举育全人，要系统考虑，要强优势更要补短板。感受二：深入思考学生的发展从哪里来？从学校的教育思想理念中来，从学校的整体课程创设中来。学校教育的重点是课程，我们要顶层设计，整体规划，以点突破，完善发展，除了自上而下的设计，也要有自下而上的充盈，以提升学生内动力。支点是评价，要创新形式，全员参与，注重过程，及时反馈，多元评价，交互呈现。原点是学生，要立足于学生的发展，培养全面发展的人，激发学生兴趣，培养学生品质。感受三：增强了紧迫感和使命感。我们要紧跟时代发展步伐，心怀教育理想努力办理想的教育。要谨遵李烈校长的教诲以人为本，目中有人，尊重规律，凸显教育本质，要做真教育，扎实实践，解决真问题，要系统思考，把握时代脉搏，与时俱进。让我们静心耕耘自己的苗圃，静待他日芳香四溢，花开满园……

谭峰

荷花定律

——西安跟岗

与李烈校长合影

李烈校长发言：

中国教育学会小学教育专业委员会主办的第三届小学学术交流研讨会来到了美丽的西安，主题是聚焦课程改革，西安高新一小分享他们成功的经验。

此次交流研讨会的召开，正值中国教育现代化2035纲领性文件的颁布，关于教育现代化，应该说无论是先进的教育理念，先进的教育制度，还是先进的技术应用，都是教育现代化的重要标志，其核心归根结底聚焦的是人，是人的发展，是人的现代化。对于学校而言，聚焦的或者说主要的工作应该是关注学生的全面发展。时代对于人的理解，对于人性的内涵有了更丰富的解释。同样时代对于人才的要求、标准和过去也不大一样了，它要求我们培养的人才更具备综合素养，更具备创新能力，也更具备人性魅力。所以依据时代的需要，时代的发展，时代对人才提出更高的标准。

作为学校而言，我们的改革要聚焦人的发展，聚焦人的全面成长。因此无论我们的教育理念，我们的人才观念，我们的教育内容以及教育教学的方式方法都应该随之发生变化。这种变化正如柳宗元先生曾经讲过，总书记也曾引用过的，叫作"顺木之天，以致其性"，也就是要顺着树木生长的规律，尊重其规律，才能使树木符合规律、符合本性，自由自在地成长和发展。无论改革怎样改变，都必须遵循规律，不可违背规律，也不可急功近利。

我在听了校长的主旨报告、对学校进行简单的参观及听了刘校长的介绍后，有两点特别深刻的感受。

持经达变

高新一小课程改革的研究突破口，重点呈现的是网络环境下，小学生写作能力的一系列实践探索的成果。题目很大，也比较聚焦，但真正深入下来再去了解，会发现它是由一个突破口带动的，即学生的全面成长和发展。尤其有几个突出的核心词，"网络时代"这是很有时代感的。然后从小学生的写作抓起非常落地，非常具体，深入了解后会发现这不仅符合当下时代精神，更符合孩子成长的很多关键期敏感期的规律。比如孩子语言发展的关键期，孩子对接受的敏感期等等，凸显着孩子成长学习认知规律。在这些规律下，针对孩子爱说爱看，但是不善动笔的现实问题，利用现在的手段给予有效的解决。所以实际呈现的是一种持经达变。而且通过学生写作不仅仅只停留在写作的问题上，带来的是孩子整体的发展、整体的变化，这不仅仅是写作的能力，更会使孩子的心理心态变得自信以及大气。

荷花定律

高新一小对小学生写作能力的实践已经做了12年。12年前作文实践刚起步，突出的是一个序列的训练。到现在，已经从序列的写作训练到了一个系列化的全面成长发展的研究。12年，尤其是学校还有一个后10年的计划，12年加10年，这就22年。由此我想到一个词是清静，清静为正，清静为天，真的是在踏踏实实地一步一个脚印地在做研究。

一池荷花要开放，开放阶段有一个规律，每天它开放的数量是前一天的两倍，如果一池荷花30天可以开放完全的话，那么这一池荷花开放到一半的时候是第几天？一般人会立刻想到是第15天。30天开满，那一半不就是第15天。其实不然，不是第15天，而是第29天。第29天的时候荷花开满了池的一半，第30天是另一半，也就是第30天开放的是前29天的总和，这就是荷花定律。它告诉我们一个道理：一规律，二坚持，更重要的是积累沉淀、厚积薄发。荷花开放的规律用在做教育的人身上是十分贴切的。所以，高新一小12年的实践收获的成果，它的厚度，它的丰满，还有做这项研究的精神，是可以感悟到，也应该学习到的。

　　有这样一句话，"心心在一艺，其艺必工，心心在一职，其职必举"。希望高新一小能取得更丰硕的成果。

工作室成员感悟：

　　四天的西安跟岗学习，参观看了两所有规模的民办小学和一所公办小学，观看了高新一小的网络环境下作文研究的成果汇报，学习了学校工作的经验，聆听了刘永胜老师、毛亚庆教授的讲座，参与了高新一小学生的图书义卖，看到的、听到的给人的冲击很大，感受也颇多，突出的以下几点：一是关于民办与公办学校的对比。公办学校与民办学校在办学实体、经费支持及人员招聘等有很多不同，各有利弊，在体制内看到的问题也许民办会解决得很好，但是从西安，我看到的是教育的竞争，这是一种良性的竞争，民办学校的优质冲击着普通学校，其实无论什么性质的学校，都要生存都要发展，归根结底，重要的是落在教师的发展、学生的成长，如果这两个做好了，那学校就会更好。二是科技教育的重视。作为中西部城市的学校，每看到一所学校的大气、宽敞，尤其是科技教育的发展，开设丰富的科技课程，专业的师资，还有相配套的教室和教学设备，与东部、沿海的发达一线城市相比，毫不逊色，说明西安教育人的教育视野的前瞻与时代性。三是教育工作开展的扎实有效。高新一小十多年坚持开展网络环境下的作文教学实践，从每个年级作文训练要点的梳理，形成序列化，还是开展相应的教育教学活动，带动整个学校的工作有品质地向前推动，成就了每一名学生，发展了教师。当然还有很多，需要细细消化，内化！

安知博

西安之行在已经适应了的赶场般的节奏中结束，收获满满。感谢李校长给予的学习机会和厚重的呵护，感谢秘书长的精心组织，感谢张辉、智博的辛苦付出！

一个月内，走进了两个地区的高新区，感受到现代化的发展速度。西安的教育很有特点，走进两所私立学校，深切体会到当地人所说的"私强公弱"，高大上的私立学校和素雅的公立学校形成了鲜明的对比。从环境和体制上无法对比与借鉴，但无论公立还是私立，学校着力点都在理念文化、课程建设、课堂改革、科技艺术这几个方面。高新国际立足于民族文化，培养国际视野，办适合师生发展的教育，学校的科技、艺术类现代又不失传统；西航三校是一所有故事有温度的学校，遵循自然生长教育规律，师生一起追着太阳走，阳光、幸福；高新一小让每个孩子得到最优化发展的宗旨落实到位，历时12年的作文序列化训练成效显著。

开幕式上李校长讲的荷花绽放，强调的是自然规律，强调的是教育的执着坚守，不管是理念文化，还是改革试验，要想内化于心，外显于行，不仅要顺木之天，更要持之以恒，教育需要静候花开，不可急功近利。

赵建华

5月22日—25日分别到西安高新国际学校、西航三校和高新一小三校的参观学习最深的感触，就是坚持与坚守。

三所学校的特点之一就是对科学学科的高度重视，STEAM实验中心、科技创作等等。这是教育面向世界、面向未来、面向现代化的战略视野。特点之二就是，文化立校的自信与坚守。西航三校十几年深抓向日葵文化，充分拓展成学校的核心价值观；高新一小开展网络下语文作文教学新体系实践探索不松手，让全校5000多名学生中的1600多名学生成为网络写作高手。学校文化由此在师生心中植根落地，成为课堂教学中的魂，进而转化成学生的能力。

这两所民办学校和一所公立学校都是当地的名校、大校。教育背景、条件、资源、规模和我们学校有很大的不同。但是他们的教育理念、教育措施和教育效果给我很大启迪。只要找准突破口，树立文化自信，讲究坚持和坚守，我们的学校就会大改变。

田俊晓

文化为根，不断推进以人为本的学校管理
——成都跟岗

成都跟岗参观

李烈校长发言：

文化为根

学校的百年发展历程，充分彰显了盐小百年文化的精魂——适融、善创，是学校持久生命力的文化之魂，这种生命力主要体现在四个方面。

融通

历史继承和创新发展的融通，盐小的适融、善创文化正是植根于盐小百年来盐道文化变革精神的深厚积淀，并且在新的历史时代对学校深层文化基因的适度挖掘和适度发展。教育与其他的行业最大的不同是有规律的、有积淀的。往往一个扎实的未来

一定是深植于它的过去，它的历史。如果没有历史，没有过去的积累，没有过去和历史的基因的挖掘，没有这样一份继承，那么未来常常不会是精彩的、厚重的。

特别在此前看盐小其他材料的时候，学校提到的一句"汉迪S型曲线"，这个企业的管理理论用于盐小百年历史的继承和发展上是非常贴切的。S型曲线是什么？就是任何一个事件都有初始、发展、壮大，然后走向辉煌之后一定会回落，一定会走向衰败。如何摆脱这样一种宿命，就应该在走向辉煌时，也就是一个恰当的A点的时候开始新的曲线，思考下一步该怎么做。这时候开始思考、谋划，开始设计，实际上就是借助S型曲线还在上升，走向辉煌，还没有到辉煌之巅的时候开始做下一步的思考，未雨绸缪。这一思考实际上借助了我们第一条曲线的时间、力量，还有很多可以用以支撑下一步发展的资源。所以当第一个曲线往下走的时候，第二条曲线的思考已经完善，已经形成，因此就成功地可以摆脱第一条曲线带来的衰败。衰败之后再思考，往往就失去了最佳的时机。盐小的百年历史在继承和发展的问题上恰恰就是如此，所以我们看它是一脉相承的，没有断裂感。任何一个时期，任何一个时代，盐小都是出色的。

与此同时我也感受到了晓航校长为人的一种品质。我了解到她在学校21年，其中当副校长五年，当校长三年，作为学校的领导一共八年。她对百年老校文化的提炼，没有断裂层，没有否定过去，反而是一脉相承，我非常欣赏和感动。

融贯

融贯，指理念引领和实践落地的文化。盐小的理念没有仅仅停留在思考中和文字上，更扎扎实实地落实在学校的课程不断升级，学校教学不断改革，教师不断发展等多方面，真正做到了理念引领实践，实践落实理念。这是学校得以持续发展、百年不衰的内在之功与驱动力。

融合

融合，指技术变革和课程改进的融合。课程是学校发展和学校改革最为核心的支柱。在当下信息化时代，盐小抓住了这个核心所在，课程变革所在，积极拥抱、积极利用新的技术手段，促进学校课程的不断升级和教学的变革，明确提出智慧教育生态模式的发展目标，致力于打造未来课堂这种与时俱进的敏锐与前瞻，是学校发展动力的不竭之源。

融汇

学校的改进能够真正促进学生的成长，首先要实现的是教师的发展。盐小充分认识到了这一点，坚持学生发展教师先行，在学校的课程升级、教学的变革中，都是首先对教师进行培训和指导，让教师先从思想上、方法上获得提升，从而在教育教学活动中更好地促进学生的全面成长和个性发展。

这四个方面的"融"是文化力量的彰显，是价值引领在学校管理中作用的体现。因此学校的文化是在其发展过程中，由学校的全体成员共同创造、共同认可、共同奉行的精神信念，以及外显表象的统一体。

以人为本

光有理念，没有外显、没有认识、没有外化的表现；只有诸多做法，却没有统一的、共识的核心的价值追求都不行，必须是二者的统一体。其中，隐藏在外显表现中的核心价值观是学校文化的根本，更是学校发展的决定性要素，它是一种内隐的，无形的精神力量，像血脉一样存在于人的灵魂深处，潜移默化地影响着人的思维与行为，引导着和约束着全校每一个成员的行为。对于学校而言，这种核心价值观就是以人为本。学校是进行教育活动的组织，其本质功能就是在培养人、发展人。因此，必须聚焦人，学校文化的核心价值观必须体现出教育活动的本质诉求和基本价值取向，强调人的精神，以人的自由和全面发展作为活动的目的和基本价值追求。那么，在学校管理中如何做到，真正落实人本文化的追求和理念呢？

双主体育人

第一点，要确立双主体的教育管理理念。在学校各项活动中存在着两个主体，一个是学生，另一个是教师。当两个主体在一起的时候，毫无疑问教师主体要为学生主体服务。学生是学习活动的主体，而教师是教育工作的主体，两个主体体现在不同层面，通过自育、互育，协调发展。学校管理中要做到以人为本，首先就要以生为本、以师为本。重视教师和学生的本真和个性、需求、愿望，尊重他们作为独立个体的差异性、自主性、独立性和创造性。学校的教育教学管理不应该是传统意义上的管和控，而是要依据学生的发展需要、认知水平和实践能力。首先要勇敢地退，退出来，给学生更多的自主决定和自由选择的空间，以丰富的课程体验生本课堂文化，正向的激励措施，完备的知识系统和丰富的展示平台，鼓励学生、教师自我表达和自主发展。也要适时地进，引导学生向着更加有益于学生的身心成长方向发展，要把管理成为促进学生全面健康发展的组织驱动力。这是指学生在学习活动中的主体作用。

另一方面就是教师主体。教师是教育工作的主体，从管理角度应该清楚地认识到教师是专业工作者，是学校管理工作直接面对面的动向，更是学校一切工作的主体和主力军，因此在学校的管理中要以教师的全面健康发展为核心追求，让教师的专业身份和地位在学校中能够获得充分的尊重和支持。比如，机构设置上，要实施以学术为主的扁平化管理，减少管理的层级；在教育教学的专业活动中应该充分尊重教师的自主权，鼓励每一位教师主动发展和自主、自发的精神；在评价上应该避免单一的成绩导向，更多一些自主目标的设定、多元评价和团队激励，让学校的发展理念成为他们不断自我完善的动力和助力。

学校治理模式

第二点，构建善治的学校治理模式。善治是随着学校的治理理论和发展而提出的一个概念。这个概念强调管理双方的友好沟通和共鸣，而不是制造以管理目标为核心的对被管理者的单向控制，它是一种真正体现人本精神的管理理念。因此，在学校管理上要落实以人为本，就要把管理的对象放到一个平等的、对话的、合作的地位上，以制度、机制为保障，以价值和理念为引领，以智慧和创新为追求，真正构建形成一种多元主体、民主管理的善治治理结构，这种管理模式等于法治加元治加自治。其中法治指的是学校办学必须遵守的法律法规和制度，这是所有学校办学中的刚性底线，不可逾越和突破，必须无条件地遵守和服从。元治指的是一种价值追求，更多的是学校的管理层，这种独特的、符合规律的核心理念引领学校的老师们、引领成员们，使得组织的价值观内化为每一个成员内心的一种自觉和坚守。而至于具体如何落地、如何操作，我们可以不时地给些外力。但真正应该如何去做，一定要放权给下面的年级、下面的教研组、下面的老师，也就是自治。自治突出教师的主体地位，赋予年级、学科、老师们足够的自主权，发挥教师的自主性和创造性，真正追求学术自觉的高水平研究。法治、元治、自治三个要素相互支撑，构成了人本理念下的学校管理模式，同时也体现出校长领导力发挥作用的一个基本路径，一方面要有刚性制度确保规范和边界，另一方面更要有柔性文化的引领，形成共识的愿景，最重要的是在刚柔并济的基础上最大限度地发挥人的自主性和能动性，真正让人成为管理的主体，让学校的发展与个人的发展达成一种和谐、共赢。

理解人性

第三点，运用人性的具体管理策略。再好的理念，再人性的追求，如果没有具体策略加以体现的话，都是空中楼阁。以人为本的核心在于充分理解人的复杂性。我们都知道，人一生中扮演着多重角色，人性本身就具有复杂性，不是单一的。那么尊重和关注人的各种合理需求，用符合人性的组织氛围和措施凝聚人心，激发人的潜能和智慧，促进个体的充分发展作为专业的教育工作者——教师在满足生存需要的基础上，尤为需要的是什么？是内心的归属感、工作的价值感和人生的幸福感。因此，在学校日常的管理活动中，格外要注意运用以下四种人性化的管理措施。

一是团队为主。对于每一位教师来说，离他最近的集体就是年级组或教研组，因此在学校中尤其关注的是年级组和教研组的建设。要通过无论是理念的引领还是团队机制的激励，形成一个家的环境、家的情怀，充满关爱和支持，使得每一个老师和他离得最近的教研组或年级组形成一种不可分割的、相互积极依赖的共同体。这样可以增强教师内心的归属感、认同感，使他们在积极的状态下愉快地工作和成长。这比什么都重要。

二是发挥优势。每一位教育工作者都对个体差异性深有感触，我们对学生因材施教，对教师也是如此。要根据长板原理和优势理论，能够给人最多地带来成就感和价值感。所以，应该让老师去干他最擅长的事。往下布置工作的时候我们少给具体分工，给团队一项工作，具体谁干什么，怎么干，分工的权利给到最近的团队或集体，而我们更多的是优势引领、长板原理的管理，让他们去分工，使每个人都能干他们擅长的事，自身就会有价值感，对于工作而言一定是最佳组合下的最理想的效果。

三是平衡角色。作为一个人，一个完整的生命个体，它承担着多种人生角色，不仅仅是教师。多种角色常常会有各种各样的冲突，会遇到困难，遇到一些问题。作为校长，我们应该充分理解、考虑教师的各种需求，遇到问题时的焦虑和困难，不能一味地只强调事业的付出和成功，应该在组织氛围的营造、具体制度的制定中确实支持和帮助教师更好地平衡不同的角色。人一生中扮演好各种角色，我想才是真正的成功者，也是真正的人生。

四是作为校长要管理好自己。人生的追求用三个字来说——断、舍、离。断，指的是要斩断物欲；舍，指的是舍去生活中的废物，更应该舍去个人更多的名、利的追逐；离，指的是脱离偏执。作为校长在自我管理中更需要的是德行品质和思维品质，而思维品质的自我修炼中特别应该具有多维的、立体的、不断变化的思维方式。任何一件事不要盲从，要有自己的观念，要有自己的价值追求，要有定力。是学校目标达成需要的我就取，不需要的就舍。一定要结合地域、学校历史、个人特点去思考学校的目标追求。校长在脱离一种偏执的时候，思维应该是多维的、开放的、通透的，有思考、有选择、有取有舍。

工作室成员感悟：

　　10月11日至12日，我随李烈校长参加了"思与行——2019年全国小学校长学术峰会"。会议的主题是百年名校文化传承与教育创新。李校长谈到了"四融"即融通、融贯、融合、融汇。百年名校发展的规律与积淀，在于核心价值的取向，关键是人本文化。首先，要树立双主体观念，尊重师生的差异性与独立性。教师不仅仅是蜡烛，是春蚕，更多的要体现职业价值与生命的价值。他是教育工作的主体，学生是教学活动的主体。其次，要不断探索学校治理模式，通过法治、元治、自治等手段实现善治。最后要关注人性的管理，树立教师的团队归属感，利用长板理论发挥教师之长，李校长还特别提出了汉迪S型曲线发展规律，虽然是企业管理法则，但对于学校的长远发展乃至一个人的发展都有许多的启示。这个横向躺着的S是告诉我们，在学校发展中，不要等待发展到顶峰再寻求改变。要没到顶峰时，带领教师朝新的目标去努力，不要墨守成规，一成不变，时时刻刻要居安思危，长远规划学校，防止掉入S型曲线发展周期论的陷阱。

宋茂盛

　　10月11日–13日有幸跟随工作室走进成都，参加百所名校文化传承与教育创新高峰论坛活动，有三点感受。一、百年老校在办学发展中不断凝聚了百年文化，彰显着百年学校的文化味道，传承着百年文化的历史基因，赋予了学校时代的意义，使得学校发展更稳重、更深远，更能体现学校文化的价值引领作用。李烈校长从融通、融贯、融合、融汇讲解了学校发展的策略，揭示了学校发展的基本规律，学校文化力量继承的作用价值。二、第一次听李烈校长讲S型曲线时，懵懵懂懂。第二天走进成都实验小学，聆听校长讲述学校的发展，让我感受到校长的智慧。她运用李烈校长所说的成长的汉迪S型曲线原理，找到学校增长点，建一所未来的学校，使学校在发展的拐点上找到了发展点，使学校处于上升期。这让我警醒，作为校长，充分认识学校的现状，要学会分析学校的现状，通过关注趋势和趋势的变化，从当前着手，创造未来。三、学校发展关键在校长，李烈校长讲解的"人本文化模式"和"构建善治治理模式"，又一次让我深刻理解了李烈校长的个人魅力与学校管理，那就是管理的过程就是做人的过程。努力进一步解放教师，建立一个真正以人为核心的自治管理体系，实现"职业价值与生命价值的内在统一"。

张秀明

10月11日至12日，门头沟李烈校长工作室一行8人在宋茂盛秘书长的带领下，赴成都参加"思与行——2019年全国小学校长学术峰会"。会期时间短，但由于主题是"百年名校文化传承与教育创新"，我的期望值就很高。因为我们三家店小学虽然不是名校，但也是有105年历史的百年学校。此次学习会有很强的学习借鉴价值。

首先，这次峰会让我了解了若干百年学校的发展历史。它使我深刻认识到，一个学校要想保持旺盛的生机和青春，必须处理好继承与发展的关系。只有这样学校的巩固发展、经验积累、文化传承、研究创新才能连续不断，逐渐厚重起来。正像一位专家讲的，学校文化是积淀起来的，不是复制粘贴的。

其次，对于学校文化的梳理、提炼一定不能校长闭门造车，它要经过自下而上、自上而下多个回合的酝酿，让全体教职工达成共识，才能有生命力。我们学校的文化梳理就经历了这一过程，对此我深有体会。

最后，导师李烈校长的专题报告和精彩点评发言最是深入我心。小学教师和校长出身的李校长最懂基层校长。她亲身实践的双主体育人理念富有极强的生命力，这是李烈校长领导的学校发展、壮大和成功的法宝。现在正引导着我们走在成熟、成功的路上。此外，李校长精辟论述了学校管理中要做到融通、融贯、融合、融汇。这实际上是李校长为我们揭示百年名校保持旺盛活力的基本规律。李校长还论述了汉迪S型曲线发展规律。它告诉我们学校发展要保持警醒和前瞻性，在学校发展即将跌入低峰时才思辨，为时必然晚矣。成功的百年名校总是在做一、看二、谋划三。所以它们才成为百年名校。

田俊晓

赴天府之国成都参加的全国小学校长秋季论坛暨百年名校文化传承与创新高峰论坛时间短，密度大，感受深，收获丰：

一是对学校的文化有了更深的认识。文化兴，国家兴，学校文化对指导办学方向，统一价值观念，引领师生行为，凝聚人心起关键作用，学校要坚持价值引领，文化立校。文化是长出来的，学校文化需要梳理，总结，提炼，传承，更需要逻辑的表达。

二是对教育的本质有了更深的认识。正如李烈校长所说学校的本质功能是培养人、发展人，学校管理应强调人本精神，校以师为本，师以生为本，尊重人的自主性、差异性、独立性、创造性。激励为主，刚柔并济，和谐共赢。守正出新，追求创新也好，打造特色也罢，以人为中心，促进师生发展始终应是我们该坚持的立场和一切工作的目标。

三是对怎样提升管理效能有了一些思考。管理者一定要学会系统思考，各项工作要注重顶层设计，整体架构；要学会继承，特别是学校的文化，使文脉得以延续；要具备开放思维，不能闭关自守，裹足不前；要借鉴吸纳先进的理念，紧抓发展机遇；要居安思危，未雨绸缪，对学校的发展有清晰的认识，立足现在，预见未来，提前预判，做好中期、长远规划。打破"汉迪S型曲线"从初始，到发展壮大，再到衰落的周期律，找到在第一条曲线逐渐消失之前的另一条新的S型曲线。

谭峰

金秋十月，参加了百年名校文化传承与教育创新高峰论坛活动，三点启发与思考。其一，透过百年老校反观学校文化，弘扬中华优秀传统文化，成为百年老校的自觉行为。特别突出了优秀传统文化在学校文化建设的促进作用。越是深化教育改革，越是需要学校文化引领学校发展，也越能体现学校文化对育人作用的引领。在当今时代，学校要坚持以社会主义核心价值观为导向，加强学校文化建设，我更加感受到这是我们校长的责任担当。其二，李校长提出的"双主体育人"思想，强调的学生的学习主体地位和教师的工作主体地位，在许多百年老校中也得到了印证，实践证明，好的教育一定是以人为本，突出学生主体地位的，突出教师的能动性和创造性的。其三，第一次听李校长讲到了S型曲线，我认真学习了相关内容，真是为我们校长提了醒，在学校发展中，居安思危，思则有备，有备则无患。在学校发展到一定阶段，组织的变革、课程的不断调整完善等应该成为校长要思考的问题。接下来读一读查尔斯.汉迪的《第二曲线》。

任全霞

最好的季节来到蓉城，跟随李校长参加"思与行"全国小学校长学术峰会活动，有三点感受和收获。一是百年名校的文化传承，传承的是学校一代一代教育人的精神和追求；传承的是一批一批学子的梦想；传承的是学校从无到有，从有到人人认同，共同呵护的根和魂。作为当下的学校继承者，只有一脉相承，融通、融贯、融合、融汇来发展学校，学校才能走得更好，更远，这也是教育的规律。二是教育创新，是不断的结合学校发展的不同时期的复杂情况的坚守与改革，持经达变，守正出新。教与学的主体永远是教师与学生，双主体育人始终是不变的。时代发展了，学生变了，教师就要变，学校就要变。教师怎样更好的服务学生，就要进行师本培训，学校怎样更好的引领，就要进行管理革新。三是居安而思危，则终不危；操治而虑乱，则终不乱。学校发展的越好，越要头脑清楚，认识到存在的问题，创新变革找到新的发展点。更多的是学校发展处于瓶颈期，自下而上、自上而下的统一思想，凝聚智慧，达成共识，再出发，教育永远在路上。

安知博

构建"双主体"评价体系　促进学校育人效能提升

——南京跟岗

南京跟岗合影

李烈校长发言：

对于学校来讲，学校的核心功能是育人。"育人效能"从根本上说就是学校实现育人功能、达成育人目标的程度。效能指这个程度，要充分把握和提升学校的"育人效能"，就离不开教育评价。因为教育评价就是依据一定的价值标准、育人目标，对于学校的活动、学校的质量，也就是学校育人的结果进行一个价值判断。这个价值判断的结果实际上就是一种对效能的判断。因此作为学校的校长，要提升学校的整体育人的效能，就一定在教育的评价上去思考、去研究、去探索。

学校有两个重要的主体，一个是学生，一个是教师。因此，在学校实行"双主体"育人是根本任务。学生主体的特点是全方位、整体性，也就是学生在学校参与的所有活动都应该是学习活动。既然都是学习活动，那么学生的主体地位是不容被剥夺的。而教师是教育工作的主体，不存在教师和学生抢主体地位。教师和学生在一起的时候毋庸置疑，一定是为学生主体作用发挥服务的。那么教师主体谈的是哪个层面呢？是他的工作层面。把教师也放在了主体的位置，其根本的追求就是要调动教师自身成长发展的主动性和能动性，要唤醒教师在教育工作中的创造性，这样形成不同层面的两个主体交相辉映，使教育过程真正成为既是学生，也是教师生命体验的过程。

在整个评价的过程中，遵循最根本的一个原则就是以发展为本，主要体现在两个方面。

一、对学生评价的思考与实践

（一）价值取向

首先是对学生评价的思考与实践。对学生的评价根本的价值取向是促进学生共性发展基础上的个性成长。共性发展，是在小学阶段学生健康成长所必需的、普适性的要求。发展关键期，具有鲜明的群体特点与普遍规律。在小学阶段，同一个年龄段的孩子，它的群体特点普遍规律反映在方方面面，比如说他的身体发展，他的习惯形成，他的品德培养以及社会角色开始形成等等。小学教育的首要任务就是保证每一个学生在共性发展的各个方面达到应有的水平。同时我们又都深知，孩子是独特的、有差异的，天赋不同。因此在共性发展的基础上，我们必须允许学生发展的速度、方式、程度、路径等诸多方面的多样与差异，让学生在最适合自己的方式上，实现天赋潜能的最大化发展，也就是要尊重个性的面向全体，尊重差异的全面发展。

（二）实践探索

在实践探索方面，根据以上价值取向，结合小学生身心发展的特点，学校在学生评价的内容、标准、方式、方法等四个方面进行了实践探索。

1.评价内容：凸显全面性发展、个性化"增值"

全面性发展指的是德智体美劳五育并举，不可以有偏废。在全面发展中其实有两个维度，一个是认知维度，一个是非认知维度。关于认知方面的评价，我在此不再赘述。特别谈谈非认知方面，也就是德行品质、行为习惯。这个方面的评价绝不仅仅是负责德育的主管和德育老师需要进行的。在非认知的也就德行品质和行为习惯方面，无论是教育还是评价，应该实现的是全员介入，全时空、全方位的评价。学校将行为习惯和德行品质编写成非常具体的行为标准，这个行为标准也就是实施要求。实施要求贯穿所有学科，所有任课老师。

另一个方面是个性化增值。个性化增值评价是当前凸显以发展为本的学生评价的一种方案。增值评价指学生的进步而非绝对的成绩。增值评价是以学生发展为核心的一种评价方案。倡导的是关注学生的进步，也就是"自己和自己比"的纵向成长。少有的量化，少有的与他人相比，这种评价鼓励学生用自身独特的学习成果来展示其个性化的发展"增值"。比如借助网络平台、人工智能的技术形成学生涵盖五育发展的电子成长档案。每位学生均有自己的成长档案，记录其成长痕迹、时光印记，都极具个性化。

2.评价标准：兼顾基础标准、弹性达标

强调以终为始，也就是目标推动，各科明确学生发展的最基础的标准。既有定量的认知性的指标，更有定性的非认知性的指标。定量的认知性指标，包括语文的阅读量、识字量；英语的拼读水平、词汇量；数学的计算理解、数感能力等等。而非认知的定性的指标，突出强调的是学生知识上位的能力和一些素养。比如语文承载的优秀传统文化、数学的逻辑思维、体育包含的对于学生品德、规则意识等等方面的培养，这些都属于定性的非认知性的指标。在对学生的评价当中，这些都属于保底的内容。

而弹性达标，允许学生有不同的发展水平、发展速度和发展方式。学生可以确定自己更高的标准，一级一级地设定，前一级达成了，可以再设定更高的目标。比如学生的体能标准，检测的时候给的时间可能是一个月，初次检测后如果没有达标，在规定的时间内自行提升后，可以随时找老师进行测试，直到达标为止。而有些同学已经达标了，也可以为自己设定更高的标准，同样在规定时间内可以找老师测试，以他最高的成绩作为这一项的评价结果。

3.评价方式：突出多元评价、过程评价

多元评价：将学生自评、互评、家长评价、教师评价都融入评价之中。这样做的最终目的是帮助学生从不同的角度获得自身发展的反馈信息，促进他们形成更加全面、客观的自我认知，并引导他们确立下一步的发展目标，激发学生自主发展的意识和能力。我们将过程和终结性的评价融合在一起，形成了一种2∶2∶2∶4的基本的评价框架。在这种基本评价框架之下，每个学科都可以根据自己的学科特点，形成独具特色的指标结构。比如语文在学校统一的三个"2"一个"4"基本框架的基础上，把它具体细化为七个"一"，即一个好态度，重点指学生在课堂上积极踊跃地参与和讨论发言；一种好思维，突出强调学生在学习活动中的质疑能力和他发现问题、思考问题的独特角度；一手好汉字，强调学生的语文基本功；一篇好文章，学生在写作方面学以致用的表现；一个好习惯，突出学生的阅读标准，不同年级都有相应的标准；一个好积累，指学生平时单元的验收把关；一个好结果，指学生期末的成绩。

4.评价方法：突出定性评价、表现性评价

根据学科的特点，在合理使用定量评价的同时，更多地对学生进行有针对性的定性评价，为学生的个性化发展提供具体的指导和帮助。其中最具代表性的是每个期末的学生评语。这个做法，所有学校几乎都做得很精彩。而表现性的评价，是看得见摸得着的，也就是可视性的"四台"：展台、讲台、舞台、擂台。我经常搭建这种平台，给学生以个性化的成果呈现。比如科学与美术跨学科的一个学习项目的作品，叫作《太阳系星空墙》。两个学科融合在一起，带领学生以班为单位共同设计，共同查找相关资料，共同完成一幅作品。

二、对教师评价的思考与实践

学校的管理应该追求一种"善治"，在"善治"的理念之下凸显既有制度，但更有人性的，尤其是关注发展性的这样一种理念的引领。所谓"善治"，我们把它归纳成是"法治"+"元治"+"自治"。

"法治"指的是依法办学，遵守相关的法律规定或者规章制度，这是属于刚性的底线，必须要有的。"元治"指的是学校的价值取向，学校的核心理念，也就是工作当中特别讲的"魂"或者是"道"。所以，从学校的角度上更多的是价值引领，更多的是学校理念的解读，是道德层面上的一种率领，在具体实施过程中应将更多的权利交给年级组。组实施的就是"自治"，从工作的安排、计划、目标，到人员的具体配置等等。以组为单位，无论是学生层面、教师层面、教学方面、德育方面、常态工作方面还是突发的问题方面，组就相当一所小学校，有足够的权利，有足够的地位，才能充分发挥它的主体作用。在自治中很重要的一个追求，就是学术的专业和它发展的自觉。

（一）价值取向

在教师的评价中，价值取向特别追求的是促进教师在团队中的主动发展。这里有两个关键词，一个是在团队中，一个是主动发展。

"在团队中"，强调"组"的职能和作用，倡导"长板原理"。比如小组安排工作的时候，应根据老中青教师每个人不同的长项，组合成若干个小组，也可以根据长项去分担组内应该承担的各方面的工作。这样可以凸显每个人的长项，在一个时间集中提升它的弱项，而整个团队形成的是一个效能的最大化，学生得到的往往也是相对更加公平的高质量。在凸显团队合作的同时，尤其需要注重支持教师的个性化成长，为教师提供多样的发展平台，使其获得成就感及归属感，也就是让团队和教师之间形成一种相互积极的依赖关系。主动发展，强调教师是自身发展的主体，突出教师的专业自主和发展自觉。在团队中，学校让老师们充分地感受到归属感，感受到它的背后有一只坚强的团队，学校是教师个人成长的坚实后盾。只有整个团队协调合作，才能为教师个体的成长提供积极的氛围和有力的支持。

"主动发展"是教师个体成长的内在动力，突出的是主动，也是团队得以持续健康发展的基础。只有实现每一位教师的主动发展，才能促成个体与团队的和谐共赢。

（二）实践探索

在实践探索方面，学校坚持在绩效评价中融合发展性教师评价。绩效评价，更凸显企业的评价，这种评价总体上看是一种奖惩性评价，重在对照标准，也就更多体现的是一种量化的指标，对照这样的量化指标，回顾和评定已完成的工作，往往都与奖惩挂钩，这种绩效评价最大的好处是管理上更为准确、高效、便利。但教师团队不同于企业的团队，如果在学校对教师的群体，以绩效评价为主进行管理，会出现很多问题，有一定的弊端。因此学校在绩效评价的基础上，尤其要融入发展性的评价。

发展性评价是以促进教师的专业发展为目的，在没有奖惩的条件之下，通过施行教师评价，达到学校与教师共同进步，组织与个人共同发展的共赢效果。

因此更看重教师的自我评价和专业共同体的形成，强调发挥评价的诊断功能，帮助教师实现持续的自主成长与发展。这样一种发展性的教师评价，应该是当今对教师评价维度当中或者这个领域当中非常重要的一种评价方案。基于此种认识，学校在教师评价的制度、内容、方式、流程等方面，逐步形成了发展性教师评价体系。

1.评价制度：注重双向激励、自主定标

双向激励：既有个体评价，又有团队评价，体现个人与团队的双向激励。比如优秀团队奖，是个综合性的奖项，要考察团队的爱心、研究成果，整个团队教育的质量，是每学期对团队的评价。其中也不乏个人的评价，如个人的获奖，个人课题论文的研究，个人的突破，包括创新方面的成果。它既有个人的激励又有团队的激励，以此实现双向激励。

而在评价的内容上，无论是团队还是个人，学校突出自主定标。一学期开始，每个教师要根据学校的理念及本学期的任务，制定实施工作的目标。以此作为对整个学期进行评价的主要依据。这样，将教师个体的成长融入学科专业共同体的建设过程中，有效地促进个体与团队的和谐一致发展。

2.评价内容：凸显理念为核、发展为重

理念为核："理念落实"是教师工作质量评价的核心所在。学校的教育理念是整个学校教育教学工作的"魂"，是"道"，落实到课堂上，体现在学生的发展上。教师不仅有意识地按照学校的理念去完成各项工作，更体现在创造性地改进或尝试新的方式方法，即不断完善、创新工作中的"术"，也就是战术、策略、方法。

发展为重：整个评价的内容本身就是对教师发展的引领。比如每个学期学校对教师的评价体现在一张评价表上。这张评价表上有最基本的，本学期教师应该承担的工作任务，也就是其职责所在。进而教师按照当初自己的设定目标，进行自我评定和反思。哪些方面的结果是满意的，哪些方面有比较突出的成绩感悟和体会，与此同时还存在哪些问题。教师对自己有一个综合的评价。此张评价表，突出教师的专业反思，突出教师的专业成长，也突出教师在评价当中能够找到自身的发展与下一步要突破的切入点。其次，在这张评价表上，学校也简单地分项列明教师应该承担的比如研究课的节数，上公开课的节数，还有指导参与他人的研究课的节数，校内听课以及跨学科听课的节数。这本身就为教师的校本教研提出了要求和方向，突出以课堂为主阵地，参与到本学科乃至跨学科的团队中。针对课堂教学的教研活动，在专业共同体的形成过程中不断提升自身的水平。

第三，初步形成一种"3+1+X"的专业发展指标。"3"指获奖或者是职称晋升、科研课题、公开发表。这三个方面代表的是教师专业发展水平的重要的客观指标。"1"指阅读书籍，是学校倡导教师发展的重要手段。"X"指教师为自己确定的个性化发展目标或内容。这样共性与个性兼具的评价内容，为教师个体的发展提供了基本的方向和路径。

3.评价方式：注重自我评价、多元综合评价

发展性教师评价的落实主要依赖于教师个体的自主评价和专业、学术共同体的协作评价。因此，在教师绩效评价上，学校格外突出自我评价的重要性，并强调在团队中的分享、交流和互评。

多元综合：在家长开放日问卷、学生日常表现、课堂教学质量、爱的能力智慧，也包括期末测试的成绩中，学校特别突出"以学论教"。"以学论教"不仅是以学生的需要来定，教师教什么怎么教，更包含着以学生发展的质量来评价教师。所以在多元评价中，学校突出以学论教，也就是学生的质量。而学生的质量不是单一的试卷，有学生整体的状态，包括学生的行为习惯、个性品质，还有课堂上学生积极性及别出心裁的创新精神的培养。最终，综合各方评价信息形成对教师的一种多元综合评定。多元涉及利益的各方，所以这也是发展性评价的一个突出的特点。利益相关方共同来参与评价，共同成为评价的主体。

评价方式整体也以定性评价为主。虽然也会对教师的基本教学工作量、校本教研和个人发展情况进行简要的数量统计，但无论是教师自评还是同伴评价，都是围绕评价内容形成文字描述或语言陈述，而不是给出一系列僵硬的量化指标。这种评价方式更关注的是教师在教育教学工作中投入的情感、态度、思考、努力等无法量化但却更具价值的方面，体现出更多的人文性、教育性，对教师本身的发展也具有积极的导向作用，符合发展性评价的实践原则和特点。

4.评价流程：体现平等对话、简化易行

平等对话。在对教师的绩效评价上，形成"个体自评报告——团队交流互评，综合评定上报——结果反馈"的工作流程。在此过程中，教师的民主参与、对话沟通贯穿始终，个体与团队、学校之间始终处于一种平等、共商的地位，促进了个体、团队、学校之间形成和谐共赢的评价关系。

简便易行。在实际操作上，力行简约，尽可能简化操作工具和过程，以避免出现老师们为各种指标、表格、评比所累的情况，形成实际操作中的"3个一"，即：一张表格、一次分享、一个反馈。

学生突出共性基础上的个性发展，教师突出在团队中的主动发展，双方形成双主体的评价体系。而评价体系突出的特点是以发展为本，注重自评，强调质性，凸显增值。

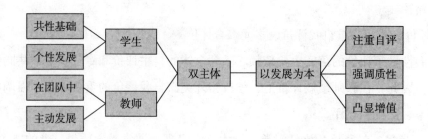

2020年10月13日，中共中央和国务院发表的关于《深化新时代教育评价改革总体方案》，凸显了"四个评价"的原则：改进结果评价，强化过程评价，探索增值评价，健全综合评价。学校及教师学习之后很兴奋，感受到学校的探索和"四个评价"的原则是极为吻合的。

未来，学校将在现有基础上进一步完善和发展这一体系，更好地促进每一个学生的健康成长和每一位教师的自主发展。

工作室成员感悟:

在全国上下深入学习领悟贯彻十九届五中全会精神之际，首届中国基础教育论坛暨中国教育学会第三十三次学术年会在教育名城南京胜利召开，作为李烈校长工作室成员，我们有幸跟随导师参与盛会享受精神盛宴。政策解读、理念引领、实践成果、特色经验、课堂观摩，令听者醍醐灌顶、酣畅淋漓、甘之如饴。振奋精神、坚定信念、启迪智慧、引发思考……

思考一：教育需顶天立地。要落实国家的教育方针政策，要不忘教育初心，为党育人，为国育才，为民服务，要在教育实践中落地、落实，落在孩子身上；思考二：教育需执着坚守。要遵循教育规律，厘清教育本质就是让人过上有尊严而幸福的生活。教育的贡献是人格的培养，立德树人；思考三，教育需科研驱动，久久为功。要传承学校的文化，找准需解决的问题，顶层设计，分阶段实施，以科研提升教学智慧与变革内生力。依教育之所是，达自然而然之；思考四，教育需关注评价，导师李烈校长汇报分享的构建双主体评价体系，促进学校育人效能提升，多年的教育实践成果具有前瞻性，体现科学性，系统性，协同性和发展性。对我们的工作有很强的指导意义，让我们深刻认识到评价的目的是促进发展，核心是调动人的主动性。在工作中我们要兼顾学生教师双主体，其中评价内容、标准、方式、方法、科学，系统具有可操作性，体现了《深化新时代教育评价改革总体方案》倡导的过程评价，增值评价和综合评价，让我们很受启发，也有很强的借鉴意义。我们将加强学习，深入实践，用纯净的心做教育的事，用教育的力量让生命更美好！

谭峰

时进冬月，有幸随工作室一行参加了"聚焦育人方式变革"为主题的首届中国基础教育论坛，国家、地方、学校三大主体参与。在新的时代背景下各个层级注重对教育的传承和创新，既有政策引领，又有理论支撑，还有实践探索。满满两天的会议安排扎实紧凑，给我的感觉就是分身乏术，除了主会场，各个分论坛也是精彩无限，许多新的观点是站在新的前沿引发我们做教育人的深思。结合所见、所闻、所想谈自己的几点收获：

一是思维改变思想。在众多报告和沙龙的头脑风暴之后，校长做教育，就要树立终身学习和生命价值教育的理念，转变思维方式，尊重个性化的存在，要在师生共同成长的活动中，做好教育的本质是提高人的生命质量和生命价值的管理系统的构建。要大胆去探索，去改变。二是课程改变学习方式。当今时代，青少年思想更加自主，价值追求更加多样，个性特点更加鲜明，那么如何落实立德树人的根本任务，我想从课堂文化和课程构建上要解放孩子的头脑，解放孩子的双手，解放孩子的空间和时间。整体要基于培养学生核心素养，培养德智体美劳，五育融合并举，还要基于运用以问题解决为导向的针对学习方式，育人方式的变革的思考与实践。三是评价提升效能。在分论坛聆听了李校长的报告，我深刻认识到了评价在学校教育整体提升中的重要作用。使我更加清晰地了解了学生评价，教师评价的必要性，在实践探索中李校长谈到了对两个主体评价的内容、标准、方式、方法，处处体现着以人为本和全人教育的理念。通过评价，激发了师生自主发展，学生超越个性化发展，教师也在自我成长过程中寻找职业价值的新体验，我想也会促进教师新的教学能力的提升。评价的结果不重要，重要的是评价的过程，通过当前评价过程的改变，育人方式的变革也就更加有方向。作为一名校长队伍的新兵，还有很多需要学习、实践、探索，后续我会认真学习会议文件，深入思考李校长关于评价提升效能的报告，结合学校实际开展工作。

张辉

为期两天的首届中国基础教育论坛，高屋建瓴地对当下及今后一个时期如何落实好立德树人，如何深化育人方式的变革，从宏观到微观进行了引领。我有如下几点体会。

1.落实立德树人，深化育人方式的变革，关键在人，要始终把人放在正中央，这个人，即李校长所讲的双主体。学生作为学习的主体，重在于全面发展，每一个学生都是独特的，教师要善于发现每个学生的闪光点，对每个学生进行因材施教。教师作为教育工作的主体，承担着教书育人的重任，是落实立德树人的最前沿，打造好这支队伍是学校的重中之重，要引导老师树立正确的育人观、价值观，要尊重学生的成长发展规律，顺木之天，因势利导，要营造全员育人的氛围，学科有差别，育人无死角。

2.落实立德树人，深化育人方式的变革，要发挥好评价的导向和作用。李校长讲道：提升育人效能，离不开教育评价，要关注共性发展基础上的个性成长，要特别关注个性化增值的评价（自己和自己比的纵向成长）。无论是对学生还是教师的评价，都应在兼顾基础标准的层面上进行弹性达标的评价。不管是老师还是学生，都有着不同的基础和发展经历，简单的横向评比很难具有公平性，很难具有针对性，更不会具有激励性，不利于可持续发展。

3.落实立德树人，深化育人方式的变革，根在课堂，贵在持久。学校落实教育思想的根本途径在课堂，我们的老师要善于挖掘课堂教学内容中的育人因素，润物无声，持经达变。徐长青老师的展示课，给了我很大的启发，原来数学课也可以这么好地进行育人。教育教学成果的推广，让我更深刻地理解了科研兴校的重要，教育者要善于发现真问题，把问题作为课题，逐层剥离越入越深，用科学的手段研究它、解决它，需要入木三分、持之以恒。教育需要用心守道，静候花开。

南京之行收获满满还需深入消化理解，也更加感觉到工作室这个家的温暖！

赵建华

参加了为期两天的高规格、高质量的首届中国教育论坛，聆听了教育大家们的方向引领和基层校长们的真知灼见后，有如下几点体会：

1.作为教育人要坚守要坚持。我们要追求高质量就要持续不断的关注教育本质——立德树人，重点是提高生命质量和生命价值，在六大核心素养上下功夫，培养学生生存能力，让他们过上有尊严而幸福的生活。基础教育是基础，所以要注重学生身心健康发展，有健康的身体和健全的人格、活泼开朗的心态、克服困难的能力；注重培养会学习、终身学习的能力，自主发展，不同阶段完成阶段任务；培养进入社会的能力，会沟通、了解自己、理解他人、学会尊重人、热爱人和领导力。

2.育人方式变革是教育高质量发展、是满足人民日益增长对优质教育需求的过程。教育的本质立德树人不会变。要通过课程让培养目标落实、落地，让课程自觉落实育人功能，增强课程的综合性，凸显课程的结构化，优化教学方式，增强实践育人功能。

3.听了李烈校长的《构建双主体评价体系 促进学校育人效能提升》的报告，首先让我进一步理解中共中央国务院印发《深化新时代教育评价改革总体方案》的意义，完善立德树人体制机制，提高教育治理能力和水平，加快推进教育现代化，建设教育强国，办好人民满意的教育。其次，感受到李烈校长曾经讲过的校长领导力，用积极的主动的态度通过行动去达成目标，李校长用爱的理念引导人、培养人、塑造人，促进教师和学生可持续发展，立足于现在，谋划于未来，凸显改进结果评价，强化过程评价，探索增值评价，需要再深入理解。

张秀明

首届中国基础教育论坛紧紧围绕育人方式变革，聚焦和展示了新课程改革、考试评价改革、教师教育创新等多方面的积极探索和生动的成果。两天的学习时间虽然短暂，但学习信息量非常大，通过学习，重点有三点体会与大家分享。

一是树立高质量为核心的教育发展观。如何理解高质量发展？重点体现在立德树人、五育并举、全面发展、个性发展、依法治校。特别是我们正处于百年不遇的大变局之中，国际形势风云变幻，我们更要坚守住正确的教育观、人才观和质量观，全面贯彻党的教育方针，落实立德树人根本任务，推动教育的高质量发展。作为校长，我们要系统思考构建高质量的教育体系和治理体系，科学编制好学校"十四五"规划，促进学校高质量发展。

二是努力探索育人方式的变革。当今世界进入数字化时代，学校教育的新生态正在加速到来，我们的育人方式更加多元开放，学生处处可学、时时可学。作为校长，我们在这样的时代背景下需要引领老师思考：线上线下教学的融合，校内校外和课内课外的引导，学习型家庭的指导，关注学生的自我管理和自主发展等等，我们需要站在未来看教育，选择适合的育人方式，实现我们的育人目标。

三是积极改进教育评价。《深化新时代教育评价改革总体方案》指出："遵循教育规律，针对不同主体和不同学段、不同类型教育特点，改进结果评价，强化过程评价，探索增值评价，健全综合评价"。会上有幸聆听了李校长的"构建双主体评价体系，促进学校育人效能提升"的发言，如沐春风，醍醐灌顶。李校长的探索实践，价值取向层面正是《总体方案》所倡导的理念，体现了学生成长发展的价值引领，体现了教师职业追求和个人成长、团队发展的价值引领。实践层面充分体现了《总体方案》的评价导向。为我们提供了生动、可操作的评价方案，为我们如何落实《总体方案》做出了示范，做出了引领。全面、个性、增值、综合、多元、弹性、过程等都得以体现，真正体现了教育评价引领教育回归"人"的教育，关注"人"的发展。继续深入学习领会李校长的教育评价观念和实践，改进自己学校的评价方案，让评价促进师生发展。

任全霞

12月5日至6日，随工作室成员参加了在南京举办的首届基础教育论坛，无论学术报告、沙龙，还是全国优秀教学成果分享、课堂教学展示，犹如一场场饕餮盛宴，令人受益匪浅。下面仅就感触最深的三点谈谈自己的体会。

第一点，作为一名教育人，要有对教育事业的执着与坚守，要静听竹子拔节的声音。教育家顾明远先生对国家教育政策以及当下教育现状分析得那样透彻；李烈校长"构建双主体育人评价体系，促进学校育人效能的提升"报告又让人眼前一亮，她永远都走在教育的最前沿；还有几位校长进行的教学成果分享，都是在利用几年、十几年的时间扎扎实实做科研。不管是顾明远先生、李烈校长，还是十年如一日作科研的校长，他们都有着共同点——对教育事业的那份坚守与热爱。正是这份爱，化作了源源不断的动力，让他们能够静下心来潜心研究教育，静听竹子拔节的声音，真正实现了生活价值与职业价值乃至人生价值的高度统一，他们都是幸福的教育人，是我们学习的榜样。

第二点，作为一名教育人，尤其是校长，既要高瞻远瞩还要脚踏实地。高瞻远瞩，就是要深入学习国家对教育的方针、政策，要知道为谁培养人、培养什么样的人；还要知道应该怎样培养人，培养人的有效路径是什么。脚踏实地就是要对学校的发展，尤其是课程进行顶层设计；就是要扎根课堂，教师要遵循学生的成长规律与认知规律与学生一起发现问题、诊断问题、挑战问题，让师生在解决问题中奔跑；就是要眼中有人，有学生、有教师，他们都是教育的主体，要关注他们共性发展基础上的个性成长，充分发挥教育评价的导向作用，进而促进师生的自主发展。

第三点，李校长的学术报告带给我对教育评价全新的思考。李校长做的"构建双主体评价体系，促进学校育人效能提升"的报告，再次凸显了她提倡的"以爱为源""以人为本"的管理理念。重视教师和学生的本真和个性、需求、愿望，尊重他们作为独立个体的差异性、自主性、独立性和创造性。报告内容还有待深入领会、学习，并在工作中加以实践，真正做到内化于心、外化于行。

总之，这次学习收获颇丰，有待进一步梳理、学习、实践。

杜瑞敏

作为李烈校长工作室成员，有幸在12月5—6日赴南京参加"首届中国基础教育论坛暨中国教育学会第三十三次学术年会"。

1.疫情防控间，隆冬时节里，对于全国、全市、全区来说，这都是非常珍贵、难得的学习机会。李校长推荐机会，秘书长积极沟通，教委大力支持，我们非常幸运的现场聆听了"首届中国基础教育论坛"。尽管有视频转播，但现场感觉不一样！作为高端论坛的亲历者，我们感受到了教育再谋发展前的涌动与嬗变。

2.党的十九届五中全会吹响了谋篇布局新百年征程的号角，在全国深入学习贯彻党的十九届五中全会精神的背景下召开"首届中国基础教育论坛暨中国教育学会第三十三次学术年会"具有非凡的意义。教育行政首脑、专家学者及大批基层的教育实践者云集，论题涉及基础教育的方方面面，而且理论引领与实践探索并重。这是一场教育发展思想碰撞的精神盛宴，对中国教育新百年发展的具有先行的探索引领作用。

3.论坛设总论坛、分论坛、微论坛三部分；方式有教育行政高层领导、学者专家的政策引领、学术报告、学术沙龙、经验介绍、教学观摩等等；范围遍及中小学和高中教育。我参加了12月5日的总论坛，6日的分论坛"如何提升学校整体育人功能"及"向探究而行，与未来同步——智慧教育视域下小学探究式学习的实践分享"。可以说论坛从大处着眼，从方方面面着手，即系统思维，又植根教育基础。体现了思想观念与教育实践引领并重的特点。

4.在学习过程中，我们珍惜机会、认真聆听。92岁的顾明远老先生精神矍铄，像年轻人一样站着以"基础教育面向教育现代新征程为题"作了学术报告，明确基础教育要树立健康第一，要打好儿童身心发展，进一步学习、终身学习，进入社会三方面基础。阐明了数字化时代教育面临的新挑战。教育部原副部长王湛以"推进育人方式变革，实现教育高质量发展"为题，阐明了我国基础教育的使命、任务、路径和实施。此外，江苏省教育厅厅长葛道凯、北京十一学校教育集团李希贵校长等也分别做了精彩报告。令人难忘的是天津名师徐长青老师的三年级数学课"重叠"，让我们体验了一把"数学课还可以这样上"、"好玩的数学课"的精妙。

但最令我振奋和难忘的还是敬爱的李烈校长以"构建双主体评价体系，促进学校育人效能提升——对学生、教师评价的思考与实践"为题，在分论坛上作的教育实践引领报告。李校长的报告与前一段门头沟区教委组织我们教育干部学习的《中共中央、国务院印发深化新时代教育评价改革总体方案》遥相呼应，紧扣教育时代主题"教育评价改革"和教育论坛主题"聚焦育人方式变革"，结合几十年修炼的教育评价理论和管理经验，阐述"双主体育人"的理论认知和实践探索。

"学生是学习生活的主体（全方位、整体性），教师是教育工作的主体（能动性、创造性）"，师生交互主体，教育过程是师生生命体的交相辉映，健康发展过程"；"用纯净的心做教育的事，把专业的服务送给最需要的人"；"充分把握和提升学校'育人效能'就离不开教育评价"等等理念环环相扣。李校长把对教师和学生评价的理论与实践成果娓娓道来，和盘托出。让我们对双主体育人评价体系有了更深刻的理解和认识，使我们对《中共中央、国务院印发深化新时代教育评价改革总体方案》有了更清晰的把握。

南京学习，不虚此行！今后，知道怎么做了！

田俊晓

转危为机　目中有人

在李烈校长工作室线上高峰论坛上的致辞

北京市门头沟区委教育工委副书记　教委主任　陈江锋

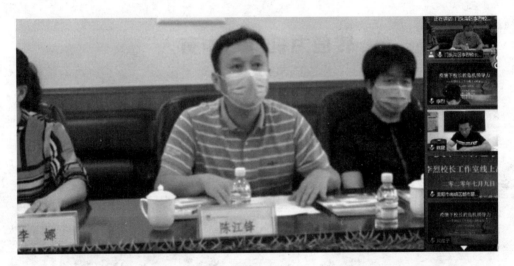

陈主任致辞

尊敬的李烈校长；尊敬的兰州、石家庄、贵阳的教育同仁以及北京市门头沟区李烈工作室成员们：大家上午好！

虽未谋面，云端相见，芝兰室内，志同道合。首先，我代表北京市门头沟区委教育工委、区教委祝贺李烈校长工作室线上高峰论坛的举办，也非常荣幸能够作为东道主主办这次论坛。

李烈校长作为国内外知名的教育专家，以她"以爱育爱"的博大胸襟、先进的教育思想、超凡的个人魅力，实践着办人民满意教育、为国家培养栋梁之材的教育初心。以遍布全国各地的"李烈校长工作室"为基地，将她的办学治校理念与实践薪火相传，带动着全国各地教育的优质发展。我和教育两委成员多次参加了门头沟工作室的活动，每一次，都被李烈校长办学艺术和高尚人格感染着。门头沟区的工作室学员在李烈校长的悉心指导下，在学习中感悟，在实践中反思，"目中有人""执两用中""守正出新"，办学治校能力得到迅速提升，必将有力推动门头沟教育精品区建设的高品质实现。在此，衷心感谢李烈校长的厚爱和辛勤付出。

突如其来的疫情，打乱了我们的生活，严重影响着我们的教育秩序，给我们教育工作者尤其是校长带来了很多新课题，实实在在地考验着我们疫情下的危机领导力水平，此次论坛主题把"疫情下校长的危机领导力"作为主题，恰逢当时，雪中送炭。在疫情防控常态化管理的今后，有着现实和长远的指导意义。在此，和大家交流三个方面思考。

一是提升思想管理的高位领导力。疫情首先冲击着干部教师和学生的思想，带领师生战胜疫情首先要凝聚人心，聚合力量。我们的校长就要给师生以战胜疫情的决心、信心，越是困难，越要强调党员教师的责任，越要夯实作为人民教师的道德基础。借助时机，把爱国主义、党的领导、人民为本、中华文化、感恩教育和防控能力等思想和知识大张旗鼓地传授给学生，凝聚战胜各种危机的思想力量。

二是提升课程管理的创新领导力。疫情冲击着我们固有的教育模式，没有了面对面的传授，我们必须创新和适应线上教学的新模式。但线上教学绝不是线下教学的等量平移和重复操作，这需要我们从课程、课堂、教师、学生、评价、互动反馈等诸方面不断研究和探索，充分发挥线上教学的优势，避除不足与缺陷，实现课程管理的实效性。

三是锤炼转"危"为"机"的思维领导力。危机不全是灾难，顺境不全是福报。面对危机，需要我们教育工作者尤其是校长心中有定力，深入思考新形势下学校发展和日常管理策略，创新教育方法，改革教育内容，借助"战疫"进程，争取在某个方面、某个领域实现突破和提升。

尊敬的李烈校长，各位教育同仁：与时代同步，与师生同心，与提高同行是李烈校长工作室的鲜明特征，更是名校长茁壮成长的摇篮和沃土。在此，我代表北京市门头沟区委教工委、区教委预祝此次高峰论坛圆满成功；祝愿李烈校长工作室结出更加丰硕的果实；祝愿我们敬爱的李烈校长身体健康，魅力永驻；祝愿各地的教育同仁工作顺利，事业发展。

最后，让我们一起团结相助，共同战胜疫情，祝愿我们的国家繁荣昌盛，人民幸福安康。

工作室成员汇报：

疫情考验校长的危机领导力

北京市门头沟区育园小学　宋茂盛

危机有两种含义：一是指突发事件，如这次新型冠状病毒肺炎的爆发；二是指当人处在紧急状态时原有的心理平衡状态被打破，正常的生活受到干扰，内心的紧张不断积累，继而出现无所适从甚至思维和行为的紊乱，而进入了一种失衡状态。这次疫情，考验了校长的危机领导力。所谓危机领导力，是校长能够带领本校师生家长直面危机，准确研判形势与阶段变化，通过果断的行之有效的策略，促进人与学校的可持续发展的能力。

一、建立科学有效的应急机制的能力

面对突如其来的疫情，生命健康安全是首位的，校长要认清形势，不盲从，不慌乱。更要有坚定的信念，一切以人为本，克服形式主义、应付任务式的管理。由于有抗击非典的经验，学校紧急落实"四方责任"，果断采取"人盯人"的防控举措及"1+4"的管理模式。

"人盯人"，即按照层级管理，干部盯年级组长，年级组长盯教师，教师盯学生。重点人员重点盯，确保在京、返京、滞留境外、京外人员安全，不落下每位师生。我负责在湖北疫区的一名学生，除了关注他日常体温外，还跟他进行了三次视频聊天，消除他的恐惧与焦虑心情，并鼓励他把看到的、想到的写出来，孩子一直保持着乐观向上的状态。他在文中写道，"因为身在湖北疫区，校长和老师都为我担心。校长经常与我视频聊天，让我拥有轻松的心情面对一切，感恩你们，像父母一样对我无微不至的关心，让我感到十分温暖"。

"1+4"即成立一个防控领导小组，全面负责疫情防控的指导、监督工作，并组建了四个工作小组：物资保障组、信息宣传组、日常监控组、课程指导组。防控领导小组与四个工作小组同心同德，互帮互助，具有奉献精神和团队自豪感。

在学校科学有效的应急机制下，每个人都知道了自己的职责和任务，相互协作，不断创新。为了共同的目标，大家都在努力着。就像史蒂芬.柯维博曾经说过的，"管理在系统之内起作用，领导力对整个系统起作用"。

二、化危为机的能力

学校按照"停课不停学"的要求，"一校一策"的原则，将全民抗疫的战场作为课堂，无数最美抗疫英雄作为教材，与学校的校训"读好书，做好人，立大志，报祖国"紧密结合，对学生进行生命教育、爱国主义教育等，并诠释了"为谁培养人"，"培养什么人"的理念。由教师、家长、学生共同参与的"整点故事"推出了70多集，鲜活感人的事例，爱国主义的情怀，奉献的精神等鼓舞着学生们，纷纷立志要成为对国家有用的人。课程指导组还适时推出了主题研究活动，学生们非常感兴趣，踊跃参加，培养了运用多学科知识解决一个问题的能力。

疫情期间学生居家线上学习，这就对学生的自学能力提出了更高的要求。根据学生的年龄特点，心理发展特点，我校的自主学习一开始是在教师指导下进行的。循序渐进，学校适时推出了没有教师参与的"周三自主学习日"，让许多学生收获了自主学习的小妙招，形成了《育园小学自主学习方法宝典》。看到他们分享时喜悦的表情，怎样做到自律，怎样管理好时间，怎样培养自己的好习惯等，我想这将是他们终身受益的能力。6月8日，四、五年级复课当天，一位班主任老师兴奋地拉着我看他们班学生自己出的一本本绘本故事集，"校长，太不可思议了，我根本不知道他们什么时候做的"。这种惊喜透出的恰恰是孩子自觉主动的学习能力。

同时，学校立足于"五育并举"开展了"线上运动会""线上合唱团演练""个人书画展""学雷锋活动"等等许多丰富多彩的线上教育活动，学生们在积极参与中体验着，成长着！

长期居家学习，亲子关系至关重要。学校及时推出12期"周末心语大讲堂"，帮助家长缓解情绪，学习与孩子和谐相处的科学方法。怎样与孩子友好的沟通，怎样高效的陪伴孩子，怎样共同养成一些好习惯，怎样慢慢放手让孩子学会自主等。家长在每次课之后都有很深的体会，受到了启发，找到了教育孩子更好的方法，同时也对老师们多了一份理解与敬意。一位家长的感悟是这样写的："今天的课程内容很贴近我们的生活，我家孩子和妈妈刚下课就学以致用。上课前，儿子写了一篇作文，因为书写问题，母子俩正闹情绪。妈妈望子成龙，儿子努力写了半天还是被骂，大家心情不好晚饭也没吃。这时,《周末心语大讲堂》开始了,我们只好一起听课。课程中有个细节,老师谈道:当家长与孩子之间闹情绪时,可以暂时放下情绪,一起做点别的,先处理好情绪,再处理事情。例如可以一起吃点好吃的。这句话明显感觉他们两个是走心了,下课后手牵手吃夜宵去了。看见他们开心的表情,我也很激动,马上写学习心得。学习《周末心语大讲堂》10次了,每一次课程都让我收获满满。疫情期间更多地关注孩子的成长,我才发现,想教育好孩子,不能为了逃避责任一味地托付给课外班,唯有家长自己多学习,自我成长起来,自我优秀起来才能真正帮助到孩子。

三、激发教师自觉主动成长的内驱力

在特殊时期,保证学生成长不停止,学校发展不停滞,很重要的因素是教师。如何尊重教师的劳动价值、创造价值是校长领导力的重要环节。

学校本着"服务、协调、引领、创新"的管理理念,突出做好引领和服务。所谓引领,就要根据疫情防控形势,提前研判,引领发展的方向。而在具体实施环节,学校更多的体现服务,发挥教师团体集体的智慧,解决好变与不变的关系,不搞"一刀切",大大激发了教师教育创新的主动性,开展活动的独特性。"小百家讲坛""周末诗词大会""教师小助手""朗诵者""自主学习主题班会""外教时段"等许多教育创新举措应运而生。

疫情没有停止学生的成长,更没削弱教师的职业价值,源于我们对学校核心价值观"让每个生命成为最好的自己"的坚守,对教育规律的遵循。许多家长给我发微信,"校长,我是一3班昊晨的妈妈,今天看到您在我们班群里点评了昊晨,我截图转发给了孩子,孩子备受鼓舞,您这么忙还在看孩子的视频,我们做家长的也很感动!由于疫情原因,昊晨一直在姥姥家里没能回来,这次学校停课不停学,通过这两天的学习,我感到了老师的辛苦与付出,虽然不上课,但是比上课更忙更累,对于孩子们提交的视频,老师逐个点评,认真批改,真是让我们感动!我们全家向您及各位老师表示深深的感谢同时,作为医务工作者,我们也有信心打赢这场没有硝烟的战疫,让孩子们早日重返校园";"校长,咱们学校理念太先进了,不但考虑了孩子,还想到了家长,过往的焦虑与不安减轻了很多";"校长,我们学校的线上教学一开始就做到了内容丰富,各学科都有教师全员参与,我为孩子能在育园小学上学感到骄傲。对于孩子们提交的作业,老师逐个点批,认真批改,真是让我们感动!"

危机领导力，考验了校长的办学能力、管理理念、对复杂问题的应变等综合能力，实质上也是对教育真谛的探索，对于人成长规律的坚守和尊重！只要我们从心守道，持经达变，就一定能收获教育的璀璨。

转"危"为"机"

——校长危机领导力的思考与实践

北京市门头沟区黑山小学　任全霞

2020年，全国人民一同经历着新冠肺炎带来的考验，突如其来的疫情，让各行各业都以战时的状态应对巨大的挑战。对于校长而言，也置身于一场危机领导力的考验之中。直面这场危机，校长应该以教育的视角和眼光进行深入思考和分析，引领全体教职员工和学生，带动所有教育力量，把危机转为机遇，促进学生的成长和学校的可持续发展。如何发挥校长危机领导力，转"危"为"机"？谈几点粗浅认识。我主要从以下四方面汇报：

一、适时发声，减少危机负面影响，鼓舞人心

这次疫情一下子改变了学生的生活常态和学习方式，直接造成的影响就是学生的心理会产生恐慌、憋闷和紧张（这是北京市青少年法律与心理咨询服务中心面向全国10万青少年开展的抽样调查）。作为校长，要高度重视，如果不加以疏导，将有可能成为一种惯性，影响到学生长期的学习、生活和人际交往。直面学生心理健康的危机，校长要站出来适时发声，以身示范带动和影响班主任、任课教师、家长共同关注，常态引导，把学生面临的心理问题，通过沟通，转化为源源不断的爱的教育，来减轻学生的心理负担。

例如，抓住关键驱动点发声。写给全体学生的一封信；写给妈妈在抗疫第一线学生的一封信；《抗击疫情，和雅家人在一起》诗朗诵；复课讲话；六一致辞。学校干部、任课教师也积极行动，发声引导。校长以身作则带去关心、送去指引、弘扬正气、传递信心。学生的回应，见证了他们的心灵成长。

老师和家长在这个特殊时期的心理状态也是需要关注的，不可忽视。适时与教

师交流；三八节致敬女教师；中期总结为全体教师鼓劲儿；引领党员讲奉献，做先锋；五四鼓励青年教师；适度与家长沟通，在每个关键阶段致家长一封信，帮助指导家长。

把疫情带来的心理负面影响转化为关爱学生心灵成长的契机。利用书信、视频、电话等多种线上方式沟通，创造更多心与心的交流和学生心灵成长的机会，引导教师、家长坚定信心，稳定军心，鼓舞人心，为学生的健康成长注入不懈的动力！

二、顾全大局，提升学校治理能力，着眼长远

疫情危机让我们见证了党和国家始终以人民为中心，不放弃每一个人，疫情防控让我们见证了国家治理体系和治理能力在应对风险挑战中经受了检验。这如同一面镜子，反观学校是否把学生的生命健康放在第一位？疫情为提升学校治理体系和治理能力创造了哪些发展机遇？作为校长要系统思考，既要考虑疫情中，也要考虑疫情后；既要聚焦疫情防控，也要将学校文化、队伍建设、德育活动、课程教学、制度建设、学校管理等育人链条，全部纳入治理体系中整体引领。

校长统一部署。在制定应急预案、延迟开学方案、复课方案、线上教学方案过程中，校长作为第一责任人，主持引领大方向，注重以人为本，各个部门树立一盘棋思想，本着立足当下、着眼于长远的原则进行方案设计。

锤炼干部队伍。无论是寒假延学阶段还是线上教学阶段，班子成员全部到校坚守岗位，每位干部负责一个年级所有工作，深入到年级每一个班级群里去，每月一次书面反思。强化危机使命担当，增强主体责任担当，提高危机意识担当。疫情危机下，干部之间，干部与教师之间的沟通更多了，跨界管理的领域更广了，换位思考的大局意识更强了，提高了干部危机应对能力和治理能力。

完善各项制度。疫情下，让我们发现了学校疫情防控机制、防疫健康教育制度等短板。以此为契机，以问题为导向，引导干部树立法治思维，完善了学校章程。根据章程，结合疫情，补充修订了各部门制度，体现系统性、针对性、操作性和实效性。危机总会过去，终将回归日常管理，为后续学校治理和学校发展做好重要的制度保障。

把疫情带来的应对风险的挑战转化为提升学校治理能力的良机，找准关键点和突破口，扎实整体推进。

三、以人为本，探索线上育人模式，五育并举

疫情之下，学生们居家学习，探索线上育人模式，必将成为校长危机领导力的重要部分。作为校长要思考：如何挖掘疫情中的教育元素，融入学校教育之中？如何系统建构线上育人模式，做到五育并举？主要思路是：坚持立德树人根本任务，整体系统思考，德育、教学双驱动，学习内容、学习方式、教育资源、学习评价全链条推进。

线上德育突出五化。即系列化、主题化、常态化、多元化、特色化。挖掘教育元素，开展"同力协契 攻克时坚"——抗疫策略系列主题教育；展示班级风采，开展"和雅少年 致敬先锋"主题系列活动；文明课堂——为自己点赞，树立榜样，多元评价，展现个人风采；常态实践活动促进成长；开展心灵关怀系列教育活动。

疫情提供了许多宝贵的教育资源，将其转化为教育契机，融入各项活动之中，提高了育人的实效性，增强了学生的获得感。

线上教学突出主题性和自主性。五育并举，主题设计推进：自我管理、关注时事、学习天地、健康天地、教师答疑、艺术天地、云课堂、阅读时光；学习过程：培养自主能力；学习内容：全科覆盖；学习方式：自学+共学；学习资源：自主选修+集体必修；学习评价：自评+家长评+教师评；学习指导：个性问题一对一答疑，共性问题集体解惑。

线上教学，教与学的方式都面临着挑战，但对于培养学生自主学习习惯和学习能力创造了更多的机遇。

把疫情带来的线上教育教学的障碍转化为丰富育人模式的生机，以生为本，突出自主，全链条推进。

四、凝聚各方，加强危机教育力量，协同育人

在疫情防控时期，全国上下团结奋战，形成一盘棋防控局面，各方共同努力，打赢了防控疫情的阻击战。对于学校而言，一方面抓疫情防控，一方面肩负育人重任，校长要思考，如何凝聚各方力量，充实教育力量，为学生成长助力？这对校长危机领导力也提出了挑战。

抓好班主任教育力量。学校开展班主任培训，班主任召开微班会，以多种形式引导学生和家长科学应对疫情、增强自信心，传递正能量。

利用家委会骨干力量。通过家委会组织各项活动，做好学生教育。做好家委会换届选举，更新教育力量。发动家长参与活动。观《老师请回答——疫情防控特别节目》，家长谈感受；有的学生家长请命第一线工作，学校动员其他家长发声表达对一线家长的祝福，影响和教育学生。学校通过系列举措撬动家长的力量，给孩子们动力的支持。

调动社会力量共育。与气象局携手，开展活动。

把疫情带来的居家学习的弊端转化为凝聚教育力量的契机，建设多力驱动，互相促进的教育共同体，达成协同育人。

综上所述，疫情带来的危机转化为教育的机遇，校长的危机领导力始终离不开把学生生命健康放在第一位，把学生的生命成长作为第一要务。强化疫情防控和常规工作的融合，提升疫情教育和立德树人的融合。校长危机领导力重点体现在：思想上要有感召力，治理上要有决断力，教育上要有前瞻力，组织上要有凝聚力。

危和机总是同生并存的，克服了"危"即是"机"，正确认识危机，站在教育立场，把握教育规律，才能抓"机"来化解"危"，变危机为机遇，促进学生的成长。

⊙ 李烈校长点评：

疫情下校长的危机领导力

今天，利用腾讯会议这个平台，进行"疫情下校长危机领导力"的高峰论坛，有着非常独特的意义和价值。尤其是9位校长的发言，以及4位校长的抢麦发言。我听完之后非常感动和受教。我主要谈两点：一是对于今天论坛上各位的发言，有一个简短突出的体会和分享；二是由大家畅谈对今天论坛的主题引发的思考。

一、点评

尽管9位校长来自四个地区，有不同的地域、背景和条件，但是大家的发言都有这么几个特点。首先是紧紧围绕了我们今天论坛的主题，谈的是"疫情下校长的危机领导力"，这个特点是非常突出的。其次，在这个危机领导力主题之下，大家有对危机领导力的理解，有对危机领导力的解读，有对危机领导力的体会，更有危机领导力的具体实践，其中也不乏很多深刻的思想和观点。比如说我们第一个发言的宋茂盛校长，他发言的风格、思路我觉得也很值得大家学习，他先解读了这个题目，什么叫危机？什么叫危机领导力？危机无外乎两个方面，一个是突发事件，一个是在突发事件面前心理的平衡被打破，也就是说一个突发一个失衡。然后在危机领导力这个概念当中特别给予解读，一个需要直面危机，还有一个是要对危机有判断。第三个是能在判断之后采取有效的行动。我们看宋校长发言的角度，先解读题目，否则容易说着说着就走样。而且解读题目中对核心概念进行了分享，这是一个很好的风格。与此同时，在实践操作层面也有非常落地的具体做法。这里面谈到危机之下机制的建立和在危机之下如何提升转危为机的能力，特别是周末心语大讲堂，非常接地气，是非常有效的做法。最后，在这个疫情之下，如何借此机会激发教师能够自觉主动地去成长，去创新工作，他引用史蒂芬.柯维博士的一句话我觉得很好，"管理在系统内起作用，领导力对整个系统起作用"，我觉得值得校长们继续去琢磨思考。

第二位发言的是兰州实验二小分校李瑛副校长，她发言的题目是"疫情下校长的课程领导力"。这个题目很具体，也很大。因为大家知道课程实际上涵盖了教育目标实现的全部工作。疫情下，领导依然不忘层层抓课程的实施。其中她特别谈到变与不变，那么应该怎么变？主要表现在学校管理以及方式模式的变化。还有一个就是教学方向要变，学生学习的方式要变，那不变的又是什么？是我们的育人目标。即使在突发的疫情，突发的危机面前，依然能够持经达变，经就是我们教育的目标，抓住这一点，然后根据危机不同的环境，不同的条件实施。尤其是李瑛副校长谈到后疫情时代，我们还要做些什么？有一些思考，也提出了一些很具体的研究问题。这一点凸显了校长的一种人格特征，那就是不断地反思，不断的进行总结，所以反思型的人格特征应该是我们校长领导力的一个构成。

第三位发言的是贵阳市白云区第一小学校长晋松。晋松校长谈的题目是"弘扬抗疫精神，做让爱充满校园的好老师"。他实际上是能够将抗疫过程呈现出来的，我们要紧紧抓住能够充分利用的资源，他特别提炼出来五点抗疫精神，以此作为宝贵的、现实的培养资源，去滋养学校的教师，提升教师的素养。不仅如此，他以他的学校带动其他学校，因为他们是一个培训基地。所以他突出谈的这个利用大事件，通过校本研究这一点也是校长危机领导力的一个构成。

第四位发言的是石家庄盛世长安的许静副校长。许静副校长谈的题目是"一起读书正当时，化危为机谋发展"。诗一般的题目，有着非常突出的一个特点。抓住了疫情期间读书的价值，读书的追求，而且有非常具体的疫情之下读书的活动，读书的做法。我印象特别深刻的一个观点就是：疫情本身就是一本书。

第五位发言的是门头沟黑山小学的任全霞校长。任校长的题目是"转危为机——校长危机领导力的实践与思考"。我感觉深刻的是，她贯穿始终的是教育的视角和眼光，这也是教育人看待任何一个问题，与从事其他行业的人最大的不同。就如同教数学的、教语文的、教体育的、教信息技术的教师，面对同样的一件事，同样的一个问题，思考的角度可能会截然不同。所以无论什么时候，我们做教育的人一定要有我们专业的视角，那这个专业视角独特的地方，就是教育眼光。教育的视角是我们专业性的一种表现。她在教育的视角眼光当中特别谈了四个板块：校长适时的发声、以此机会对学校治理能力方面的提升、线上的育人模式、凝聚各方面的力量共同育人。

第六位发言的是兰州兰炼二小的付成贤副校长，他发言的题目是"以教育的方式应对危机"。也是特别谈教育的角度，教育的实践。在这当中有一个观点令我印象深刻，那就是教育不仅发生在校园，生活本身就是最好的教育。

第七位发言的是贵阳修文县实验小学的陈颖校长。修文县实验小学是一所农村的学校，尽管客观外界环境和大城市学校有差距，但是他们能够坚持在疫情之下，继续搞校本培训，以此来提升教师，这个也就和贵阳白云一小晋松校长谈的有相同之处，都是突出利用疫情这个资源，进行教师队伍的建设，进行教师素质素养的提升，谈得很深刻。

第八位发言的是石家庄陈章小学的张平校长。张平校长谈"构建网络教学共同体，开启线上学习新天地"。这是一个独有的角度，也是非常具有时代感的一个论题。不仅有很多自己的具体做法，例如如何抓教师团队，如何通过微课熟练使用现代技术手段，提升教师团队，搭建新的平台，改变一些学习的方式从而给予孩子们更好地成长。由此，我想带出另一个值得我们思考的问题，现在是网络时代也好，人工智能时代也好，带来的对教育的冲击，一定是将我们一些传统的教学模式打破了。暂且不说我们不知道疫情的后续发展到底什么样，下学期学校的教育到底什么状态，是线上还是线下。在这种情况下，我们如何分析看待人工智能的手段，如何能够充分应用，促进老师的教学方式和孩子的学习方式的改变，这依然是一个非常有价值的值得我们研究和实践的课题。

当然利用网络这种现代手段，有利有弊。而充分利用它的长项，不仅仅是一个手段和技术的使用，更为重要的是在给予孩子们技术的同时，更给予了时代意识、现代意识、人工智能意识。所以，这是一个很有时代感的话题。这个很可能是我们校长即使在非危机状态下，迎来的一个新的挑战，有继续研究下去的价值。包括像今天我们这么多人的线上论坛，校长们运用现代技术手段的差异也是比较大。这也反映另外一个问题，就是我们对这个手段使用是否足够熟悉，技术的掌握是否足够到位。如何充分利用这些手段来促进我们的教育改革，在这点上校长首先要有这种认识，有这种思考，有这种技术的掌握。所以我觉得陈章小学的张平校长带来的这个发言，更有后续研究的一种启发。

第九位发言的是贵阳工作室的负责人——贵阳二小分校曹箐校长。她的发言当中有两点让我感受很深。一个是她谈的是疫情之下我们和孩子之间的物理距离变了，隔屏反而拉近了师生的心理距离。这句话有对现实的描述，也有实践之后深刻的感悟，它内涵可以说是多维的，是非常丰富的。本来疫情带来的更多的是不尽人意，更多的是心理距离的拉长，但恰恰感悟到的是隔屏反而拉近了心理距离。试想这个结论的背后有多少具体爱的付出和实践，才能有如此深的体会。另一点，就是海鹰校长刚刚谈到了几张照片和视频，令我百感交集，同时又有着一份特别的感动。就像海鹰校长讲的突出的感受就是，一个都不能少。住在大山里的孩子，那里没有手机信号，他们坐在小板凳上，趴在那个马路牙子上看手机视频，如此艰苦、如此执着地去学习。我们也能够深刻地感受到贵阳校长工作室的校长们，在疫情之下的扶贫工作依然还在坚持，丝毫没有放松，跋山涉水，在如此艰苦的条件下走进深山，走近每一个孩子，进行点对点的扶贫工作，多少不易的同时传递的是爱，一种真爱，一种大爱，所以我真的非常感动。

这是九位校长的发言，给予我不得不说的收获。下面我想就大家的发言交流，和大家共享一个话题。

二、领导力

这个话题就是，校长的危机领导力背后是什么？能够在危机来临的时候，呈现出校长的非同一般的领导力，他不是凭空而来的，也绝对不是危机面前拍脑袋拍出来的。他实际上是一个累加的，最后有个共通的、共同的一个问题，一个校长应该具备的能力，那就是领导力。所以危机领导力的前提，或者说危机领导力的背后，一定是校长领导力的构成。

校长是带领着一个团队奔向一个目标，校长的领导力就是能带动这个团队，能让团队的人积极主动甚至是心甘情愿地跟着校长，通过行动去达成目标。校长领导力应该有不同层次：一个是校长的技术能力，我常常把它说成是校长的专业能力，也就校长的业务水平；第二个是校长的人际能力，应该主要体现在校长的凝聚力上；第三个是校长的概念能力，这个概念能力实际上谈的应该是校长的思想，校长的观点。三个能力共同构成校长的领导力。不仅仅是在危机时候如此，在正常情况下都应该努力提升和修炼这三个方面的能力，这样才能综合构成校长的领导力。专业能力指的是具体的做事；人际能力也就是凝聚的能力，更多的应该体现的是对人的关心，对人的凝聚。思想、概念的能力，应该突出的是校长的引领，那么常常作为校长的领导力和我们在座组长的这个管理力，最大的区别可能是第三个，也就是带领能力。一个非常好的业务领导，未必能做得了校长，也就未必具有概念能力，思想引领的能力。所以作为中层干部或者组长，更多的是落实、去实践学校的共同理念。因此，更多的是在具体做事上，而校长光有做事能力还不够，而应有这种思想的引领能力，比如概念能力。

三、愿景比管理更重要

我有一个观点，引领能力就是一定要有一个共同的愿景。无论是学校整体的发展，每个教师的发展，还是我们做具体的某一项任务和工作，都应该有大大小小不一的共同愿景，也就把目标变成愿景。什么是愿景？我认为，愿景绝对不仅仅是学校的目标。既然是愿景，那就是学校的目标或者这项工作的目标，一定得是老师们愿意去实践的，愿意去达成的，这才能形成团队的、集体的和个人的共同目标，才能称其为愿景。愿景比管理更重要，也就是说，当我们有思想，有观点，做一件事，那他确定的这个目标绝对不是告知才达成目标，也不是仅仅通过管理的手段去达成，一定是将学校发展与教师们个人价值融在一起，形成共识，这样才能形成共同的愿景。有了这样的愿景，教师们才会主动发展。所以有这样一句话，愿景比管理更为重要。那这一点体现的就是刚刚我们讲的校长领导力当中的第三层，最高层的这个概念能力，也就是思想的引领能力。

第二个，也就是中间这个层次。谈到校长的人际能力。那么校长的人际能力，实际上是要有凝聚力，而凝聚力靠什么？靠校长自身的格局，靠校长自身的素养，靠校长自身的修炼，靠校长的德行品质。除此之外，还靠沟通。所以在某种意义上讲，校长的领导力非常多地体现在沟通上。通过沟通达成共识，通过各式各样的沟通凝聚教师们，才能够让其心甘情愿的一条心、一个劲儿地奔着这个愿景目标去实践。所以在人际能力当中，突出的是校长自身的素养和沟通的能力。而这一点实际上有一个核心的词就是目中有人，心中有人。校长要多一些换位思考，多一些感悟，也就是我们通常所说的灵商。

第三个，从高往低说是专业能力，也就是技术技能。这个技术技能对应的是我们的业务。这点上我们必须承认，校长的专业性再强，学科的专业能力再强，也不可能对于学校课程中所有的学科，你都是那个最拔尖的，最具有专业性的。我们比不了学科的教师，但是我们能够超越学科，和学校倡导的一种思想结合在一起抓案例、抓落地、抓推广。我们抓的案例应该是能够提炼一些共性的，能够和我们的思想对接的一些具体的观点和操作的方式，能够让大家通过我们所抓的案例举一反三。因此，校长的领导力平时应从这个角度去追求、去提升、去修炼，才会有危急时刻的领导力。如果平时这些方面做得不够，遇到危机的时候，就想体现出危机的领导力，那是不可能的，所以危机领导力的背后一定是共性的，常态的领导力。

四、授权比命令更重要

前面我讲的是愿景比管理更重要，那第二点我谈的就是授权比命令更重要。今天大家的发言当中都充分体现了这一点，校长们的目光都聚焦在教师的提升上。不论是通过课程还是通过具体的某一个手段，最终都是我们校长在引领教师，然后教师去践行、去落地、去实施，再到学生的层面。既然校长的领导力最终要落在全体学生层面,那么中间教师的这个层面非常重要。对于教师这个层面非常突出的就是少一点命令。制度要有,机制要有,但他不是全部,实施过程当中要多一些授权。我特别要提到"授"这个字,这个字是提手旁,授权就是给予权利,赋予权利,凸显了一份信任。一般来讲领导力是有层次的,第一层次是靠我们的职权带动,老师们不得不做,但他是被动服从的。第二层次是认可,就是对校长的认可,对你做人的认可,所以他愿意接受你的领导。第三个层次就是他能够特别注重结果、效果,按照你的要求去做,结果是有价值的,有意义的,所以会认真去做。第四个层次是一种赋能,赋能就是授能,就是刚刚我讲的,授权比命令更为重要的意思。他是看到了跟着你一块干,按照你所讲的形成的这种共同愿景,这样去实践,能获得成长和发展。第五个层次,也是最高的层次,是真我,他对你的整体的、倡导的、引领的、带着大家做的事,发自内心高度地认可。真正的能够实现他的生命价值、人生价值,有着极高度的认可,那么他的自主性、主动性,包括他的创造性,肯定就大不一样。因此我想借这个机会和大家说的是危机领导力的前提或者背后是校长的常态领导力。

五、无为而尊者,天道也;有为而累者,人道也

我特别想借用庄子的一句话,"无为而尊者,天道也;有为而累者,人道也"。意思是说你能够培养和带动下边的一层一层的大部分教师,能让他们更加努力地、积极主动地去绽放他们的价值,去实现他们的智慧,能够做到这一点,就无为而尊。"天道"当然指的就是能够符合客观规律的事物,顺其自然的,这是最高境界。有为而累者,就是你事必躬亲,什么都要亲自去做,因此很累,很辛苦。这样的校长,充其量就是人道也。不是天道,人道与天道相比,实际上就是没有真正抓住规律。当然,我所说的就是理解庄子的这句话,有为而累者,并不是说我们什么都不管,大撒把,有时候也需要抓很具体的事,但不是这样始终抓下去,而是通过具体的例子,举一反三,作为案例去培养我们下面的干部,教师们也会思考,也会分析,也会判断,也能提升。

六、致虚极,守静笃

另外还有一句话,最后和大家共勉。这句话是《道德经》里的一句话。谈的是

"致虚极，守静笃"。致，极致的致；虚，空虚的虚；极，极端的极；守，守护的守；静，安静的静；笃，笃行的笃。这句话我想很好理解。致虚极，我们要把我们的心态放空，放空到极点，放空到极致。什么个人的名和利，这些浮躁的东西，小我的东西不要有。真正做到了"致虚极"，方才能"守静笃"。守护安静，保持笃定。甚至可以说不受外界浮躁的、浮夸的氛围影响，才能够不迷失方向，真正来做教育，无论是平时常态化还是危机来临时，都始终能够按照这样的规律去做，能够持经达变。

特别感谢各位校长，尤其是我们发言的校长和抢麦的校长，听了之后我也非常受益，因为我依然还做着一所学校的校长，所以你们有很多做法，甚至观点我也从中受启发。由衷地感叹和赞扬各位校长们，做的有特色、有价值。最后，通过线上给大家一个大大的"云"拥抱！

感悟:

　　工作室今天开展了一次特殊的活动，一是组织四省市工作室集中活动，二是线上交流。虽然疫情阻隔了我们线下活动，但能够感受到其他三个工作室校长的分享交流也是难得的收获。今天再次聆听李烈校长的点评与理念提升，如同早晨这场雨一样及时有效。危机领导力的背后是我们拥有的日常领导力。它有三个层次，概括为两句话：愿景比管理更重要，授权比命令更重要。只有不断提升我们日常工作的领导力，才能显示出危机的领导力。李校长引用庄子的话，"无为而尊者，天道也；有为而累者，人道也"。后面还有一句，"天道之与人道也，相去远矣"。告诉我们要遵循事物的客观规律而不能依人的思维而工作。还在消化之中……另外，本次活动是李校长提议下，由我们工作室牵头开展的活动，是李校长多年给予我们的信任与厚爱，校长们也很好地展示了门头沟工作室的风采，在抢麦环节虽然有些抢镜，但足以看到校长们的成长。相信李校长会感到欣慰。两委领导对我们工作室也特别地关爱与期盼。致虚极，守静笃，我们共同持经达变，收获我们的职业价值与幸福！

宋茂盛

今天的我是幸福的，来源于一周的时间里和李烈校长的两次云端见面，聆听导师的教诲，幸福于今天四地工作室的校长们交流带给我感动和启迪，感动校长们面对危机的淡定从容，转危为机的坚定信心，化危为机的昂扬斗志，危中求机的果敢睿智，大家的经验值得我们借鉴，启迪我们思维，必将增进我们的管理智慧。

全球抗疫让我们对人类命运共同体从认知走向实践；奉献中国智慧使世人对中华民族刮目相看；全民抗疫没有看客、爱国情怀得以充分展现；居家办公连线百里千家，延学创新、五育并举师生收获了别样的生命体验。2020年突如其来的新冠疫情，是对国家治理能力的大考，也是对学校治理能力、化危为机的考验，如何化危为机，粗谈三点想法：

1.树立转化思想，培养辩证思维。明者因境而变，智者随情而行。我们要抓住契机，树立转化思想，以灾难为教材，化危机为契机，教给学生生命安全以及健康教育内容，引领学生理性应对，培养幸福生活的品质；以居家学习为场景，引领学生形成自主学习和终身学习习惯，提升生命精彩能力；没有活动就没有教育，我们要变化教育形式"线上线下混合的教育"形式，开展系列活动，引领学生提升自身的思想深度和宽度，于灾难中汲取力量，在经历中获得成长。形式手段无论怎样变化，始终要坚持李烈校长的教育思想，从心守道，持经达变，坚持落实教育的根本任务——立德树人，把遵循教育规律，坚持全面育人观、学生中心观（以生定学，以学定教）、亲师信道观、联通交互观等作为工作的标尺和基本遵循。

2.树立问题意识，学会超前思维。工作中要传承学校文化精神，要明确工作理念，要未雨绸缪，对工作早部署、早研究，提前研判问题风险，不给问题提供产生的机会和温床，对产生的问题化解于萌芽之中。提前对危机研判，制定有效措施防患于未然，如："生命至上健康第一"是疫情期间我们的工作理念，进行疫情间学生喜闻乐见的多种形式宣教，形成健康日报网络链条，关注学生家长心理，推出九期每周家话进行正面引领、心理疏导；开设周末家长训练营"好家长大讲堂"对家长进行科学育儿的有效指导，化解亲子矛盾；加强管理指导，注重教师培训，为教师赋能提供帮助，感言评比赋向心力，系列讲座赋思想力，信息培训赋技术力，从而提高学生居家学习质量；开设校长24小时电话热线，定期对混合学习等工作进行家长问卷调研等都起到很好的效果。

3.加强个人修炼，提升校长领导力。李烈校长最后讲话，让我们学会理性思考，重新思考校长的角色和定位以及校长的责任和使命，明确了我们今后努力的方向，那就是加强个人修炼，提升自己的专业能力，人际能力，概念能力，践行"愿景比管理重要"，"授权比命令重要"的管理信条，追求"致虚极，守静笃"的个人境界和"无为而尊者，天道也"的管理境界。

总之，越是关键时刻，越能彰显品质；越是危急时刻，越应坚守初心。面对危机我们不应被动应对，而应积极作为，应立足于学校现实，审视危机背后的积极因子，找到提升师生素质和能力，助力生命成长的资源，化危机为契机，提升自身的思想深度和宽度，彰显担当精神，追求生命自觉！多难兴邦精诚至，同心同德显担当。疫情是危机、更是机遇，疫情倒逼我们学会反思与进步，更加坚定了我们在新时代扎根中国大地办教育的初心和信心。风雨过后见彩虹，相信疫情过后，中国将浴火重生，我们的教育会越办越好。

谭峰

当突如其来的疫情迅速地影响着全国时，对于校长来说，更像是置身于一场考验之中。基于疫情危机特性和当下校长们的责任，校长能够直面危机，并通过对危机全面深入地识别，带领全体师生员工，团结相关人员，有效应对和战胜危机，并且通过危机中的教育促进人与学校可持续发展的能力。

刚刚听了校长们的论坛交流，对我个人启发很大，也有一些想法和感受，我从两点来谈：

一、转化能力，从危机应对的同时，实现育人的本质

疫情发展期间，学校会接到诸多应急性的工作要求。这些要求虽然都以战胜疫情这一共同目标为前提，但各自的立场、行为方式并不相同。这对校长的危机领导力提出了首要挑战，我们要基于教育、教育人的立场来进行工作的转化、开展。以教育的方式有效开展工作，从而不失去教育的意义。疫情期间，我校以"德育为首，五育并举"的理念，开展"停课不停学，让学生成长不延期"的生活化学习活动，坚持开展主题为"我学习　我参与　我进步——家庭五育教育"的活动，让学生在别样的课堂中收获别样的成长。抗疫英雄榜、学校"逗你玩"主题课程，"爱知苑"心理辅导，从而将疫情应对转化成为教育的一次"开疆拓土"。

二、累进发展能力，从点状应对走向整体优化

疫情当前，校长每一天的工作量都是满负荷的，尤其是对于一些紧急的工作任务，内容往往非常具体。数据审核、情况通报、防疫总结等，这些工作看似是点状分布，却都在影响着学校的工作全局，同时也对校长的危机领导力尤其是系统建构能力提出了又一挑战。

这时，校长要有将具体工作与学校整体发展相结合的思想意识，既聚焦当下的核心工作，又能将其与学校文化、课程教学、线上教学等领域建立联系并相互促进。

总之，校长的转化能力、累进发展能力，是校长面对危机不可或缺的，而这样的危机领导力就建立在日常的校长领导力基础之上。

张秀明

工作室很久没有开展活动了，同样很久没有聆听李校长的教诲了。感谢教委领导、工作室领导组织这样一次线上学习交流活动。今天的活动，让人有了更多的思考。我的感受有三点：一是对领导力的认知。无论是疫情，抑或是别的情况下，领导力是不变的。校长领导力是一种前瞻与规划、沟通与协调、真诚与均衡的艺术。吉姆·柯林斯著名的《基业长青》一书中说到九种重要的领导力。李校长今天提到的愿景比管控更重要，就是要制定并与教职员工分享美好的愿景，充分激发教职员工的参与感和积极性。授权比命令更重要，要给教职员工更多的空间，只有这样才能更加充分地调动教职员工的积极性。二是"无为而尊者，天道也；有为而累者，人道也"，出自《庄子·在宥》，劳逸结合，忙里偷闲，这才顺应自然规律，这叫天道；事必躬亲有所作为却积劳成疾的，这叫人道。无为并不是什么都不做，而是做与不做之间掌握好一个平衡，张弛有度，收放自如。面对学生居家学习，根据教育目的、学生学习环境，我们教育人应该做什么？能做什么？尊重学生的成长规律，家校携手对学生的自

主学习能力与习惯做指导与帮助。三是"致虚极，守静笃"，出自《道德经.第十六章》，身处疫情，坚守教育人的初心和使命，让我们的心守住宁静，保持笃定，更好地为师生服务。

安知博

新冠疫情突如其来打乱了工作室原有计划，很久没听到李校长亲切的点评与精到的论点，今天一上午三个多小时的高峰论坛让我们着实觉得解渴。有幸在工作室学习成长对我来说是何等幸运，与名校长和李校长这样的教育大家直接接触使我更快地提高了自己对工作、对教育的认识。今天论坛中每一位校长各自谈对危机领导力的见解对我来说都是引领，是启发，使我不断结合自己的工作做反思，找差距。是啊，疫情下的教育教学如何开展，作为领导怎样认识，如何有效引领教师让孩子们获得应有的教育是对校长的最大考验。李校长能够从时代、从人的角度出发，确立这样的命题引发大家深度思考，使我感受到李校长完全站在了时代的高点，抓住契机引领当下教育工作者们思考面对危机时如何把教育做得更好。

临近中午，李校长亲自上阵对每一位校长的点评有如醍醐灌顶，让我们在理解认识上又上新台阶，茅塞顿开之时及时记下每一句点评语，供我不断学习，理解，运用。李校长选用庄子的经典名言有力地告诉我们什么是好的管理，管理的最高境界是什么。值得不断回味，反思，理解，并践行于实际工作中。

三个小时的论坛交流收获颇丰，我想听过之后要不断温故，在温故中知新。

白立荣

今天的论坛让自己身在一处而领略四地教育同仁的教育智慧，三个多小时的时间，我认真听每一位校长对领导力、危机下的领导力的见解，在疫情下校长们挖掘教育的本真，把疫情作为教育的契机和资源，通过各种途径凝聚团队力量，促进教师发展，落实立德树人的根本任务。

我最深的感受是：

第一，校长们的分享中，我听到最多的词就是生命教育，在特殊的时期，我们更应该关注生命，关注成长。疫情把常规的教育带到了非常规阶段，而教育的本真没有变，教室变成了网络，面对面变成了隔屏对话，但这样的教育更加促进了师生的成长，老师、学生还有家长，都要适应新的教学方式，这种成长是常规教育所不能的。而校长的领导力就在于把握住了疫情的契机，把不利变有利，把危机变契机。

第二，李校长点评中的每一句话都让我深受启发。比如领导力的三个层次，一是校长的专业能力，二是校长的人际能力（凝聚力），三是校长的思想引领能力（校长的思想和观点）。专业能力更多指的是做事，人际能力体现对人的关心，思想的能力突出的是校长的引领。而引领能力，一定要有一个共同的愿景，把目标变成愿景，是愿意去实现的、去达成的，所以愿景比管理更重要。

第三，校长说的"无为而尊者，天道也，有为而累者，人道也"。人道和天道相比，就是没有真正抓住规律。致虚极，守静笃。只有使心灵保持虚和静的极致，没有杂念，不受影响，才能接受足够多的信息，用以分析事物变化的真正规律。作为一个中层干部，在寻道的路上，自己还欠缺很多，但我想有李校长在前方指引，只要从现在开始使心灵放空，没有杂念，就能够在寻道的路上留下自己坚实的足迹。

吕建华

2020年7月9日召开的"李烈校长工作室线上高峰论坛"及时、给力、解渴。这是一次有深度的、疫情防控背景下教育工作实践的反思与总结。

李校长的线上论坛微培训，依托中国传统教育哲学思想对九位校长发言精准点评，引经据典引导我们遵循天道、遵循客观和自然规律，安心静气、宁静致远，持经达变，实现教育发展。"认可""授权比命令更重要""无为而尊者，天道也；有为而累者，人道也"，既通俗又深厚。"理念和真招""道与术"，一贯的风格，一贯的交错传授、穿插引领。是不一样！

在"后疫情时代"，这次线上高端论坛，辐射面广而又及时。下一步的疫情发展会是什么样，我们不知道；今后还会碰上什么样的危机，我们不知道。这就更凸显了这次会议的及时，议题的珍贵。

李校长的线上论坛的启示与引领，9位校长的思想与经验分享，让我们认识到：校长就应该把危机状态下的社会责任与教育人的根本责任有机整合。面对危机，从容不迫、有条不紊地保持教育相对的正常和安全。

要给我们门头沟两位校长的精彩发言点赞。宋秘书长、任校长发言紧扣主题，见地深刻。

田俊晓

特别感谢导师李校长的提议，为大家创造云端交流学习的平台！让我们在这个特殊的时期，享受着来自李校长的牵念与指教。非常感谢秘书长宋校的信任，给我这次分享交流的机会，敦促自己在不断反思中感受职业的价值和幸福。

四地教育同仁的发言，也启发我从更广泛的视角、更多的层面理解校长危机领导力。特别想分享一下聆听了李校长的点评及教诲，带给我的启发与思考：一是醍醐灌顶。李校长以校长危机领导力的背后是什么？抛砖引玉引发大家的思考。宋校长在分享中直接回答了这个问题，危机领导力的背后是我们拥有的日常领导力，这点我深有同感。因为在自己梳理总结过程中，思来思去，写来写去，危机领导力就是体现在日常领导力的基础上，没有平时领导力的积淀，危机领导力就成为无源之水。我更深刻理解了李校长为什么抛出这个思考点，更加理解了李校长为什么经常教育我们要持经达变。二是深刻理解。李校长讲了领导力的三个层次，以及"愿景比管理更重要""授权比命令更重要"两个金句。我深刻认识和理解了李校长为什么说领导力是有层次的，理解了为什么李校长在解读三个领导力的时候按着引领能力、人际能力、专业能力的顺序来解读，理解了李校长为什么先从何为领导谈起，更理解了李校长为什么常常提醒我们要目中有人。希望自己在实践中去历练，向李校长交上满意的答卷。三是努力方向。每次李校长与我们交流时都会引据经典，这次也不例外，谈到了庄子的"无为而尊者，天道也；有为而累者，人道也"，道德经的"致虚极，守静笃"。每一次都是一场思想文化的盛宴。从中我们能体会到李校长的教育思想、人生观、价值观，融情于理、以小见大。李校长以引据经典的方式，引领我们不断追求大道，修炼人格。学而时习之，不亦说乎。让我们在跟随李校长学习的路上，做一个幸福快乐的教育人！

任全霞

北京市门头沟区李烈校长工作室总结

名师引领提升　学习共促发展

北京市门头沟区育园小学　宋茂盛

2018年3月26日，门头沟区李烈校长工作室正式成立。工作室秉承"引领、示范、辐射，合作、服务、共赢"的理念，以培养优秀管理者为目标，通过理论探讨与实践研修，不断提升工作室成员校的管理水平，并以此辐射带动全区教育质量的提升。现将三年来工作室情况汇报如下：

一、课题研究促进探究能力

为提高工作室成员自我成长意识，培养探究问题和解决问题的能力，工作室以《山区小学学校文化内涵发展建设的策略研究——基于门头沟区李烈校长工作室的实践探索》的市级课题研究为契机，不断深化研究，将理论与实践相结合。

工作室成员根据总课题的任务分解，结合自己学校实际情况和自身研究专长，在理论与实践相结合的基础上，分别确立了子课题。各成员校都立足学校教育实际和发展趋势，在校内组建相应的研究团队，从学校各项文化建设内容为切入点，按照研究内容细化研究步骤，逐步推进。

二、理论学习促进理念提升

思想支配行动，理念激发动力。作为一名优秀的管理者，就要具有符合时代的精神和适合学校发展的办学思想和理念，就要树立终身教育的观念，作出全面思考和长远规划。

（一）聆听报告，感悟李校长思想

工作室成立之日，李烈校长就"新时期如何做校长"做专题讲座。李校长结合自身多年来的治校管理经验和体会，围绕"持经达变，守正出奇"的管理理念，从"人"的角度出发，谈到了校长最重要的修为即思想和人格。

通过聆听讲座，我们深刻认识到做管理就要遵循教育规律，树立正确的管理观、教师观、学生观以及开放的思维品质，要不断提升人格修养。要向李校长那样成为一名站位高、胸怀广、有思想、有情怀、有内在权威、知性权威、亲和性权威的校长。

（二）阅读专著，走近李校长

为了让工作室成员尽快读懂李校长，我们每位成员都认真阅读了李校长专著《给生命涂上爱的底色》，并作摘抄笔记和撰写读书心得，从阅读中感悟李校长思想。工作室专门组织读书交流会，结合自己的读书感受，工作实际，问题反思进行了汇报。李校长对大家的发言分别做了回应，她谈到，学习要有体会、有反思才能让所学入脑入心，学员的学习力都很强，大家不但学了，更可贵的是能从中受到启发，结合自己的实际开展工作，但在工作中也不要一味地瞄准问题去修正，要做正向引领，学以致用。

三、走访诊断促进学校发展

为切实帮助学员提升办学水平与育人品质，寻找新的发展点。三年里李校长带领工作室成员走进所有成员校进行诊断指导。

走进三家店小学，感受一所老校重新焕发生机的策略和"古朴、典雅、精致而富有朝气的现代学校"的办学目标及发展思路，让大家对这所百年老校的复兴充满了期待。

走进黑山小学，聚焦课堂文化，诠释了学校"和谐、互助、自主、灵动"的文化内涵。清晰看到黑山小学"欣赏+"生态课堂的初见成效以及理念落地扎实，目中有人得法的管理理念。

走进斋小，体验"学园""家园"文化。感动于安静、整洁具有独特人文环境的深山区的斋堂小学教师的那份对教育的热爱和坚守，深山区学生们的大方、自信诠释了教育在、文明就在。

走进军小，领悟"智和"文化。感慨校园文化的精雕细刻，处处彰显生机。感受到学校课堂文化的扎实落地；管理文化中的目中有人，心中有爱。

走进八中附小，感悟"博识全课程，雅心育全人"的办学思想。感受到的是这所年轻学校给的满满的冲击力，主要体现在学校在短时间内创造了很多有价值的策略和成果。

走进大峪二小，感受"智慧阅读，引领师生卓越成长"的实践研究。整体感知学校以阅读为主线，以学生为主体，带动了学校智慧教育的发展。

走进实验二小永定分校，感受"爱为源，人为本"的办学理念的落地实践。丰富多彩的社团和课程体现了"让每个生命更精彩"的核心价值观。

走进大峪一小，探索"和则日新"理念下的教师成长策略。感悟创新课程校本化、特色化、综合化分级实施途径，以及大峪一小课程体系的整体构建。

四、跟岗研修促进实践引领

理念需要践行，提升需要引领。李校长不断搭建、创造平台，让工作室成员进行实地跟岗学习，让大家近距离的接触李校长理念下的学校管理和内涵发展。

跟岗通州西集镇中心小学、玉桥小学。大家深刻认识到要始终把人的成长，人的价值放在首位，关注人、尊重人、成就人、发展人。

跟岗唐山博杰学校、迁安六小。大家感受到爱的理念无时无刻不在传递，对教师、对学生、对家长，对学校，乃至对一个地区的教育起到的引领作用。

跟岗"正泽"，聚焦文化提升。感悟环境文化、课堂文化、团队文化、管理文化。工作室成员们终于揭开了心中"神秘"的正泽学校的面纱，品思"正本泽根、正己泽人"的核心价值理念，一切都是那么亲切，润物无声，爱的滋养无处不在。

跟岗广州"全国小学校长大会"，聚焦新信息。接受了教育前沿海量的信息和新时代的教育观点，以及众多的经验介绍，大家始终都在保持着思考、质疑、反思的状态。

跟岗西安，立德树人特色教育行。教育要想内化于心，外显于行，不仅要顺木之天，更要持之以恒，静候花开。

跟岗成都，参加全国小学校长高峰论坛的"思与行"。听专家报告，参观学校，实地考察，为推动学校文化建设汲取了扎实的理论基础和实践经验。

跟岗南京，聚焦育人方式变革，探寻守正创新之道。大家必将站在"十四五"新的起点上，紧紧围绕"建设高质量教育体系"这一目标，聚焦立德树人根本任务，培育新理念，构建新格局，创设新模式。

2020年7月，为进一步探索新型冠状病毒疫情下的学校教育教学管理，提高疫情下校长的危机领导力，加强区域内交流，四地李烈校长工作室联合开展线上高峰论坛"危机领导力"。

五、收获与成果

其一，开阔了视野。

田俊晓校长在总结中谈到，不断的走出去，不断地现场实地学习，不断地聆听众多教育专家的真知灼见，尤其是李校长在各类教育年会、研讨会上的主题发言，以及走进"李烈校长工作室"学员校的"一校一品、一校一评"活动中，李校长的点评和指导，让我的思维总处在一种活跃状态。这种思维活跃不是闭门造车、漫天空想，而是在汲取李校长带给我们丰富的教育智慧、教育营养基础之上的理性思考。

其二，提升了学习力。

李校长经常在活动引领中在不经意间引经据典揭示教育规律、道家思想、社会发展规律。如毛竹现象；荷花定律；金蝉定律；执两用中；顺木之天，以致其性；费斯汀格法则；无为而尊者，天道也，有为而累者，人道也；致虚极，守静笃；心心在一艺其艺必工，心心在一职其职必举；汉迪S型曲线；鹰架理论；橱窗分析法等等，学员们感受到了李校长强大的学习力，纷纷拿起笔、翻起书。田俊晓校长说，我是个"懒"人，在同伴"着急"的抢麦中"着急"起来；在课后不断地被催促下"勤快"地完成了作业。不完全统计，全体学员各种感悟、体会反思、读书笔记达几十万字。谭峰校长反思道：跟随李校长学习深切体会着一个好校长就是一所好学校的含义以及校长的职业价值，深刻领悟到做校长的过程是一个做人过程，更是一个不断自我修炼的过程。任全霞校长对李校长的"橱窗分析法"深有感触，平时我们要多些反躬自省，敢于面对自己的不足，多听取不同的意见，做人胸襟要宽广，不断提升"灵商"，就是"感受他人感受"的能力。

其三，改进了学校工作。

工作室每次活动后，学员都要写出反思收获体会，并主动改进学校工作。赵建华校长在李校长提出的"学知求真，传古求新"的办学发展思路后重新审视了自己和学校，重构了学校文化体系，完善了学校"三色课程"，开展了自主课堂课题研究。张秀明校长结合李校长的诊断重点打造落实"有效、互助、和谐"的课堂文化。制定了《军庄小学课堂文化指导条目》，统一规定行为要求，按统一要求具体实施，进一步强化了"四个乐于、一个相信、两个提高"的具体目标。在课堂上努力做到"勇敢的退、适时的进"。安知博校长确定了以"八礼四仪"为载体的小学德育教育路径初探为题，进行课题研究。落实"学生养成工程"的六大途径，实现了"八礼四仪"的课程化、制度化、品牌化、活动化，并联合家校社三方构建德育养成网络体系。杜瑞敏校长完善了学校的《日常行为习惯标准》，在落实过程中，尝试运用李校长的育人理念：一是遵循"无错原则"，二是遵循"激励原则"，三是以"为学生创设一个安全的成长环境"为指导，四是以"在育人中教书"、"育人才是根本"的理念为指导。还尝试运用"唤醒生命价值"的理念鼓励班主任开展特色班级课程研究，运用"首位意识、换位思考与主动沟通"的理念去解决一些实际问题，都收到了意想不到的效果。白立荣主任结合实践不断提出具体、可行性目标，通过自己的身体力行、实践评说、案例分析团结周围的干部，引领年级主任、教研组长、骨干教师在实践中思考问题、解决问题，不断提升专业敏感度，让他们有获得感和职业幸福感。吕建华校长努力发挥文化育人功能，营造和谐育人氛围；不断完善德育课程体系，推进德育课程实施；加强德育精细管理，提升协同育人实效。

三年来，工作室全体成员跟随导师李烈校长问道求术、寻根探本、且行且思，共开展各类集体研修活动24次，在各类刊物发表文章37篇，在市级以上论文获奖10篇，在各类论坛、教育年会做经验介绍或主题报告31人次，谭峰校长主编《特别的爱给特别的你》一书出版公开发行，三位主任学员提拔为副校长，其中一人还主持学校全面工作。

三年时间转瞬即逝，我们还徜徉在第一期李烈校长工作室的活动中，第二期已悄然而至。聆听李校长专题报告、阅读李校长专著、跟岗学习、到成员校交流诊断，从理论研究到工作实践，从反思习惯到抢麦发言，一次次的活动都让我们的思维活跃在巅峰上，线下交流和线上分享已经成为常态，每一位学员都在思维的转变中成长着。

最后，借用学员赵建华校长的一句话："且学、且思！且悟、且行！学无止境，行无尽头，我们永远在路上！"

一次"寻常"而又"不寻常"的学习历程

北京市门头沟区三家店小学 田俊晓

2018年，我有幸成为门头沟区"李烈校长工作室"学员。三年过去了，这是一段"寻常"而又"不寻常"的学习历程。说它寻常，是因为在从教30多年历程中的我参加过许多培训，也组织过许多培训，对培训学习不陌生。说它"不寻常"，是因为区教工委、教委精心的谋划、组织和支持，是因为李烈校长高超的培养艺术和方法，让我们这些学员无论从教育视野、管理理念和实操能力上都有了长足的进步和发展。

"门头沟区李烈校长工作室"的学习培训体现了四方面特点。而我的收获就是通过这些特点的体现而获得的。

一是跟岗观摩多。李校长绝不把我们放在会议室里听大理论、大报告。她带领我们走进她的教育基地——正泽学校；带领我们走进西安、成都、唐山、江西等遍布全国的"李烈校长工作室"学员所在校；走进门头沟区"李烈校长工作室"九个学员所在校，一校一品、一校一评。我们在观摩、在对比、在反思中，教育品位在不断提高。

二是高端学习多。李校长拥有众多的培训学习资源，她充分调动、利用这些资源，及时、适时地带领我们走出去，参加中国教育学会、小学专业委员会的研讨会、年会。让我们近距离的聆听和学习国家教育部领导、教育专家、知名校长宣讲教育政策、教育理念、观点和经验。由此，加深了我们对教育法规政策、教育发展状态和趋势的认识和了解。

三是视野开阔多。不断的走出去，不断地现场实地学习，不断地聆听众多教育专家的真知灼见，尤其是李校长在各类教育年会、研讨会上的主题发言，以及走进"李烈校长工作室"学员校的"一校一品、一校一评"活动中，李校长的点评和指导，让我的思维总处在一种活跃状态。

这种思维活跃不是闭门造车、漫天空想，而是在汲取李校长带给我们丰富的教育智慧、教育营养基础之上的理性思考。

　　四是同伴交流多。门头沟区"李烈校长工作室"共有十个学员。我们的年龄、性格、经历各不相同，但是有一点相同的，那就是都挚爱教育事业，都是脚踏实地地发展起来，走上教育管理岗位的，都渴望在教育工作中实现人生价值。"李烈校长工作室"为我们这个群体的发展搭建了同伴互助学习平台，建立了一套的学员反思交流机制。

　　在我们学员校开展的"一校一品、一校一评"活动中，李校长让每个学员都经历了"拉出来练练"的过程。学员对自己学校总结反思、同伴的抢麦发言以及活动后不断被催促，要求上传的活动反思，达到了"勤快人更勤快，懒人没法懒"的效果。

　　我是个"懒"人，在同伴"着急"的抢麦中"着急"起来；在课后不断地被催促下"勤快"地完成了课后作业。

　　同伴之间的"交流"同样让同伴收获良多！

　　学习的目的是转变和提高，李校长对我们的培训方式是理性提升和实践引领相结合。这种大手笔的培训方式让我们不由自主地把学习收获内化到实际工作当中。

　　在这段"寻常"而又"不寻常"的学习历程中，"全人教育理念""持经达变、守正出奇""顺木之天、以致其性""持两用中""灵商""安全感"等等词句，或出自中华优秀教育文化传统；或出自心理学、教育学的经典成果；或出自深厚教育积淀的智慧内容……经李校长言传身教，渗入我们的心灵，转化成自觉的实践行动，相信不久就会开出累累教育硕果，点缀门头沟教育的天地。

思想的转变 实践的提升

北京市门头沟区军庄中心小学 张秀明

　　成为李烈校长工作室成员是幸运的、幸福的，参加一次次活动就如同经历了一次次教育思想教育理念的洗礼、一次次管理策略管理层次的提升。学习中，教育管理视野更开阔了，教育管理思考更深入了。今天再一次翻开李烈校长工作室的活动手册，翻看着三年的学习笔记，品读、思考着李校长每一次的指导记录，好像李校长每一次的每一句的指导都萦绕在脑中，都在心中激荡，因为这本手册里记录的李校长的每一句话、每一个观点，实话实说，我都是作为每一天的学校工作开展的指导纲要、工作指南，陪伴着我个人的成长。

一、转变了对学习的认识——悟道

　　"心心在一艺，其艺必工；心心在一职，其职必举"出自清朝纪昀的《阅微草堂笔记槐西杂志二》，李校长用此告诉我们，李校长也在用她的经历告诉我们只要你能够倾一生的时光与精力、倾一生的思维与智慧、倾一生的执着与追求，虽然辛苦，朝乾夕惕，不气馁、不放弃，把自己所从事的工作做到完美、做到极致，就会收获满池的荷花。学校是那个水池，学生就是荷花，校长在其中就是那让教师"心心在一艺，其艺必工；心心在一职，其职必举"的激发者、领跑者、助力者。每次聆听李校长的点评、讲话，都是收获满满，并从中引领我们悟"道"，为学日益找法，从毛竹定律、荷花定律告诉我们要尊重规律、持之以恒；从执两用中告诉我们依据规律处理事情时要适度；扬长理论告诉我们要放大优点、忽略缺点；从"顺木之天，以致其性"，告诉我们教育方法策略必须要尊重规律、遵循学生的发展规律，尊重学生的敏感期，发展期不可急功近利。工作室的学习，我觉得是李校长引领我们在悟道的过程，引领我们坚持持续的思考，在悟道的过程获取智慧。

二、加深了对"校长"的价值理解——引领

2013年任校长以来，带领干部老师们从课程、教研、体育等方面做了很多，也形成了一些项目特色、体育特色、取得了一些成绩、召开了多次研讨会，比如：国博课程、足球曲棍球等。李烈校长2018年底走进军庄小学，肯定了学校的文化以及管理，提出还需要在"人"上多思考。是呀，通过走进正泽学校、兄弟学校和多次阅读《给生命涂上爱的底色》，以及梳理、反思做校长几年来我的做法、主张等，明白了一些李校长给我提出的建议的意思。我更多地在"术"上在着力，而要想使学校走得更深远、持久，更需要思考"道"，"道"由"术"显，"术"由"道"生。校长是一个学校灵魂，校长关键要有教育思想，并通过思想引领力、人际能力、专业能力引领老师制定学校的愿景、目标和一个个小目标，而且这个目标是老师们愿意达成的。在一个个目标实现的过程中，实现教育的价值和教育的使命。

聆听李校长的讲话，每次感受到的都离不开一个字——"人"。她说，校长心中最重要的是什么：人！关注人，永远是管理的第一大要务。关注人就要关注人生命价值和职业价值的统一；关注人，就一定要关注到人内心深处。只有走进人内心深处，才能真正获得影响这个人的力量。而人内心最深处的需要是：价值和尊严！在李校长的引领下，我在全校进一步阐述"智和"文化，主要做了以下三件事：①从内心给予教师最大的尊重，甚至包括尊重教师一时犯错误的权利，以维护教师的尊严；②帮助教师发现自我、建立自信，帮助教师实现价值、提升尊严；③发现智和故事、案例，提炼出共性点，举一反三，让智和思想进一步推广。这一过程中，优化了教师生命质量、纯净了教师思想、促进了最好的自我成长。对我个人而言，管理的过程就是做人的过程，是一个自我修炼的过程。

三、悟而行，行而悟——尝试

2018年10月李校长走进军庄小学进行诊断后，我校重新将学校文化及管理方式进行了梳理与研讨，我们以"有效 互助 和谐"课堂文化进行研究、改进与提升。首先，多次解读课堂理念，形成思想的共识。其次，引领干部教师围绕个人发展目标制定教研组、年级组、个人课堂文化研究目标与计划。第三，采取制定规定明要求—骨干引领明方法—集体跟进—评选智和课堂见效果的策略全面落实。教师们研讨了《军

庄小学课堂文化指导条目》，统一规定行为要求，按统一要求具体实施，进一步强化了"四个乐于、一个相信、两个提高"的具体目标，即：课堂上学生乐于读书、乐于发言、乐于质疑、乐于合作；教师要相信每一个孩子内在的潜力，给每个孩子创造一个自主探究、动手实践、合作交流的时间和空间；提高孩子的思维、提高学生独立学习的能力

在李校长的指导下，在同伴们的互相鼓励下，累并收获着，辛苦并快乐着。我庆幸在我的人生旅途中能遇到这样一位良师和这样一群益友。今后，我将把学到的知识、经验运用到自己的工作中，使自己的能力跃上新的台阶！

学"术"而思　悟"道"而行

北京市门头沟区斋堂中心小学　赵建华

一、学"术"而思

孔子曰："学而不思则罔，思而不学则殆。"学，指学习，也指接受教育的人；思，指考虑，动脑筋；术，指技艺；方法。

2018年3月，在上级领导和恩师的关爱下，我有幸成为门头沟区李烈校长工作室成员。

学习作为一种获取知识、交流情感的方式，已经成为人们日常生活中不可缺少的一项重要的内容，尤其是在21世纪这个知识经济时代，学习已是人们不断满足自身需要、充实原有知识结构，获取有价值信息，并最终取得成功的法宝。作为一名教育工作者，承担着立德树人的根本任务，肩负着为党育人、为国育才的历史使命，社会的关注，师生家长的期许，自身专业的发展……要求我们必须要不断地学习，增强本领。

三人行，必有我师。工作室中有全国著名教育家，有专家讲师，有全国优秀校长，还有出色的教育同仁，他们都是我学习的榜样。

三年来，我们全体学员近距离的倾听了李校长的教诲，聆听了各级领导的高位引领，细听了众多专家的高水平指导；我们读李校长著作《给生命涂上爱的底色》；我们跟随李校长走进北京第二实验小学集团校分校，走进正泽学校，参加全国教育论坛；我们积极参与抢麦发言；我们围绕工作室市级课题开展子课题研究；我们在会议室、微信群、酒店房间不断地交流学习所得……

我思故我在。思考的意义是满足自己生存的要求，提高生活的质量，个性的张扬，价值的实现和创造等等。

思考一：李校长为何成为受人尊敬、爱戴的好校长、教育家？

阔别五年后再次近距离地受教与品位，我觉得要想成为李校长那样的好校长应在以下几个方面下功夫：

一是具有大爱之心。李校长的成长经历让其对爱有着和常人不同的理解与渴望，她的成长经历给她的生命涂上了爱的底色，她也就更懂得爱对别人的意义和价值。所以在她走上校长岗位后，大胆地提出了以"以爱育爱"为核心的"双主体育人"办学理念，把学校组织的两大群体放在了平等的位置，这是一个巨大的突破，也是对师生的最大的爱。没有爱就没有教育。爱，与生俱来，人人都有，但要做一个好校长，更需要对爱有深刻的理解和诠释，不仅有爱的意识，还要有爱的能力，并能发自肺腑的融入所有对人对事中。

二是具有高尚人格。教育家必须是人性丰富、人格完善、人品高尚的人，一个好校长亦是如此。1997年，为鼓励教师的努力与上进，李校长拿出自己的10万元奖金做教师奖励基金。梅汝莉教授说："实验二小就是我们小学的清华、北大"极高的评价，李校长不借机张扬学校或自身，不提创办"××一流"学校的口号，而是仍然踏踏实实地不断探索和落实她的教育理念。她处处防止因为自己的"荣光"而遮掩了他人的功绩，连她撰写的《给生命涂上爱的底色》专著，也点点滴滴记录了自己曾获得的各种帮助，连谁帮助润色了这本书稿，也毫不隐晦，一一列上大名。展现了她高尚的人格。我曾经在实验二小脱产学习，深知老师们对李校长的敬仰，以上的内容足以说明原委了。一个好校长就是要具有发自骨髓的高尚品格，就是要淡泊名利，就是要心中有他人，就是要做一个真实的人，做一个率直的人。心中有爱天地宽！

三是具有专业本领。李校长在当校长之前有着23年的数学执教经历，在其刻苦学习努力实践下，1994年就成为全国著名的数学特级教师，曾经获得全国小学数学教师课堂教学大赛一等奖的第一名，足见其专业学术水平之高。学校的核心工作就是教育教学，我们的主阵地就是课堂，特级教师当校长，在对教师的专业引领方面有着巨大优势，在对师生需求方面有着更深的理解，也更能促进教师的成功。所以要做一个好校长，必须有扎实的专业功底，在某一领域必须能够起到高端的引领作用，帮助教师实现生命价值，教师才能对你信服、爱戴。

四是具有别样思维。在倡导"全人"观念的今天，一个好校长必须具有高阶思维，具有体察别人感受的能力。一所学校的管理工作纷繁复杂，而且其中有很多的事情与师生、家长的利益相关。感同身受就是要当校长的能够在处理各种问题时，能够换位思考，假如我是学生？假如我是家长？假如我是老师？能够善于倾听别人的看法，能够认同别人的观点，久而久之，让感同身受成为自己的一种思维方式。

思考二：我与优秀校长的差距在哪里？

一是学识浅薄。中师普教毕业，后续教育专科、行政管理本科，知识不成系统，日常读书不够，尤其是和教育相关的理论书籍，总是现学现用，储备不够，各类专家培训参加不少，但入脑入心不多，缺乏反思。

二是缺乏本领。学科专业素养不够，对教师的引领不能到位，自主创新意识和能力欠缺，缺乏与人沟通和凝聚人心的能力，缺乏持久力，缺乏对学校办学思想、理念、文化建设的深入研究和贯彻落实能力。

三是思维方式固化。总是按照原有的固定思维思考工作，管理思想站位不高，高瞻远瞩统筹谋划能力不足，不能够跳出事物看本质，缺少高阶思维、换位思考，思考问题不够周全爱走极端。

工作室的三年学习，让我在思维方式、行为方式、理论水平、业务水平等方面有了明显转变，对我进入新的岗位起到了很大的作用。

思考三：学校存在的问题在哪里？

一是学校规模小，基础相对薄弱。学生的水平参差不齐，学习上缺乏良好的习惯，孩子们很少能走出大山去，不够阳光、自信、大气，表现能力差。

二是新教师和非专业教师较多，成长速度缓慢，还不能把新理念有效落实到教学改革中，研究教材、研究教学、研究学生的能力需要加强，面对深化教育综合改革和中、高考改革的新形势，教师的思想观念需要更新，教师的课程意识以及课程的开发和实施能力需要提升。干部主动服务，开拓创新的意识和能力欠缺。学校缺乏自主发展的创新举措，开放程度低。

三是学校文化建设刚刚起步，缺乏系统整理和深入研究落实，还不能在全体教师中入脑入心。其中的课堂文化需要深入研究。

四是学校的课程体系需要梳理完善，突出特色。

二、悟"道"而行

道：是自然运行的规律，也是人修身养性之本。悟：理解，明白，觉醒。

行：走、言、说、做。

"毛竹定律、荷花定律、金蝉定律、执两用中、顺木之天，以致其性"。三年来，李校长的这些思想强调的是自然规律，强调的是教育的执着坚守，不管是理念文化，还是改革试验，要想内化于心，外显于行，不仅要顺木之天，更要持之以恒，教育需要静候花开，不可急功近利。做管理一定要尊重师生的成长发展规律，以人为本。

2018年9月28日，李校长带领工作室成员走进了斋堂小学，在对学校工作可定的同时，为学校的文化建设和课堂改革提出了明确的方向。亲其师，信其道，学以致用，我和同伴们按照李校长的指点不断地推进学校可持续发展。诊断后，我们及时重构学校文化体系，完善了学校"三色课程"，开展了自主课堂课题研究。学校按照李校长的指导：课堂文化建设上侧重学生自主，给孩子大问题、大空间，构建小班化的大格局。感谢领导给我提供的宝贵的学习机会，追随教育大家的步伐，把握新时代教育的脉搏，学以致用，为打造精品教育区不懈努力！

且学、且思！且悟、且行！

学无止境，行无尽头，我们永远在路上！

且学且思　悟道而行

北京第二实验小学永定分校　谭峰

2018年，草长莺飞的初春时节，李烈校长工作室在门头沟区挂牌成立，我们十位来自门头沟区本土的学校干部经过公开遴选成为首届工作室成员。能够跟随全国名校长著名教育家李烈校长学习是多少人梦寐以求的事，成为她的学生我们无疑是幸运儿，于我而言更弥补了我与李校长擦肩而过的遗憾。

2017年，我调任实验二小永定分校担任校长，而此时李烈校长刚刚卸任了实验二小和教育集团的校长，开办了新学校。永定分校是李烈校长亲自参与设计，近十年来一直秉承"以爱育爱"的教育理念，多年来亲自得到李校长关怀指导，学校借以实现华丽转身质的飞越。一直想深入学习李校长思想，正好这次学习提供了机会，让我和李校长再续情缘，因此我比其他小伙伴们更加如饥似渴。

学习是门苦差事。三年的学习征途漫漫，我们克服工作学习矛盾，挑战着身体的极限。和李校长学习是幸福的事，我们被李校长的教育思想浸润，实现着个人的蜕变。聆听李烈校长的《持经达变，守正出奇》的专题讲座，研读李校长《给生命涂上爱的底色》的专著，跟随李校长到广州、南京参加全国教育大会，参加工作室成员校、通州区的学校和实验二小教育集团校活动，探访李烈校长创办的正泽学校，申报课题开展课题研究，通过读、看、听、思、研、议等方式进行学习，领悟李校长的教育哲学，感悟教育管理的道与术。

一、品味感悟李校长的教育哲学

李校长有赤诚的教育之爱，有理性的思维能力、创新的实践能力、宽阔的国际视野和自觉的责任担当。在几十年的教育管理实践中，总结经验，形成了李校长的教育哲学。

持经达变，抓住事物的本质。经就是"道"，无论做事做人都要以"道"为根本。

所谓"道生万术，道由术显"。尤其我们做的是基础教育，基础教育是扎根的教育，是奠基的教育，是全民发展的教育，尤其需要用心培育孩子完整的人格。小学阶段，培养孩子们的心智模式和健康情感非常重要。这个更重要的东西是教育里的"道"，教育里的"道"指德行、思想、规律、本质、根本，以这样的"道"所生发出来的"术"，也就是策略、方法才不一样。无论社会怎么发展，无论有多少探索，教育人始终应该深刻思考分析，紧紧抓住教育本质的东西，以提升生命的质量。

执两用中，修炼自己的思维品质。任何一个事物，执起两端，方知中间，实际上突出的是执中的概念，就是我们做事不偏不倚，不走极端，不可失中。若能恰到好处地掌握住这个度，就叫作"执中"；偏离了这个度，就是失中。由于用适中的方法办事能符合实际而收到最佳的效果，所以"中"就含有合宜、正确之意；如果我们只有灵活，没有恒定，或者只有恒定，没有灵活，大家可以想象，一定是失中不符合规律的，事情肯定做起来效果不会理想。李校长视导诊断时看到学校的环境文化布置得满满的，点评时就特别强调了"执两用中"，校园环境要留白，天地之道"盈则损。"做校长要有"灵商"，这是"感受他人感受"的能力，是教育人应当具有的一种特殊能力。如果我们不具有这个能力，那么可能也无法真正做到换位思考、感同身受。但作为校长，又不能只有此能力，也要有原则，感受到了可以多些理解，却不一定都赞同，更不一定都能满足，情感与理性兼而有之才是"执中"。

在"执中"的过程中，需要我们做校长的具备一些思维品质，比如思考问题善于抓住本质属性，善于发现规律性的东西，与此同时，多维的思考、互逆的思考、系统的思考等，都需要我们不断地修炼、提升。

清净为正，清静是管理的最高境界。清静是天地之德，得而长守之方为正道，清静也是管理的最高境界。清静，要遵循规律，守正出奇。生命的成长有规律，我们的教育有规律，孩子的认知有规律，一年四季一定是春播夏长、秋收冬藏，违背自然规律肯定要出问题。李校长讲的"毛竹定律"，"荷花定律"生动诠释了教育一定要遵循规律的法则，所以校长一定要有定力，耐得住寂寞，守得住清净，不搞速成、不搞急功近利，否则会出大问题。

二、加深了学校管理中的几点意识

文化是学校的灵魂所在。文化兴，国家兴，学校文化对指导办学方向，统一价值观念，引领师生行为，凝聚人心起关键作用，学校要坚持价值引领，文化立校。文化是长出来的，学校文化需要梳理，总结，提炼，传承，更需要逻辑的表达。学校的文化要做到"四融"，融通，挖掘历史，传承文化基因，只有深植过去，才能有厚重精彩的未来。要"融贯"扎扎实实落实到课程中，课堂教学改革中，教师队伍建设中。"融合"积极拥抱新的技术手段，打造未来课堂是学校发展不竭的动力之源。"融汇"教师发展引领学生成长，学生发展教师先行。学校的本质功能是培养人、发展人、成就人，所以学校强调人本精神，落实人本精神文化。李烈校长提出的"双主体"理念，即教师要为学生主体服务，以生为本，尊重学生的愿望，尊重学生的独立性、差异性、创造性和自主性，通过丰富的课程、活动，引领学生健康、全面而有个性的发展。以师为本，教师作为专业工作者，更是一切工作的主体，教师要全面、健康发展，专业地位得到尊重，评价上避免单一的成绩，融入多团队激励。

教育要心中有爱，目中有人。正如李烈校长所说学校的本质功能是培养人、发展人，学校管理应强调人本精神，校以师为本，师以生为本，尊重人的自主性、差异性、独立性，创造性。激励为主，刚柔并济，和谐共赢。守正出新，追求创新也好，打造特色也罢，以人为中心，促进师生发展始终应是我们该坚持的立场和一切工作的目标。遵循李校长的教诲，明确教育的最终目的就是促进人的发展，所以我们更加尊重、关心、关注师生，做到目中有人；我们时刻牢记课堂是育人的主渠道，深入课堂，关注课堂，研究课堂是我们的根本。

转变思维方式提升管理效能。学会系统思考，各项工作要注重顶层设计，整体架构；要学会继承，特别是学校的文化，使文脉得以延续；要具备开放思维，不能闭关自守，裹足不前，要借鉴吸纳先进的理念，紧抓发展机遇；要居安思危，未雨绸缪，对学校的发展有清晰的认识，立足现在，预见未来，提前预判，做好中期、长远规划。打破"汉迪S型曲线"从初始，到发展壮大，再到衰落的周期律，找到在第一条曲线逐渐消失之前的另一条新的S型曲线。

树立转化思想，培养辩证思维。2020年疫情来袭，工作室的学习变为线上学习，李烈校长组织了"疫情下的危机领导力"论坛，北京、贵阳、兰州、石家庄四地李烈校长工作室的校长开展线上管理经验交流。感动校长们面对危机的淡定从容，转为危机的坚定信心，化危为机的昂扬斗志，危中求机的果敢睿智。大明者因境而变，智者随情而行。我们要抓住契机，树立转化思想，以灾难为教材，化危机为契机，教给学生生命安全以及健康教育内容，引领学生理性应对，培养幸福生活的品质；以居家学习为场景，引领学生形成自主学习和终身学习习惯，提升生命精彩能力；没有活动就没有教育，我们要变化教育形式"线上线下混合的教育"形式，开展系列活动，引领学生提升自身的思想深度和宽度，于灾难中汲取力量，在经历中获得成长。形式手段无论怎样变化，始终要坚持李烈校长的教育思想，从心守道，持经达变，坚持落实教育的根本任务——立德树人，把遵循教育规律，坚持全面育人观、学生中心观（以生定学，以学定教）、亲师信道观、联通交互观等作为工作的标尺和基本遵循。

三年转瞬即逝，跟随李校长学习深切体会着一个好校长就是一所好学校的含义以及校长的职业价值，深刻领悟到做校长的过程是一个做人过程，更是一个不断自我修炼的过程。我们学会了理性思考校长的角色和定位以及责任和使命，那就是加强个人修炼，提升自己的专业能力，人际能力，概念能力，践行"愿景比管理重要"，"授权比命令重要"的管理信条，追求"致虚极，守静笃"的个人境界和"无为而尊者，天道也"的管理境界。正如敬爱的李校长所说"蓝天白云，守一份清净之道，循规律而行，有一份追求价值的坚守，享受一份执中与清净"。未来的日子里，我们将追求教育本真规律，不断激发爱的教育情感，迸发爱的教育智慧，生发爱的教育行为，优化爱的教育艺术，追寻爱的教育真谛。

跟随李烈学做大气校长

北京市门头沟区黑山小学　任全霞

2018年3月，我有幸成为门头沟李烈校长工作室一名学员，转眼间三年已满。跟随李校长的学习之旅是充实的、丰富的、自主的、幸福的。在李校长的引领下，自己有转变、有实践、有提高。三年的学习意义深远，也让自己坚定了一个目标：努力做一名大气校长。

为何要努力做一名大气校长？

跟岗学习，李校长的把脉诊断点评，醍醐灌顶；课题研究，李校长的精而准深入指导，反思前行；跨省学习，李校长的讲座发言，启迪智慧；抢麦发言，不同角度的交流，思维碰撞；领导重视，每次亲临学习现场的鼓励，信心倍增……

一次次学习、一次次交流，一次次观察，一次次感悟，让我更加走近了李校长，更加理解了李校长的做人之道、办学思想、教育情怀……三年的学习时光，逐渐聚焦要像李校长那样做校长，努力做一名大气校长。

如何做一名大气校长？跟随李校长学习，得到三点启示。

一、大气校长，做人要有大格局

李校长曾多次提到做校长的过程是一个做人的过程，也是一个不断自我修炼的过程。从李校长的一言一行中，感受到做人的大格局。每次李校长参加活动，与我们的见面礼就是和每个学员一一拥抱，活动结束后依然是不厌其烦地和每个学员一一拥抱。小拥抱，大尊重。让每个学员都感受到来自李校长的关爱。拥抱的背后散发着李校长的人格魅力。每一次李校长点评时，她总是以欣赏的眼光，发现每一处闪光点，娓娓道来，给人以鼓舞，又能恰到好处有针对性地提出建议，让人心服口服。每一次的鼓励与建议，都彰显了李校长巨大的思想空间和包容力。李校长讲解"橱窗分析法"，引导我们更应关注自己的第四个橱窗，即背脊的我，多些反躬自省，有针对性地自我修炼。敢于面对自己的不足，多听取不同的意见，李校长教育我们做人要胸襟宽广，才能不断地成长。作为教育人，李校长提出校长要有"灵商"，就是"感受他人感受"的能力，真正做到换位思考，感同身受。我想这是一种心有他人的大格局，让自己的天空常蓝，让他人的内心常暖。

二、大气校长，教育要有大胸怀

以爱育爱，是李校长的教育思想。教育的核心是育人，李校长用行动诠释了育人的核心是"爱"。我深感"以爱育爱"是教育的大胸怀。教师需要爱的关注，作为校长，应时刻关注每一位教师，我们的眼里不能只有老师的工作，还应该关心老师的生活，努力为老师创造条件，实现生命的价值和职业价值的统一。学生更需要爱的滋养，她常说，做教师，最重要的并不是交给学生多少知识，而是应当激发学生自尊、自强、自爱的精神。跟随李校长学习，我感受到做大气校长，教育的大胸怀一定体现在要有以人为本的、先进的教育思想。

目中有人，这是李校长经常说的一句话。每一次跟岗学习，无论是看学校环境、还是深入课堂听课、听校长汇报，在点评的时候，李校长总是把目光聚焦在学生上，一切都以是否有利于学生的全面发展作为出发点和落脚点。教育的大胸怀一定彰显的是全人教育，关注每一个学生的全面发展、长远发展。

持经达变，是李校长的教育之"道"。每一次的学习，我都深有感悟，李校长引导我们做教育一定要抓住教育的本质、教育的规律。尤其是我们做的是小学教育，是奠基的教育、扎根的教育，要遵循教育之"道"，掌握学生的认知规律、心理发展规律，因材施教，探索科学的、合适的方式方法，提升学生的生命质量。顺木之天，以致其性，也是李校长的教育之"道"。育人如同植树，要顺应学生的成长规律，不能急功近利，只顾眼前，拔苗助长。教育的大胸怀一定是以"道"为根本，"道"生万"术"。

三、大气校长，管理要有大智慧

执两用中，是李校长的管理之"道"。在跟岗学习过程中，李校长结合实际，提出执两用中之道。让我们切身体会到在学校管理中，校长要把握好度，执其两端，方知中间。一定要顾全大局，不能走极端，要有整体原则。管理中把握好最合适的度，就是"执中"，"执中"才能达到最佳的预期效果。"执中"的思维方法也是处理人和事最公平合理的。做到"执中"，需要思考问题要善于抓住本质、规律的东西，善于系统思维、互逆思维、多元思维。执两用中体现了管理的大智慧。

清静为正，也是李校长的管理之"道"。作为校长，像李校长那样以清净之心，守望学校，遵循规律依法办学，这是管理的大道，大智慧。

三年的学习，自己从李校长身上感悟到的东西很多很多，无论是做人、做校长还是做学问，我会一直跟随李校长，走在学习的路上……

爱，一切教育力量的源泉

北京市门头沟区大峪第二小学　杜瑞敏

如同一场美丽的邂逅，2018年3月伊始，带着教委领导的殷切希望，带着对教育事业的热情，带着学校发展的未来设想，带着对李烈校长的崇拜之情，我们参加了工作室的各种学习活动。三年的时间，我们把负笈游学的故事演绎得如此生动，直至彼此互为感怀；三年的时间，我的教育思想、思维方式、话语体系在不知不觉中发生着变化。我常常念叨着这样的话：学习，原来可以这样美好！我找到了坚守教育并为之奋斗的源泉——爱！

一、在细节中感受爱的真谛

李烈校长，一袭长裙，高高挽起的发髻，严肃中又不乏一丝微笑，让人感觉是那样亲切优雅。跟随李校长学习的三年中，经常会有一些令人感动的瞬间，从这些不经意间能够让你感悟到爱的真谛。

（一）爱，体现在对学生生命、生活、发展的关注

跟大家分享两个活动瞬间：

活动瞬间一：有一次，跟随李校长到通州某小学参观学习。评课环节，李校长最后一个发言。她没有像其他领导一样直接点评教师，而是先提到了学校多媒体设备的问题，记得当时她是这样说的："今天的电子屏总是上下跳动，对孩子们的视力影响相当大，非常不利于他们的身体健康，如果影响到孩子的健康了，那还不如不用，应该果断采取其他教学方式完成教学目标或许更有助于学生的成长。"

活动瞬间二：2018年10月工作室成员走进军庄中心小学，看完孩子们的表演后，李校长激动地说："孩子们仅仅是在表演吗？远远不是，而是表演内容背后的历史文化，是深刻的体验、体会，形成自信与大气的人格。"

学生是学习活动的主体，广大教师要做到"以爱育爱"，首先就要做到"四有"——对学生有爱的情感，也就是对生命的尊重与关爱；有爱的行为，从一点一滴的小事做起，真正做到关爱每一名学生；有爱的能力，包括先进的教育思想和科学的教育方法；有爱的艺术，因为爱不仅包含赞扬、鼓励，也包含批评与教育。

正因如此，在别人都聚焦评课时，李校长首先关注的是学生，是一个个鲜活的生命，电子屏上下跳动对人的眼睛乃至健康造成了影响和危害，就应该及时停止使用，李校长才是真正做到了"眼中有人"；在别人都对演出的节目赞不绝口时，李校长关注的是表演背后的意义，是表演之后给学生带来的自信、兴趣的提升，是全人教育的发展，在李校长眼中"人"的发展永远是第一位的。

（二）爱，体现在对教师的尊重与支持

教师是教育工作的主体，更是学校一切工作的主体和生力军。因此，在学校的管理中要以教师的全面健康发展为核心追求，让教师的专业身份和地位在学校中能够获得充分尊重和支持。李校长是这样说，也是这样做的。

她每次评课之前，都会说这样一句话：我完全同意以上同志的发言和建议，让与会人员感到了来自专家的尊重与肯定，增强了成就感；工作室每次活动结束时，她会和工作室的每位成员进行"拥抱式"的告别，让我们更加增添了些许的不舍；每次活动，工作室成员抢麦发言积极踊跃时，李校长会一直微笑着看着发言的每一个人，她的微笑给发言者传递了自信与力量，感受到了来自一位长者的支持……

二、在反思中实践爱的宣言

（一）在学习中反思，增强"爱"的本领

1.从书中学

李烈校长提出的"持经达变""持两用中""顺木之天，以致其性"等概念是教育必须遵循的规律，对我而言却是全新的概念。我深刻认识到自身的问题——理论知识的短缺，导致了教育思想的老化，限制了工作的思维方式。

有压力才有动力。工作之余我开始如饥似渴地阅读中外教育名著、教育报纸杂志，汲取其养分。尤其李烈校长编写的《给生命涂上爱的底色》这本书，我读了无数遍，其中一件件爱的事例每次都让我感动得落泪，一个个教育困惑在文中找到了答

案，一次次爱的共鸣让我激动不已……爱，激活了进入工作瓶颈期的一名教育工作者——我的梦想：我要成为像她那样的一名教育人。于是，我边学习边实践，随之而来的是意外惊喜，收获的是从未有过的幸福。

2.在考察中探索

三年中，工作室走进了二十多所学校，校长们开放的理念，精细化、科学化的治理模式让我如沐春风。同时我也会用从书本中学到的思想观点审视每一所学校，用新的思维模式思考每一所学校的现状与未来。当自己的观点或思维模式与点评专家一致时，内心会感到无比欣慰。

（二）在工作中反思，实践爱的宣言

到李烈校长创办的正泽学校参观学习时，学生举止文明有修养给我留下了深刻印象。孩子们见到客人鞠躬问好，有礼让路；如果正在上课，见到客人就会摆摆小手，个个笑脸喜相迎……这是一个个多么温馨、美丽的画面，在美丽的行为中折射出美丽的心灵，彰显了学生良好的行为规范。

于是，根据我校学生存在的问题，以及区教委下发的《习惯养成三年行动计划》出台了学校的《日常行为习惯标准》，并把举止文明作为重点来落实。在落实过程中，我尝试运用李校长的育人理念：

一是遵循"无错原则"。允许孩子们出现错误反复的现象，同时采取了班主任跟班制度，随时对学生的错误行为进行引导。

二是遵循"激励原则"。用赏识的目光看待学生，及时发现学生的闪光点，给予积极地评价，使学生在老师的赞扬声中感受到爱，在这种爱的情感中逐步树立起正确的价值观。

三是以"为学生创设一个安全的成长环境"的理念为指导。为了不让学生感受到随时在老师的监督下活动，我们提出教师跟班只在室内，楼道里、操场上等场所我们都安排了学生志愿服务岗，随时提醒大家的不文明行为，促进了学生间的自主管理，这种管理方式，对于学生而言也许更安全。

四是以"在育人中教书""育人才是根本"的理念为指导。利用学校的局域网、微信群以及开会的时间，请做得好的班主任、任课教师进行经验介绍，强化全员育人的意识，把立德树人放在教育的首位。

此外，我还尝试运用"唤醒生命价值"的理念鼓励班主任开展特色班级课程研究，运用激励性原则树立课程研究的榜样；尝试运用"首位意识"的理念，换位思考与主动沟通的理念去解决一些实际问题，都收到了意想不到的效果。

　　总之有了梦想，就要去实践。我知道，自己很难能成为像李校长那样的教育家，因为她是独一无二的。但是我和李校长有共同的地方——我们都是教育工作者。作为一名教育工作者，我把"成为像她那样的一名教育人"作为自己的梦想为之奋斗。虽不能齐肩，但与之距离终究会缩短，实现自己的生命价值与职业价值的统一，成为一名幸福的教育人！

共学共研　共思共行　共进共享

北京八中京西附属小学　安知博

非常有幸能够参加李烈校长工作室，在这三年工作室的学习中，近距离与李校长学习，与工作室的各位前辈校长学习，在形式多样的交流研讨、专家讲座、考察研修等学习实践活动中，收获满满。虽然很忙碌，但更多的是体会到了自己成长的欣喜，收获的快乐。

一、理论积淀，提升素养，在学习中提升能力

初进李烈校长工作室，我清醒地认识到教育理论知识的缺乏，实践操作没有系统性。也许正是有压力才有动力，在工作室学习期间，我多听、多想、多记，努力提升自己理论水平。利用工作之余，我阅读了李烈校长的《给生命涂上爱的底色》《双主体育人思路探索与实践》及多部教育书籍，拓宽了自己的教育视野。我认为，作为一名教育管理者，要实现自己的教育理想和目标，要提升学校的管理水平，要让教师的教学更有成效，学生的学习更快乐轻松，学校的教育教学管理应该做到规范、科学。作为学校管理者要有大局观，要有大爱，要能高瞻远瞩，要有较强的领导力，要有强烈的感染力。在活动中学习，在学习中成长。通过互动，研讨交流，我们相互促进，共同进步。

二、积极培训，开阔视野，在思考中弥补不足

积极参加工作室组织的每次活动，尤其是聆听李烈校长《我做校长之体会——持经达变，守正出奇》的讲座，让我如饥似渴。印象最深的是学校管理要坚持共识、共治、共享的核心理念，打造学校文化，全校教师形成共同的价值追求并认同，共同完成发展愿景。最重要的是心智模式和思维方式，面对工作中出现的各种困难、问题和

矛盾，教育管理者应该站位高，胸怀广，循规律而行，智慧的正视、接纳。

跟随李校长的每次学习，聆听李校长的每次教育智慧，都让我开阔了视野，拓展了思维，都会直接与自己学校的情况相联系，思考自己实际工作中存在的不足，如何谋划自己学校的发展。这些思考对于我管理工作的开展，有着重要的借鉴作用。

三、广泛学习，突破视界，在考察中探索方法

为了拓宽视界，工作室安排我们多次走出去：走进工作室成员所在的每一所学校，向本区学校学习；走进通州工作室，向同是北京市郊区的学校学习；走进唐山、西安、广州，向全国的优秀学校学习。在横向和纵向的考察学习中，充分了解存在的差异，需要借鉴的优势，我们自身需要改进和努力的方向。无论是办学思路，管理方法，还是具体教育措施，其实最终都是回归教育的本质是为了人的发展，在遵循教育规律的基础上，做有智慧的校长，把劣势变成优势，整合各种资源，探索最适合学校发展的途径。

多次跟随李校长参加中国教育学会高端的教育学术论坛。聆听国家高层、知名专家、教育大咖最前沿的教育发展和方向。学校文化是一代一代教育人的精神和追求，是现今和未来人共同呵护的根和魂。只有一脉相承，融通、融贯、融合、融汇来发展学校，学校才能走得更好，更远，这也是教育的规律。教育创新是不断的结合学校发展的不同时期的复杂情况的坚守与改革，持经达变，守正出新。教与学的主体永远是教师与学生，双主体育人始终是不变的。时代发展了，学生变了，教师就要变，学校就要变。教师怎样更好的服务学生，就要进行师本培训，学校怎样更好的引领，就要进行管理革新。

四、理性发展，深研课题，在研讨中寻找路径

为更好地解决工作室每名成员所在学校工作中的具体问题开展课题研究，助力成长。结合学校工作，我确定了以"八礼四仪"为载体的小学德育教育路径初探为题，进行课题研究。此课题研究学生养成工程、教师培训工程以及家校社协同工程的德育教育成效，同时重点分析有效落实"学生养成工程"的六大途径，即"3+1"全课程引领、优化管理育人、创建"四仪"活动品牌、落实"一体化"环境育人、联合家校

社三方发力，六大途径彼此关联、互相借力、合作共进，实现了"八礼四仪"的课程化、制度化、品牌化、活动化，并联合家校社三方构建德育养成网络体系。

从课题的开题，中期汇报到结题，每一次交流研讨都是对教育的再认知、再提升，深层次思考教育本真问题，都是对学校工作的再梳理。工作室的每位成员在介绍所在学校的发展方向和构思，大家相互交流研讨，这些分享都让人深受启发，通过集思广益，在研讨中去寻找学校发展的方法和路径，在研讨中提升管理水平与实践策略，以达到共同进步共同成长的目标。

五、重审自我，完善调整，在反思中获得进步

在三年的工作室学习，我对学校管理有了新的审视和新的规划，在学习中思考，在思考中完善，在这一过程中，我不断学习，不断反思，自我激励，寻求进步，以期待提升管理能力水平，促进个人成长进步。在三年的工作室学习，让我在学校管理工作中获得了方法与动力，在反思中获得了成长，找到了差距，明确了努力的方向。在三年的工作室学习，我深深体会到自己要想成为一名优秀的管理者还有很长一段路要走。

六、借助平台，学习成长，在展望中找准方向

回首三年的工作室学习，感到的是充实与快乐。三年的工作室学习为我提供了一个非常好的平台，给我提供了很多学习的机会，我在学习中不断成长着，收获满满。同时，它也为我的专业成长提供了很好的学习机会，也为我搭建了展示自我、体现自身价值的舞台。我将会更加珍惜以后的学习机会，并将工作室中所学、所思、所获与实际工作实践相结合，学长处，找问题，补不足，借用先进的办学思想，不断提升自己的理论水平和管理水平，为学校教育管理服务。

"术"与"道"、"人"与"爱"在理解中勇敢践行

北京市门头沟区大峪第二小学 白立荣

2018年11月，我十分荣幸地成为李烈校长工作室的一名学员。从此跟随李校长和工作室的校长前辈们开始了弥足珍贵、丰富多彩的学习之旅，收获颇丰、受益匪浅，在这里我与大家分享我浅薄的认识和感受。

一、学习转变了教育观念

熟悉李校长的人都熟知的，她总挂在嘴边的两句话，"术因道立，道由术显"和"持经达变"。2018年门头沟李烈校长工作室揭牌仪式上，李校长详细深刻地阐述了自己教育的"道"与"术"。她说："我们大多数校长接受过教育的训练，但没接受过管理的训练。我们的先天不足是深陷其中、自己去做，可类比为入世者，目标直指解决问题。管理则体现在抽身之外，可类比为出世者，虽然最终要解决问题，但要透过问题的解决找出规律和管理之道，进而由道生术，持经达变。"

李校长说，作为一名校长要拥有清醒冷静的全局意识，要总结规律，改变一事一议的思维模式。

李校长给自己定位说："校长要做顶天立地的人，天就是要有理念、有思想，地就是这个理念与思想在实践层面一个又一个的做法。""校长要做一名领导者，就要做思想的引领者，而不仅仅是行为规范的制定者和监督者。领导的目的是教会员工如何思考，给员工思想和灵魂。"

李校长的这些理念对于我一个初学者来说，需要不断从实践中去理解和领悟。在跟随李校长工作室学习的过程中，我不断追问自己：校长这个岗位留给我最深的认识和感受是什么？未来教育对一名校长最大的挑战是什么？校长的主要职责到底应该是什么？无数次的叩问让我找到了答案。在活动中聆听李校的传道解惑，我知道做校长，首先是做教育人，其次是做管理者。做教育人，就要有教育理想，有自己对教育

的理解。一位好的校长应该是全校师生思想的领导者，思想的领导就是要给予每一位员工思考的头脑，由员工自己在面对情境时去做判断和选择，而不是简单地管理或规范员工的行为。卓越的领导者并不关注自己有多少超凡的能力或独特的魅力，而是会乐于培养自己的下属成为领导者。

也正因此，我遵循这种认识，三年多来，作为一名中层干部，在落实学校办学理念的过程中，我努力结合实践不断提出具体、可行性目标，通过自己的身体力行、实践评说、案例分析团结周围的干部，引领年级主任、教研组长、骨干教师在实践中思考问题、解决问题，不断提升专业敏感度，让他们有获得感和职业幸福感。

二、学习改变了管理方式

李烈校长的教育思想中，"双主体育人""以爱育爱"和"人字撇捺"是三个关键词。应该说，二十世纪90年代，李烈任校长之初就提出的"双主体育人"办学思路，是她作为教育管理者的伟大智慧。之后，李校提出了建立"追求生命价值和职业价值内在统一的职业观"之后又提出"以爱育爱"是"双主体育人"的核心和主旋律。由此，她的所有做法都出自一个"人"字，这是她心中的道。

教育要以学生为主体，这从未受过质疑。而同时关注到教师价值的存在，则来自李烈最初任校长时的调查。中国多年宣扬的教师文化，其实主要集中于将教师看作开展教育教学的"工具"，而很少关注其作为生命个体的内在属性。正是由于这样的思想作祟，多年来，我们只强调教师奉献，即教师在教育工作过程中的"损耗"，而忽视了教师在教育工作中"增值"的权利和可能性。通过跟随李校长两年多的学习，我深刻领悟到关注"人"，永远是管理的第一大要务。

关注人，不是简单的物质满足，也不是表面、肤浅的沟通，关注人就要关注人生命价值和职业价值的统一；关注人，就一定要关注到人内心深处。只有走进人内心深处，才能真正获得影响这个人的力量。而人内心最深处的需要是：价值和尊严！

所以，无论多忙，我也不会放弃和教师在一起的机会，也不拒绝任何教师想和我谈一谈的愿望。而且，我主动创造了很多机会。不但我在这样做，我还鼓励教研组长，身边的教学干部都这样来努力。

管理者一定要从内心给予教师最大的尊重，甚至包括尊重教师一时犯错误的权利，以维护教师的尊严；但尊重之后，还有一个帮助，就是要最大可能地帮助每一位教师实现自我的价值，提升自我的价值，从而提升其做人的尊严感。这就应了一位教育家反复讲的一句话：教育是使人有尊严地活着。那我们管理者就应该使我们的教师有尊严地工作着，且有归属感并获得成长。所以，帮助每一位教师发现自我、建立自信，帮助每一位教师实现价值、提升尊严，是实现对"人"关注的两部曲，更是优化教师生命质量、促其成长为最好的自我的关键所在。实现这点，表面、肤浅的沟通无法做到，其背后需要阅历的支撑、需要智慧的积淀，更需要平时细致入微的观察来辅佐，需要沟通中耐心地倾听和同感地表达！

我认为，管理的第二大事务就是带领大家做"事"。沟通可以解决"人"思想上的问题、认识上的偏差，但团结人心、实现理想与价值却必须是在真实的行动中才能完成，才可能成长为最好的自我！所以，领导要善于创造机会，带领、鼓励大家做事，而且是做有意义、有价值的事。

参加工作室另一个收获就是通过科学研究的方式推进学校工作，通过科学的研究与引领，实现效果最大化。2019年9月，我独立承担了工作室课题下的子课题《智慧阅读校本课程的实践与研究》。通过课题研究引领"智慧阅读"特色工作，带动教师走上专业发展的道路。

做有意义的事就会有幸福感。李烈校长的《给生命涂上爱的底色》一书被收入"中国当代教育家"丛书出版。时至今日，此书依然是许多教师特别是校长们的案头书。如今，它也作为我管理之路上的培训教材就放在我的床头，当我迷茫之时就会拿起来看看。

如今，三年多的跟岗学习，让我一名中层干部从业务到管理，从管理到实践都有不同程度的认识和改变。面对面地接触到教育大家的指导更是幸中之幸。"术"与"道"，"人"与"爱"将作为我今后管理之路的指路明灯，我将不断探索，努力践行。

取经问道　学以致用

北京市门头沟区大峪第一小学　吕建华

遴选时跳动的心还未平复，转瞬间三年已过。到了该驻足回望的时候，回望三年来在李烈校长工作室的学习历程，虽然有各种遗憾，但更多的是收获，收获了见贤思齐的动力、取经问道的方向和学以致用的方法。

一、见贤思齐心向往

走进李烈校长工作室，我是幸运的，李校长的人格魅力、学识见解、教育艺术都令我高山仰止。近距离接触李校长，李校长的每一句话，每一次讲座，每一次交流，每一个案例，都让我印象深刻。在李校长身上，我看到了一个教育家的魅力，我被吸引着、影响着、感召着。

读李校长的书，让我明白一个道理，没有人能随随便便成功。她比别人付出的多，比别人思考的深，比别人学习的勤，她必然能成功。她用自己的爱，为学生的心灵染上爱的底色，她更用自己的经历，为我，一个仰慕她的人，种下了爱的种子，李校长的高度我达不到，但我确坚定了要向她学习的信念。三年的时间里，我虽然经历了人生中的大坎坷，但我并不觉得这是我可以停止进步的理由。

刚进工作室的时候，我雄心勃勃，想和李校长那样每天进行工作反思，而突如其来的病情，让我不得已中断反思，更是在医院里开始了漫长的治疗。病床上的我，读李校长推荐的书，丰富自己，关注工作室里的信息；读李校长的讲话稿，字里行间所散发的教育者的智慧，让我贪婪地学习着。

在李校长工作室里，我有幸与我区其他几位优秀校长一起学习，在各位校长的身上，我汲取着教育养分。

二、取经问道学内涵

还记得开班仪式上李校长的讲话题目是《持经达变，守正出奇》，李校长说"术"因道立，"道"由术显，这里的"术"与"道"，这里的"经"与"正"，让我知道了教育的奥秘就是顺应规律，顺应规律，就守住了教育的"道"，守住了"道"，"术"自然而立。看似拗口、看似简单，但这中间的道理，需要我永不停歇地去钻研。

在李校长的感召下，我努力提升自身修养，在工作中钻研，学"术"更探"道"。作为学校德育部门的负责人，我在李校长教育理念的引领下，我把自己"归零"，潜心钻研德育工作的道与术。我把学校的办学理念通读了很多遍，把学校的德育体系研读了很多遍，每一次的研读，我都有崭新的收获。终于在学校"水脉"育人模式下，我带领德育团队，开启了打造学校"定河为源，日进日明"德育文化的新征程。

三、学以致用促发展

三年来在李校长工作室的学习经历，也是我深钻学校德育工作的三年，虽然不同的学校有不同的学校文化和背景，但我用李校长式的思维方式工作、学习，不断地丰富着自己，更一次次地战胜着自己。经过大手术后一个月，我便回到了工作岗位，因为我怕自己掉队跟不上时代的步伐。我深信只要不停歇，就一定可以达到。我努力发挥文化育人功能，营造和谐育人氛围；不断完善德育课程体系，推进德育课程实施；加强德育精细管理，提升协同育人实效。

在李校长工作室学习的这三年，也是我在李校长影响下，把所学的管理知识，运用到我校德育工作实践的三年，在未来的路上，我会坚守李校长传的道，用心走出属于我的教育之路。